《益彩基金系列丛书》

中国留学人才发展基金会益彩基金管理委员会　编

益彩基金
YICAI FOUNDATION

彩票利益相关方的社会责任

马福云　著

中国财政经济出版社

图书在版编目（CIP）数据

彩票利益相关方的社会责任/马福云著．—北京：中国财政经济出版社，2015.4

（益彩基金系列丛书）

ISBN 978－7－5095－6102－7

Ⅰ.①彩…　Ⅱ.①马…　Ⅲ.①彩票－服务业－企业责任－社会责任－研究－中国　Ⅳ.①F832.5

中国版本图书馆CIP数据核字(2015)第056999号

责任编辑：刘五书　林治滨　　　　责任校对：刘　靖

封面设计：李方方　　　　版式设计：兰　波

中国财政经济出版社出版

URL：http：//www.cfeph.cn

E－mail：cfeph＠cfeph.cn

社址：北京市海淀区阜成路甲28号　邮政编码：100142

发行处电话：010－88190406　北京财经书店电话：010－64033436

河北固安华明印业有限公司印刷　各地新华书店经销

787×1092毫米　16开　13.25印张　200 000字

2015年8月第1版　2015年8月第1次印刷

定价：30.00元

ISBN 978－7－5095－6102－7/F·4918

（图书出现印装问题，本社负责调换）

本社质量投诉电话：010－88190744

《益彩基金系列丛书》

编　委　会

益彩基金系列丛书总序

21 世纪的中国正以全球瞩目的速度立于世界强国之林。她不但表现在经济方面厚积薄发的稳健崛起，更表现在对科研学术、理论人才的重视和研究成果上。中国留学人才发展基金会益彩基金在成立之初，即专门设立了“益彩科研项目组”，在中国公益领域尤其是中国公益彩票的理论学术研究、人才培养和科学发展方面做了诸多的基础工作。

为了填补中国公益彩票、责任博彩领域的基础学术空白，为了使科研成果能够更广泛地服务于社会、服务于产业、服务于大众，益彩基金确定将每年的科研学术成果中可以公开的部分，系统编纂成“益彩基金系列丛书”，对于彩票博彩领域系列定名为“益彩基金责任博彩丛书”。

本书是基于益彩基金 2011—2012 年度科研课题“彩票利益相关方的社会责任研究”的最终成果。该课题通过全面考察中国彩票及彩票行业的发展现状，对彩票行业发展的宏观政策背景与行业发展概况进行梳理，对彩票发展中各利益相关方所承担的责任与义务进行了深入分析，并在深入理解彩票的双重性特征的基础上，探讨了相关利益各方如何更好地承担起社会责任，以发挥彩票行业的积极作用、限制彩票发展带来的消极作用。原研究报告由“益彩科研项目组”整理、编纂完成。

我谨代表中国留学人才发展基金会益彩基金管理委员会，感谢为中国公益彩票事业作出贡献的彩票各界人士；感谢参与本部丛书研究编纂工作的益彩基金专家委员会成员和国家行政学院“益彩科研项目组”成员；感谢本书撰稿人“益彩科研项目组”组长马福云教授以及本书出版单位中国财政经济出版社！

《彩票利益相关方的社会责任》一书凝聚了彩票各界众多专家学者的共同智慧，它不仅是中国彩票基础理论成果，也为其他国家彩票的基础理论学术提供了重要的理论科研基础。

是为序。

付欣忱

中国留学人才发展基金会理事

中国留学人才发展基金会益彩基金管理委员会主任

Preface

China in the 21st century is becoming one of the world's biggest powers at a speed arousing worldwide attention. This can be witnessed not only by the steady rise of its economy, but also by its great attention to academic research and theoretical talents cultivation, and the corresponding achievements. Shortly after its establishment, the YICAI Foundation of the China Overseas – Educated Scholars Development Foundation specially set up a "YICAI project research group", which did considerable basic work in the theoretical research, talents cultivation and scientific development of China's public welfare causes, especially public welfare lottery undertakings.

In order to fill in the gaps in basic academic research of China's public welfare lottery and responsible gambling, and to make the research results more widely serve the society, the lottery industry and the general public as well, the YICAI Foundation Management Committee decided to have the annual research results which can be open to the public complied into a book series named "YICAI Foundation Series". Among the series, those about lottery and gambling are named "YICAI Foundation Responsible Gambling Series".

The compilation of this book is based on the ultimate achievements of the YICAI Foundation annual research project 2011 – 2012—the Research on the Social Responsibilities of Lottery Stakeholders. The research project, through a comprehensive study on the current development of China lottery and the lottery industry as well, reviewed and summarized the macro – policy background of lottery industry and the general situation of its development, and analyzed thoroughly the responsibilities and obligations of the stakeholders in the development of lottery industry. Based on a deep understanding of the dual characteristics of lottery, the project also discussed how the stakeholders can better assume their social responsibilities by giving full play of lottery industry's positive functions while restraining its negative effect.

On behalf of the YICAI Foundation Management Committee of the China Overseas – Educated Scholars Development Foundation, I would like to extend our sincere gratitude to those insiders who made great contributions to the development of China public welfare lottery undertakings, to the expert committee members of YICAI Foundation Management Committee and the "YICAI Project Research Group" members from Chinese Academy of Governance who participated in the research and compilation of this book series, to Professor Ma Fuyun—head of "YICAI Project Research Group" and the main contributor, and to China Financial & Economic Publishing House, the publisher of the series.

Social Responsibility of Lottery Stakeholders embodies the common wisdom of numerous lottery experts and scholars. Not only is it the basic theoretical achievements of China lottery, but also it provides an important theoretical research basis for other countries in basic theoretical study of lottery!

That is the Preface.

Fu Xinchen

Director of China Overseas – Educated Scholars Development Foundation

Director of YICAI Foundation Management Committee

前言

当前中国十分流行的中国社会福利彩票、中国体育彩票等彩票游戏发端于20世纪80年代政府部门所发行的各种奖券。早在1984年，北京市为筹集国际马拉松比赛的经费而发行了“发展体育奖券”；同年，福建省发行了“振兴福建体育奖券”。这些奖券局限在单个省份，所筹集资金也服务于特定事项。80年代中期以后，奖券在广东等省作为企业、银行促销增储的手段，一度出现。中央政府部门在全国范围内统一发行的奖券稍后出现。1987年7月27日，中国社会福利有奖募捐券（社会福利彩票的前身）在河北省石家庄市试发行，之后拓展到10个试点省市。这种常年发行的募捐券初步具备了彩票特征，逐渐发展成为社会福利彩票，揭开了新中国彩票及彩票业发展的序幕。1989年8月，北京为筹措第11届亚运会举办资金，在全国发行“第十一届亚运会基金奖券”，这是首次在全国范围内发行的体育奖券。1993年，国家体育运动委员会（国家体育总局的前身）在全国发行体育彩票的申请得到国务院的批准。体育彩票的加入奠定了中国彩票业发展的基本格局，为中国彩票发行管理的二元化模式奠定了基础。

彩票发行筹资首先推动了中国社会福利、体育事业的发展，而伴随彩票从发行部门管理到财政部门统一监管、彩票公益金从部门化内部使用到半数资金集中中央调剂使用，推动着中国彩票从部门彩票向国家彩票的转型，从而为中国社会保障、社会福利、公益事业的统筹发展作出了巨大贡献。

随着彩票行业的发展，彩票发行销售规模逐步扩大，中国民众参与彩民游戏的人数日益增多。经常购买彩票的彩民数量快速扩展，其在全国总人口所占比例也不断上升。这使得彩票进入人们的日常社会生活中，在发挥筹资与公益作用的同时发挥了娱乐大众、丰富人们社会文化生活的作用。在彩票业发展过程中，彩票管理的制度化开始推进，尤其是1999 年财政部代替中国人民银行成为彩票监管的职能部门后，对彩票进行统一管理的规范逐步建立，对福利彩票、体育彩票运营的统一监管逐步推进。2009 年 7 月，《彩票管理条例》正式实施。这是中国第一部全面系统规范彩票发行管理的专门性行政法规，标志着中国彩票管理开始进入统一管理的法治化阶段。

伴随中国经济社会发展，人民生活越来越富裕，预计中国彩票的市场规模、产品种类、彩民规模等在未来一段时期内依然会以较高速度持续增长。2011 年 3 月发布的“国民经济和社会发展第十二个五年规划纲要”提出，要通过扩大彩票发行等渠道来充实全国社会保障基金。从当前彩票公益金使用的实际情况来看，中国彩票业逐渐承载了更加多元、更加重要的社会责任，满足着国家和社会多方面的需要。它不仅已经成为中国经济的重要组成部分，也已经成为人们日常生活及休闲娱乐的一部分，更是引领社会公益造福民众、提升民众福祉的重要手段。促进彩票事业的健康发展、维护彩票市场的规范秩序、保障彩票参与者的合法权益是当前彩票领域的工作重点，也应是中国彩票管理制度所确立的基本宗旨。

但是，我们应该看到中国彩票业及其发展所带来的负面影响。伴随彩票行业的不断扩展以及彩票发行规模的不断扩大，由彩票而引发的相关社会问题也日益显现出来。和彩票相关联的违法犯罪案件出现，例如“彩世塔”案、“西安宝马”案、河北邯郸盗窃金库案、深圳彩票系统黑客入侵事件等。另外，非法彩票、地下博彩活动在多地时有出现，不少地方存在“地下”万字票、六合彩，甚至赌球、赌博等非法行为，而境外博彩机构通过电话投注、网络在线等途径向国内渗透，使得非法博彩活动更频繁、更容易地呈现在普通人面前。随着中国彩票行业的发展，这些非法彩票、地下博彩等问题如果得不到合理抑制会变得更为严重。这些问题的存在对彩票发行宗旨、彩票发行销售以及彩票监管等带来了破坏作用，对彩票公益属性、彩票公信力、彩票行业发展等都带来各种各样的负面影响。

为筹集社会福利及公益慈善资金，国家特许发行彩票，从而推动中国彩票行业、彩票市场的出现与发展。从本质上说，彩票是对人们侥幸、投机心理的利用，其首要属性就是其博弈性。它通过利用人们不劳而获、以小博大、碰运气的侥幸心理，吸引大批民众投入小额闲散资金，来筹集社会公益资金。国家发行彩票的目的是为了筹集社会公益资金，促进社会公益事业的发展。但是，由于彩票天然具有博彩的特性，国家发行彩票引导彩票行业发展时，还应该兴利除弊，在筹集彩票公益金发挥其公益使命的同时，研究如何将其不良作用控制在最小限度，探索如何引导彩民参与合法彩票市场活动，分析如何防范甄别非法彩票活动以及如何打击非法博彩活动等。

在此背景下，益彩基金就彩票利益相关方的社会责任展开课题研究。研究的基本思路是在通过文献研究进行彩票发展历史过程分析的基础上，进行实证研究，以对彩票发展的现状进行解剖，对其中存在的问题进行分析，从中探索彩票发展过程中的不同利益相关各方的责任和义务，重点分析其应该承担的社会责任，并找到社会责任承担应然和实然之间的关系，提出不同利益相关方承担其社会责任，共同制约彩票消极影响的政策建议。2013 年年初课题研究报告提交后，作者感到还有更多问题需要更深入地探索，就在课题研究报告基础上进一步拓展研究的范围，深化相关研究的框架结构，充实研究的实际内容，最终成为呈现在大家面前的这本著作。

本研究成果主要包括三章，其中第一章聚焦于研究的背景及概念。20 世纪 80、90 年代以来，世界博彩业的快速扩展而导致了博彩合法化的浪潮，世界多个国家和地区的博彩业逐渐开放，即便一直禁赌的新加坡也因其实际谋利动因而开放了博彩业，这对中国形成了“赌场包围”的态势。中国从 20 世纪 80 年代开始发行彩票，在发展中尽管其博彩的色彩有所强化，但是对其他形式的博彩则实行严禁政策。基于此背景，本研究成果阐释了博彩（赌博）、彩票的基本概念，梳理了其特征与类型，并叙述了其发展的历史过程。接着，聚焦于中国彩票与彩票业的出现及其成长过程，并对其未来发展趋势进行了预测。

第二章为研究的理论基础，对本研究成果所使用的利益相关方理论、社会责任理论进行了基本梳理和介绍。利益相关方的概念与理论是对传统股东（资方）至上理念的一场革命性创新，其理论指出影响企业组织运行发展的不仅是出资方，还有与其相关联的更多利益主体，它们不仅影响组织的运行和管理，同时也受到其运行管理的影响。要平衡相关主体的利益，才能促进企业组织的持续发展。社会责任反映组织对社会应承担的责任和义务，即在开展活动时要考虑对整个社会及环境的影响，符合社会道德标准，并满足社会期望及可持续发展的需要。利益相关方与社会责任相结合，可以更好地论述组织的社会责任以及组织对利益相关方的社会责任。

第三章是本研究成果的基本结论。从社会责任的理念出发，基于利益相关方的研究视角，应用利益相关方的分析方法，我们可以将彩票利益相关方划分为六个方面，也就是本研究成果中所界定的彩票规制方、彩票管理方、彩票行销方、彩票购买方、彩票受益方和彩票协作方。它们在彩票行业与市场发展中处于不同地位，扮演不同角色，具有不同职责和权利，也承担着不同的社会责任。在此就其要点概述如下：

作为彩票规制方的立法机构及政府，其社会责任围绕彩票规制建构展开，设定彩票特许权，界定彩票监管框架，制定彩票资金政策，以确保彩票的公益筹资功能，并限定彩票的博彩属性及负面影响。作为彩票管理方的政府部门或独立专责机构，其社会责任围绕彩票发行、销售、开奖的过程展开，在彩票特许经营范畴内，对彩票运营过程的各个环节实施管理，以确保彩票运营的依法展开，保障彩票资金合理筹集及分配。作为彩票行销方的彩票发行、销售机构，其社会责任围绕政府设定的彩票发行、销售及开奖过程展开，需加大彩票游戏技术储备，强化彩票行销、开兑奖等环节管理，保障彩民利益及公益金的筹集。作为彩票购买方的彩民，其社会责任以理性购买、自我管理为核心，彩民需要有节制地购买彩票，防止因为非理性购彩而成为问题彩民。同时，彩民还需依法购彩，防止非法购彩和购买非法彩票。作为彩民受益方的弱势群体和广大民众，需要以感恩之心，回馈社会。可了解彩票及彩票公益金，通过参与力所能及的公益活动来回馈社会，与公众共享彩票发展成果。作为彩票协作方的媒体、教研机构以及社会组织，对彩票行业和市场具有重要影响，要通过宣传、教研以及共享交流来建构多方信息交流沟通平台，促进多方协作，共同推进彩票行业的顺利发展。

从当前中国彩票行业发展现状来看，彩票各利益相关方在承担社会责任方面都或多或少地存在一些欠缺。其中，彩票监督管理制度以及彩票的行销、监管、公益金使用等体制制约在其中的影响不可低估。彩票利益相关方在承担社会责任方面应在各方权利、利益界定的基础上将法定职责放在社会责任的核心。这需要国家提升中国彩票立法的层级，进一步提升彩票相关法规的权威性，界定中国彩票发行、销售和监管框架体系，从而为利益相关各方承担社会责任创设必要的规范，奠定依法管理的基础。在界定相关法定社会责任的基础上，彩票利益相关各方才能更好地协同推进整个行业的顺利发展。

中国彩票行业已经走过了20多年的发展历程，彩票行业在不断扩张的同时，也面临诸多社会环境变化所带来的挑战，例如“多网融合”、人们生活富裕化、消费社会的来临等等。彩票行业的积极作用在受到关注的同时，其负面影响也会更加引人关注，例如部分地区存在的私彩以及向赌博蜕变等问题。因此，如何引导彩票行业更好地发展，引导彩票各相关利益方通过真诚合作来更好承担起社会责任，缩小其消极影响就成为十分重要的问题。

本研究成果的开展要感谢中国留学人才发展基金会益彩基金所提供的支持！感谢广大专家学者所给予的意见建议！也感谢相关组织机构及彩民所提供的资料信息！本研究成果中使用了一些网络文献，因各种原因有的作者可能未详尽列出，在此对其表示歉意，同时也表示感谢！本研究成果是彩票社会责任、彩票利益相关方社会责任研究的初步尝试，其中还存在很多不足以及有待改进之处。对此，请诸位业内专家学者、彩票业相关各方及关注彩票业发展的人士等予以批评指正。

马福云

2014 年 12 月于国家行政学院

Foreword

益彩基金
YICAI FOUNDATION

The currently prevalent lottery games in China like China social welfare lottery and China sports lottery originated from the various regional lotteries issued by provincial governments in the 1980s. In 1984, a lottery named Sports Development Lottery was instituted in Beijing for raising funds for the International Marathon, and also in the same year "Revitalizing Sports in Fujian Lottery" was issued by Fujian government. However, these lotteries were only confined to a single province, and the money temporarily collected was just used for certain matters. Then, a lottery issued nationwide by the central government appeared shortly afterwards. On July 27, 1987, China Social Welfare Lottery Coupon (predecessor of China social welfare lottery) was first issued as a pilot in Shijiazhuang, Hebei Province, and later expanded to 10 provinces. This year – round lottery coupon initially shared some features of a lottery, and gradually developed into a social welfare lottery, marking the beginning of lottery and the lottery industry as well in the People's Republic of China. In August 1989, in order to raise money for hosting the 11th Asian Games, Beijing issued the "Eleventh Asian Games Lottery", which was the first sports lottery distributed nationwide. In 1993, the State Council approved the application for issuing a national sports lottery submitted by the National Sports Commission (predecessor of the General Administration of Sport). With the addition of the sports lottery, the basic pattern of China's lottery industry development was formed and the dual - mode of China lottery management established.

Lottery financing at the beginning promoted the development of China's social welfare and sports. Then, with lottery supervision transferred from issuing organizations to financial sectors and the lottery public welfare funds from organizations' internal use to unified allocation by the central government, the transformation of China's lottery from department lottery to the state lottery is thoroughly promoted, which tremendously facilitated the coordinative development of the country's social security, social welfare and public welfare undertakings. With the development of the lottery industry, lottery sales gradually expanded and more and more Chinese people participated in the games, which can be witnessed by the rapid growth of the population of regular buyers and the rise of its proportion in the country. This enabled lottery to go into people's daily life and play double roles in both fund - raising and public entertainment, enriching people's social and cultural life. Meanwhile, the institutionalization of lottery management was also promoted. Especially after the Ministry of Finance took over the power of lottery supervision from the People's Bank of China in 1999, a unified lottery management system was established, further enhancing the unified operation of welfare lottery and sports lottery. In July 2009, the implementation of Lottery Regulations, which was China's first special administrative regulations comprehensively governing lottery issuance and management, marked the beginning of legalization period of unified lottery management.

As Chinese are getting more and more affluent as a result of the country's economic and social advancement, it is expected that the market size, types, and the buyers of China's lottery will experience a continuous growth at a high rate in the coming period. The "12th Five - Year Plan for National Economic and Social Development" published in March 2011 points out that the channels of issuing lottery should be expanded so as to enrich the funds for national social security. It can be seen from the actual use of lottery social welfare funds that China lottery industry is gradually shouldering more diverse and important social responsibilities, meeting the various needs of the state and the society. It is not only becoming an important part of China's economy as well as people's daily life and entertainment, but also a significant means for leading social welfare undertakings and enhancing the well - being of the people. To strengthen the healthy development of lottery industry, safeguard the order of lottery market and ensure the lawful rights of lottery participants are both the focuses of current China's lottery industry and the basic purposes of China lottery management system.

However, we should also be cautious to the negative impact brought by China's lottery industry and its development. With the continuous expansion of the industry and its rising sales, the related social problems have become increasingly evident. Some criminal cases associated with lottery happened, such as "Xi'an BMW", Yangzhou "Caishi Tower" (also known as Shenzhen "Caishi Tower"), Handan treasury theft in Hebei Province, and Shenzhen lottery system hacking. In addition, illegal lotteries and underground gambling cases occur in various regions every now and then. In many places exist such "underground" illegal lotteries like 4D, Mark Six, football gambling and other games; while the offshore gambling agencies try to make a domestic penetration through telephone and online networking, making illegal gambling much more frequent and easily accessible to ordinary people. With the development of China's lottery industry, these illegal lotteries and underground gambling will, if not properly suppressed, become more prominent. The existence of the above - mentioned problems is doing harm to the country's lottery sales, regulation and the original purpose of issuing lottery, bringing negative impacts on lottery's nature of public welfare, its credibility and the development of the industry as a whole.

It was for the purpose of raising funds for social welfare and charity that the lottery issuance was franchised by the State Council, which promoted the emergence and development of both lottery market and lottery industry in China. The lottery, by its very nature, is to make use of people's psychology of speculation; therefore, its primary attribute is gambling. By taking advantage of people's psychology of taking a chance and getting something for nothing, it attracts large numbers of people to put their small idle money into lottery, so as to raise social welfare funds. Although the purpose of lottery is to raise funds so as to promote the development of social welfare undertakings, the government, while exercising its mission of public welfare, should also avoid its disadvantages, as its fundamental nature is gambling. It is necessary to study how to reduce its negative effects to a minimum, to explore how to guide lottery buyers to participate in lottery market activities under the framework of law, and to analyze how to prevent and combat illegal lottery activities.

The basic train of thought in doing the research is to first conduct a diachronic analysis through literature review, and then analyze the status quo of lottery development by applying empirical studies, trying to find out the existing problems. Then, the research explores the responsibilities and obligations of lottery stakeholders with their social responsibilities highlighted, attempting to discover the relationship between the ideal social responsibilities and actual ones of the stakeholders. By strengthening the social responsibilities of different stakeholders, the policies and advice with negative effects on lottery can be jointly prevented.

This study consists of three chapters. The first chapter focuses on the background of the study and related concepts. Since the 1980s and 1990s, a rapid expansion of gambling all over the world led to a wave of gambling legalization, in which gambling were fully open in various countries and regions, even in Singapore where gambling was prohibited traditionally. As a result, China was "surrounded" by casinos. Thus, China began to issue lottery tickets since 1980s. Although with its development the gambling nature of lottery is strengthened, other forms of gambling are strictly prohibited. Based on such background, this study first introduces the basic concepts of gambling and lottery, illustrating their features and types and describing their history as well. Then, it focuses on the emergence and growth of China's lottery and lottery industry, and the prediction of its future trends.

The theoretical basis of the study is introduced in Chapter Two, in which the theories of stakeholders and social responsibility are discussed. The concept and theory of stakeholders introduced in this study are innovative ideas derived from the traditional concept of stakeholder (the management) supremacy. It points out that it is not only the investors who decide the development of an organization, but also those related stakeholders. While exercising power of influencing the organization's operation and management, these stakeholders are also affected by the operation and management of the organization itself. To promote the sustainable development of an organization, it is necessary to balance the interests of all stakeholders. Social responsibilities refer to the obligations and responsibilities an organization should take in society. That is, when carrying out activities, an organization should consider whether they have some impacts on society and the environment, whether they are in line with social and moral standards, and whether they meet requirement of social expectations and sustainable development. Taking both stakeholders and social responsibility into consideration can better demonstrate the responsibilities an organization should bear for the society as well as for the stakeholders.

The third chapter covers the basic findings of the research. Starting from the concept of social responsibility and by applying the research angle of stakeholders and the related methods of analysis, the lottery stakeholders can be divided into six groups, namely, the regulating institutions, the management organizations, the marketing sectors, the ticket purchasers, the beneficiaries, and the collaborators. Being different in positions, they have different rights and obligations and thus assume different social responsibilities, which are summarized as follows:

As lottery regulating institutions, the related legislative bodies and the government should bear their social responsibilities in relation with lottery regulations, such as setting up lottery franchise, defining lottery regulatory framework, and making policies on lottery funds, so as to ensure lottery's function of raising public welfare funds while limiting its gambling attribute. As for the government departments or independent agencies responsible for lottery management, their social responsibilities are related to the processes of issuance, marketing and drawing of lottery. They should implement management over all aspects of lottery operations within the franchised scope to ensure that all operations are conducted in accordance with the law, and the collections and allocations of lottery funds are reasonable. Then the marketing sectors, being responsible for the issuance and sales of lottery, exercise their social responsibilities around the processes of issuance, sales and drawing. They should increase their technical reserves and strengthen the management in the issuance, sales of lottery tickets and drawing of prize winners, so as to ensure lottery buyers' interests and collection of social welfare funds.

The core of the social responsibilities of lottery buyers is rational purchase and self - management. They are expected to buy lottery tickets sparingly, avoiding irrational purchase and becoming problem lottery buyers. Meanwhile, they should refuse illegal lotteries and buy lotteries permitted by law. Then, the disadvantaged groups and the general public should, as lottery beneficiaries, contribute to the society with a grateful mind by participating in whatever activities of public service they can, and enjoy jointly the fruits of lottery development with the public. Lottery collaborators mainly include the media, social organizations, and teaching and research institutions; they may have significant impacts on the lottery industry and its market as well. It is necessary for them to establish communication platforms for various parities through activities of publicity, teaching & research, and information sharing, promoting multilateral collaboration and jointly contributing to the smooth development of lottery industry.

Viewing from the current development of China's lottery industry, the social responsibilities of lottery stakeholders still need to be strengthened more or less, where the institutional constraints from lottery supervision and management system as well as the systems of marketing, regulation and allocation of public welfare funds cannot be underestimated. In terms of their social responsibilities, the stakeholders should, based on a scientific definition of their rights and interests, put legal responsibilities at the core. Therefore, it is necessary for the country to enhance lottery legislation, improve authority of related regulations, and define the frame system of issuance, sales and supervision, so as to establish necessary norms and lay foundation for management in accordance with the law for stakeholders to bear their social responsibilities. On basis of defining related legal responsibilities, the stakeholders are able to better promote the smooth development of the industry.

China lottery industry has experienced 20 years of development, and despite of its continuous expansion, it is facing challenges brought about by various social changes, such as the "convergence of three networks", people's more abundant life and the advent of consumer society, etc. Although the positive effects of lottery arouse concerns, its negative impacts may draw even more attention, such as the existence of private lotteries in some places and the transformation of lottery into pure gambling. Thus, it is of great importance to consider how to direct the sound development of lottery industry and guide the stakeholders to better assume their social responsibilities through sincere cooperation while reducing their negative effects.

Thanks to the views and suggestions presented by a majority of experts, these research findings are concluded. Thanks also go to related organizations and lottery buyers who offered valuable data and information. Besides, some internet articles are also referred in this research, but for various reasons some of the authors may not be listed here, so we would like to express our apology as well as sincere thanks to them. This is just an initial attempt to study the social responsibilities of lottery and its stakeholders as well, where there must be many defects and areas for improvement; so comments, criticisms and corrections from all experts and scholars, from the stakeholder, and from those who are concerned with the development of lottery industry are warmly welcomed.

Ma Fuyun

chinese Acaderny of Governance Dec. 2014.

目录

第一章 1

研究的背景及概念

第二章 55

研究的理论基础

Contents

益彩基金
YICAI FOUNDATION

第一章

益彩基金
YICAI FOUNDATION

研究的背景及概念

20 世纪 80、90 年代以来，世界博彩业出现了快速扩展的态势。原仅有的澳门、蒙特卡洛、拉斯维加斯等传统博彩地区被世界各个国家和地区的博彩合法化浪潮所淹没。进入 21 世纪后，中国周边国家和地区纷纷放开了博彩业，即便一直禁赌的新加坡也开放了博彩业，形成了赌场“围城”之势。

中国从 20 世纪 80 年代开始发行彩票，并逐渐从传统型彩票推行到即开型彩票、电脑型彩票等，但是对赛马、娱乐场等其他形式的博彩则持严禁政策。基于此背景，本研究课题首先阐释是博彩（赌博）、彩票的基本概念，梳理其特征与类型，并分别叙述其发展的历史过程。接着，聚焦于中国彩票与彩票业的出现背景及其成长过程，并对其未来的发展趋势进行预测。

第一节 博彩与博彩业

20 世纪 80 年代以来，世界博彩业在欧美等国家和地区快速走向合法化，呈现出“全球赌博爆炸”的发展格局。很多国家为抵御博彩业给本国带来的危害开始主动发展博彩业，国家间争夺赌徒以相互谋利，使得世界各国落入了“合成谬误（Fallacy of Composition）”的困境①。虽然中国有限开放了彩票行业，但是依然维持的禁赌政策已难以阻挡民众的参与热情，反而使国家深受赌资外流、地下赌博之害。本章将在澄清博彩（赌博）概念的基础上，探讨其性质和特征，并阐述世界博彩业的发展过程和趋势。

一、博彩的概念与内涵

（一）博彩的概念

博彩（gaming）是对赌博（gambling）较为中性的称谓，两者本质上没有什么大的区别。正如古代罗马的“两面神”，它是一个概念的两面，如果说魔鬼面孔的一面是赌博，那么天使面孔的一面则是博彩。

赌博，中国古代称为“博戏”，早在殷商时期就已经在社会上存在。到春秋战国时期，除了较早出现的有“六博”等游戏②，弈棋、赛马、斗鸡等活动出现，并发展成为新的博戏手段。司马迁在《史记·孙子吴起列传》中所记载的“田忌赛马”是为数不多的古代赌博记录。秦汉以后，伴随经济的恢复与发展，博戏活动的规模和种类都出现了较快发展。到唐宋时期，博戏可能伴随更多财物的投入及输赢，赌博两字合用，并成为固定的词汇，“赌博”一词出现并被广泛使用，其基本涵义一直沿袭到现在。在中国的传统文化中，游戏是一种大众娱乐，任何人都可以参与。而为获取财物而进行的游戏就是赌博，赌博则是一种恶道，是有修养的人、君子等不应该参与的行为。在这种文化传统的影响下，赌博的贬义色彩逐渐沉积下来。当前，赌博所具有的贬义色彩还来自新中国建立后对旧中国各种

---

① 合成谬误是著名经济学家萨缪尔森所提出来的。它的基本含义是对局部说来是正确的东西，仅仅是它针对局部而言是正确的，但是，它对总体而言不一定必然是正确的。在经济学领域中，经常存在的现象是在微观上而言是正确的东西，在宏观上并不总是正确的；反之，在宏观上是正确的东西，在微观上可能是十分错误的。例如拥有核武器，对任何国家而言都是正确的，但是当世界大多数国家都拥有核武器以后，就基本成为无用的武器，因为任何国家都不可能轻易使用。

② 六博，又作陆博，是古代中国一种投箸行棋的博戏类游戏，因大多使用六根博箸进行游戏所以称为六博。六博在汉代时期较为流行，鲍宏《博经》载“用十二棋，六棋白，六棋黑，所掷头，谓之琼”。在游戏时，二人对坐，每人六棋，局分十二道，中间横一空间为水，放鱼两枚。博时先掷箸，后行棋。棋到水处则食鱼，食一鱼得二筹。箸即博箸，共六根箸，博箸在投掷时正反不同，出现不同数目筹码，以此决定行棋的步数。更多具体玩法，现在已失传。

赌博现象的严禁和批判。更重要的是，新中国建立后，政府不但全面严格禁止各种形式的赌博行为，而且更以严厉的刑法予以惩处不当赌博行为，至今中国刑法中还有赌博相关的罪行。国家法律对聚众赌博、开设赌场或者以赌博为业的行为活动进行刑事制裁；对为赌博提供条件的或者参与赌博赌资较大的行为进行处罚。这样就极大地强化了赌博所具有负面评价，使其具备了更强的违法、犯罪等贬义色彩。

中国的《辞海》对赌博现象进行了如下描述："一种不正当的娱乐。有斗牌、掷骰子等各种形式，用财物做注来比输赢。"《中文大词典》中写道："以能区分胜负之游戏，视胜负而授予受财物者，为赌博"。研究中国民俗文化的罗新本、许蓉生对赌博则进行了较为客观的描述，他们认为："中国古代典籍对赌博的概括最为简明扼要：博戏。也就是说，赌博是一种游戏，它以游戏的胜负来决定参与者共同预定钱物的归属，胜者获得，负者丧失。因此，它主要包含两个内容，即：1. 它是一种游戏；2. 它包含有财物的转让。"①

作为汉语词汇，"博彩"一词直到20世纪中后期才出现在中国澳门的书面文本中。博彩的出现和当时澳门总督马济时对澳门经济发展的定位相关。此前澳门也存在赌博，并在开赌与弛禁之间多次反复，人们对赌博开禁的争议较大。1959年9月，马济时出任澳门第119任总督。他上任后的首要大事，就是着手调查研究澳门的自然条件、经济现状，从而规划澳门未来的经济发展。依据澳门的各种自然条件，他认为澳门工业不可能有太大发展，也不可能成为远东重要的贸易港口。而澳门的旅游资源却极具潜力，特别是处于半地下状态的"赌博娱乐"更是值得大力开发，旅游博彩业才最有可能成为澳门的经济增长点。于是，他向葡萄牙当局禀奏上书，期望将澳门辟为"旅游区"和"博彩区"，准许澳门将博彩业作为一种"特殊的娱乐"，进而明确提出澳门未来的发展只能是具有"博彩特色"的旅游城市。葡萄牙当局很快采纳了马济时的建议，并颁布了第18267号法规，以法律形式准许澳门以博彩业作为特殊娱乐而存在，从而也使得澳门可以完全合法地经营博彩业。其实，在澳门，"博彩"、"幸运博彩"等词语从诞生到20世纪80年代始终只在官方的报刊文件上使用，民间大多数

① 罗新本、许蓉生著：《中国古代赌博习俗》，陕西人民出版社2002年版。

百姓等至今仍习惯将其称为“赌博”①。

1982年5月，澳门立法会通过了《博彩专营合约批给法律》与《澳门幸运博彩新法律》。这一法律将原来法律文本中所存在的“赌博娱乐”修改为“幸运博彩”，将赌博娱乐（幸运博彩）批给制度由原来的“专营制度”改为“特别准照制度”。依据“特别准照制度”，澳门政府采取类似美国赌城拉斯维加斯的赌场经营方式，开始允许博彩由多家公司同时经营，以期引起相互间的竞争，增加政府的税收，防止专营公司的垄断。至此，博彩一词的影响逐步扩展，更多地出现在报纸及澳门百姓的社会生活中。该法律言明“凡博彩者，其结果系不可预计，且纯粹碰运气，概称之为幸运博彩”，是指在一种冒险和侥幸心理或冀有所获的意识支配之下所为的一种游戏、竞赛，以金钱（货币、钞票或兑成赌场筹码）作为押注，以预计、预测其结果的一种活动。参与者欲得之结果，或由概率决定，或由偶然因素决定，并不是参与者事前可以预测得到的。此后，博彩成为中国港澳地区对赌博的雅称。几乎与此同时，中国内地在渐进走入市场经济过程中，首先开始发行具有博彩性质的奖券，继而在20世纪90年代形成福利彩票和体育彩票二元并存的彩票发行管理格局。作为商业博彩三大类别之一的彩票得以发行，也标志着中国对部分博彩游戏给予了合法地位，认可了其筹资的社会价值。

和中国相仿，长期以来赌博（gambling）在欧美等西方国家人们的日常社会生活中也绝大多数以贬义色彩和负面评价为主。近代以来，伴随少数国家和地区觊觎赌博合法化所带来的庞大经济利益，赌博才得以从道德禁锢和负面评价中被人为地“洗白”进而逐渐得到认可。而赌博的产业化和商业化进程也在其快速扩展过程中，逐渐形成了经济实力强大的经营赌博产业的利益集团。为了让更多的民众接受和参与赌博活动，也为了对政府施加影响以修改以往的禁赌政策或者推动赌博产业的合法化，没有贬义色彩的“博彩（Gaming）”一词被博彩利益集团找寻出来，并逐渐推广成为人们广泛应用的雅致词汇。在赌博变身为博彩的“漂白”过程中，其具体赌博行为活动并没有本质性的改变，唯一人为改变的因素是意欲剥离对

① 参见曾坤：《澳门赌场探秘：赌博何以改叫“博彩”》，人民网2004年10月22日；http：//www. people. com. cn/GB/shizheng/1025/2937562. html。

其所持有的负面评价。博彩利益集团改变其所负载的负面评价，进而争取法律的合法性以及普通民众的认可和参与，其背后无疑是多种因素综合作用的结果，包括利益集团对获利的关注、政府对博彩业税收的重视以及普通民众对娱乐休闲产业的需求等等。

目前，不同国家的书籍以及很多专家学者都试图界定“赌博”或者“博彩”的概念和涵义，但是，由于不同的地区时代背景、不同的着眼点、不同的关注重点等的影响，其表述却依然存在很大差异。中国1997年修订的《中华人民共和国刑法》载明，“赌博是指用斗牌、掷骰子等形式，靠机运和侥幸拿钱财作注比输赢的行为”。英国的《大不列颠百科全书》对赌博的界定是：“在意识到冒险和希望获利的情况下，以某些有价值的东西作为赌注所进行的竞赛，其结果全凭运气决定”。英国的《牛津法律大辞典》将其解释为：“将钱或其他有价值的东西在游戏、竞赛或不确定事件结果上的冒险，其结果取决于机会或技巧”。美国最早将赌博合法化的内华达州认为，赌博是“任何一种为了赢得金钱、不动产、支票、有价债券或其他物品，而以扑克牌、骰子、任何机械或非机械装置、电机、电子设备或机器所进行的比赛活动。”①

目前担任英国博彩关怀协会（GamCare）主任、被公认为研究博彩最具社会影响的权威人物保罗·贝灵格（Paul Bellringer），在其《欲望之心——了解赌徒心理》中提出了构成赌博活动的五个要素，他在书中如此写道：“我们这个领域的人，同意赌博可以定义为一种活动，它是：

——要由两个人以上协议赌博。简单的可以是两个朋友针对一件事情的结果或他们正在玩的游戏打赌。也可以是赌者和赌马业者，或者其他主办者之间的交易。在某些状况下，比如玩吃角子老虎，那么所谓两个人之间的协议就改为遥控形式。

——赌注由输的人付给赢的人。一般来说赌注就是钱，但历史上也不乏用情妇、奴隶、财产或者土地作为赌注来赌。合法赌博时，要抽一部分的赌注作为政府税收。

——结果具有不确定性。赌博最重要的一点就是没有人可以确知结

① 转引自孙强、郑重：《赌博与博彩的概念界定》，载《吉林公安高等专科学校学报》2011年第4期。

果。这不但会增加刺激感，并激发人们去思考减少不稳定性的方法，因而产生许多帮助你赢过其他参与者的周边产业——更别提想要赢过赌马业者或是赌场老板。

——结果是由运气决定的（一部分）。赌博结果中一定有运气的成分，但某些赌博形式的结果会受到赌博者的影响。拿21点为例，这就是一种技巧佳的玩家比较有赢面的游戏，职业赌徒可靠它吃香的喝辣的。高超的记牌者也会玩得不错，但只要被赌场发现，就会从牌桌上被请下来——经营者不接受这些玩家破坏他们的利润。而某些赌博形式就纯属机率，比如转轮盘或者乐透，依我之见，坊间那些数以万计破解这类游戏的方法都是无用的。

——参与赌局。这乍看起来像是废话，但是把它归类进来是因为参与者必须答应参加，赌博才算正式开始。自己将赌注拿去冒险，会提高观看赌局的刺激感。相反的，如果你没有参加，作为旁观者，你也不可能有输赢。"①

综述上述不同的概念分析，我们可以对博彩进行如下界定：博彩是指人们基于侥幸、冒险等心理以财物作为押注，并根据对结果预测的准确程度而决定输赢所得的一种竞赛性游戏活动。

（二）博彩的内涵

博彩包括以下基本内涵：

1. 博彩是基于侥幸、冒险、预期收益等心理所做出的自愿、理性行为

尽管东西方人性本善、本恶的基本主张不同，但是侥幸、冒险、以小博大等心理却是人之共有的天性，也是人们参与博彩活动的基本动机。人们参与博彩活动是由于其可以通过冒险、碰运气等形式在一种玩乐氛围中满足人们的心理预期收益。基于此，博彩往往是人们的自愿、理性的算计行为，人们自愿参与博彩活动，在活动中人们所做出的押注行为大多也是理性考虑的结果。

2. 博彩涉及有价值的金钱等财物的输赢

在博彩中，参与各方均将有价值的财物投入其中，并预期得到更多的回报，而博彩的结果也必然伴随着财物的输赢。博彩所具有的奖励因素，而且是巨大的不均衡奖励因素也是刺激人们参与其中重要因素。博彩游戏

① 保罗·贝灵格（Paul Bellringer）著、广梅芳译：《欲望之心——了解赌徒心理》，张老师文化事业股份有限公司2002年版。

中所具有的财务输赢，及其投入与所得的不对等交易也是其区别于一般休闲娱乐活动的重要因素之一。

3. 博彩输赢的基本标准是预测与结果的一致性或者准确性程度

博彩需要有规则，博彩参与者在清楚博彩规则的前提下，根据自己对博彩结果的判断，自愿将财物作为标的物，进行输与赢的博弈。而输赢判定的基本标准是参与者预测结果和最终游戏结果的一致性程度。一般来说，博彩结果具有很大的不确定性，参与者按照规则进行博弈竞猜，其结果完全或大多由运气或机会决定。

4. 博彩是一种竞赛性游戏，属于特殊性休闲产业

博彩是人们的基本需要得到满足后，利用空闲时间和非必需财物所进行的竞赛性游戏，它可以满足人们摆脱单调常规生活、寻求刺激、消磨空余时间等娱乐休闲需求。但是，博彩作为一种休闲活动又具有特殊性，这种特殊性即适度。也就是说，恰当、适度的博彩活动可以使其成为最好的休闲娱乐活动，而过度则往往导致各种不良后果。

需要注意的是，我们在这里所说的是博彩的狭义概念。从此涵义出发，博彩的构成至少包含以下三个要素：

一是博彩的参与主体。任何博彩都需要有主体或者说具体组织者、游玩者等的参与，人们可以直接参与，例如娱乐场各种游戏的参与者；也可以间接参与，例如购买彩票、赛马、抽奖游戏等。参与主体不仅包括参与博彩需要分出胜负的双方或者各方，而且包括博彩活动的主办方、组织方以及所需要其他人员，例如裁判员、服务员等。

二是博彩所借助的工具或玩法。这是博彩得以实际进行所借助的各种工具，表现为博彩的具体形式。博彩工具或者玩法可简可繁，简单者诸如一枚硬币、一把豆、一副纸牌、一副麻将，繁琐者诸如老虎机、轮盘赌机具、电子游戏机等。当然，不同的器具，其玩法不同，胜负规则也各不相同，但用于博彩时其工具属性是相通的。

三是金钱或者其他有价值财物的投入。参与博彩的各方都将自己的金钱等财物作为标的物进行博弈，在投入时带有较强的中奖或者博赢的心理预期。但是，博彩结果具有偶然性，中奖、博赢总是小概率事件。博彩中财物的投入也意味着博彩结果的出现同时伴随财物的输赢，这也是博彩得以进行的基本动机与动力。

从广义的概念来说，任何具有不确定性的事物或事件，只要可能产生不同的结果，都可以被视为博彩，只不过是博彩中所使用或者投入的押注存在着很大差别。例如，人们购买股票、理财产品等行为具有明显的博彩特征，日常生活中的升学、就业，甚至婚姻等也可视为博彩行为。经济学中所说的“机会成本”也是在表达这种不确定性所带来的影响。阿拉伯有一句谚语：人生就是一场赌博。这可以说对博彩最泛化的描述。

二、博彩的基本特征

从上述博彩的概念、涵义及其构成要素出发进行分析，我们可以发现博彩具有如下基本特征：

（一）博彩的娱乐性

博彩是一种满足人们心理需要的娱乐休闲活动，娱乐性是其重要的特征。人类的需求是分层次的，而且需求的产生和满足是由低级向高级呈现阶梯式上升的。当人们较低层次的需求得到满足以后，尤其是当绝大多数人们解决了温饱问题，并且有了闲暇时间、剩余收入以后，社会娱乐的需求就会产生出来。娱乐休闲是人们为达到调节身心、恢复体力和振作精神的目的，利用闲暇时间在一定环境及氛围下参与的消遣性活动。人们在娱乐中不由自主地放松身心，从而得到身体和精神上的休息，以便更好地投入繁忙的工作中去。而博彩就是这样的娱乐休闲活动之一，尤其是适度参与博彩游戏，其可以成为人类最好的休闲娱乐活动。人们可以在其中放松身心，并可以得到一定的心理和精神刺激，消除人们日常工作劳动带来的身心疲惫，丰富人们的社会文化生活。

（二）博彩的竞技性

博彩活动本身都具有一定的竞争性质，是人们在遵守一定规范规则的前提下所进行的博弈和竞争，参与者都期望在游戏中能够战胜其他竞争者而赢得游戏，进而也可以赢得数倍、百倍、千万倍的金钱财物等。因此，博彩表现出较强的竞技性特征。博彩游戏活动的竞技性尤其体现在其中的竞技类的博彩游戏中。例如，在赛马博彩活动中①，下注者通常会为某匹

---

① 赛马的相关规范以及专有名词，详见澳门 1990 年 8 月 6 日发布的《核准赛马暨互相博彩规章》（澳门第 163／90／M 号训令），以及澳门 2001 年 10 月 30 日发布的《赛马“三 T”博彩规章》（澳门第 47／2001 号）。

马会赢得比赛而下注，或者为其是否可以赢得前三名而下注。这就要求参与者对参赛的马匹具有一定了解，要收集分析关于赛马、骑师，甚至马主、练马师的相关信息，要综合参赛马匹、骑师以前比赛的历史成绩，甚至赛场、天气等各种因素做出自己的判断。其他竞技类游戏也是如此，这些都对参与者提出了一定的技术要求。其他博彩游戏尽管游戏的技术含量不同，但是，要参与博彩活动，尤其是要实现有所收获的预期，都需要一定的游戏技术来保障，对相关游戏的原理、规则、输赢概率等要有所了解。

（三）博彩的经济性

博彩游戏活动必然会涉及金钱，或者其他有价值财物的投入，人们参与博彩，尤其是商业性博彩不可避免会有输、有赢，会对博彩活动中财物金钱的得失进行理性计算，这就带来了博彩游戏的经济性。博彩游戏与其他经济活动的相似点在于，它也是基于一定投入而追求产出的，是以金钱博取金钱，以财物赢取财物，如果没有投入就没有产出。但是，需要注意的是博彩活动与其他经济活动相仿，有投入却不一定能够得到产出，或者取得利润。博彩游戏又与其他经济活动不同，其在博彩活动中的投入和产出之间存在较大的不对等性，有的投入根本没有产出，有的投入则会带来倍增的产出，而且这种倍增的倍数可能是十倍、百倍、千倍，甚至百万倍、万万倍。而这种不对等的产出也正是博彩活动吸引人们参与的原因之所在。和博彩的娱乐性相比，有的人参与博彩活动更多地是为了赢得财物。

（四）博彩的社会性

博彩游戏活动不可能个人单独进行或仅有很少的参加者参与其中，因为大多数参与者期望从中获得的并不仅仅是博彩活动得以实施本身，或者仅仅期望中奖或者博赢，人们还希望在活动过程中寻求到一种与平时日常生活完全不同的气氛，一种能够使自己暂时忘却日常生活自我那样一种不寻常的境界。而这种效果的取得往往需要一定的社会环境，一种竞争的愉快气氛。所有获得这些期望的条件在独处时或在家庭娱乐中都比较难以获得。因此，大多数博彩参与者不仅对博彩活动本身有要求，而且对活动进行的地点环境也有要求，即大多要在社会公共场所进行，有许多认识与不认识的人参加，具有很浓厚的竞争气氛，具有使人兴奋刺激的氛围等。博彩参与者所要求的这种氛围就是社会性，博彩是社会性活动，需要较多的人们参与，在众目睽睽之下才能获得令参与者自我表现，达到兴奋刺激的效果。

（五）博彩的两面性

作为一种满足人们心理需求的娱乐活动，博彩具有其独特的两面性特征。博彩行为活动对不同的个人而言，是一个从“不碰”到“适度”再到“上瘾”的一个连续体。对于从来不碰博彩的人而言，博彩存在与否、禁止与否都毫无意义。对于适度从事博彩行为的人而言，它可以成为一项较好的休闲娱乐活动。同时，鉴于当前博彩业与政府高税收、慈善公益事业相联系，适度博彩也在对社会作贡献。但是，如果人们过度沉溺于博彩，则会给自身、家庭乃至社会带来很大危害。博彩成瘾，则长赌无胜算。而博彩活动总需要财物的投入，过分投入财物可能会耗尽家财，给人们正常的生产生活带来负面影响。

（六）博彩的国际性

尽管博彩活动都局限于在特定地点，但是，博彩游戏活动伴随经济社会的全球化、国际化而出现了国际化的发展趋势。20 世纪 90 年代以来，以信息技术为代表的“第四次浪潮”冲击着世界各地每个角落，全球一体的网络化“地球村”加速形成。人们可以快速、方便地在国家之间、地区之间来回穿梭，地球越来越小，成为一个联系紧密的地球村。各种信息以前所未有的速度在世界传播，国际经济社会交流日益广泛，各国文化生活方式相互渗透。借助于经济社会的国际化，社会交往的便利快捷，博彩游戏活动也出现了国际化发展，尤其是网络博彩的发展使得人们在可以使用互联网的任何角落随时随地参与博彩。国际化还意味着任何国家的博彩游戏都有来自世界各地的博彩玩家，任何博彩者可以在世界任何娱乐场所进行博彩活动。当前，这也意味着博彩活动的影响也在外溢，超越了单个国家的地域管辖范围。

三、博彩的类型划分

世界上的博彩游戏多种多样，博彩活动的具体形式各不相同，对其所进行分类也众说纷纭。基于不同的分类标准，博彩游戏或活动可以划分成多种不同的类型。在此仅介绍一些经常使用的分类标准，以及商业博彩中对博彩类型的进一步划分。

（一）根据博彩游戏是否被所在国家政府所认可，可以划分为合法博彩和非法博彩两类

合法博彩是指由国家法律法规允许，或者经由政府行政法令特许运营的博彩活动。合法博彩根据游戏类别的不同，可以由政府自身经营，也可以向符合特定条件的经营业主（私人经营者）发放特许经营证照，由其在政府指定的区域范围内运营特定类别的博彩项目。就各国博彩发展的实际情况来看，娱乐场（casino）或称赌场，倾向于由娱乐集团或者私人来竞争性运营；而彩票、竞技博彩等，倾向于由国家或者政府授权成立的特定组织机构来垄断运营。

非法博彩，又被称为地下博彩、地下赌博，是指在没有经过国家法律法规允许，或者未经政府行政法令许可而私自运营的博彩活动。在一个国家范围内，除了合法博彩之外的所有博彩活动基本上都是非法博彩。非法博彩往往为营利动机所驱使，通过各种非法博彩手段，以高回报、高中奖率为幌子吸引人们参加，经营者再从运行中“抽头”获利。在任何国家，无论是博彩是否合法化，非法博彩活动的现象都或多或少存在着，只是运营规模大小存在较大差异。

（二）根据博彩游戏的性质，可以将博彩活动划分为社会性娱乐与商业性博彩

社会性娱乐（Social Amusement）是指人们在日常生活中自发组织参与带有博彩性质的娱乐活动。例如，中国很多地区街头巷尾流行的打麻将、玩扑克、下棋等娱乐活动。社会性娱乐游戏的参与者往往占总人口中的绝大多数，有学者估计城市人口中90%以上的居民，在其一生中都参加过各种形式带有博彩性质的社会性娱乐。而一些商场、购物中心在节假日所进行的各种有奖销售、抽奖活动等，实际上就让很多人在不知不觉中参与了一场博彩娱乐活动。在社会性娱乐这种游戏活动中，组织者和参与者的界限不是太明显；相对于财物输赢，其中的社会交往、娱乐性成分更多一些；这类活动的参与人数众多，玩乐活动比较分散，其影响范围也大多局限于个人，各国法律对其一般不施加过多的干涉。

商业性博彩（Commercial Game）是指以营利为目的，由专人专门组织各种游戏活动，并且从活动中“抽头”的博彩游戏。商业性博彩和社会性娱乐最大的区别就是，它是基于营利目的而专门组织起来的经营性活动。目前，世界各国都对商业性博彩进行管制，有的国家完全禁止，有的国家开放其中的部分博彩游戏。一般来说，各国大多对彩票游戏实行有限开放的政策；部分国家对竞技性博彩游戏抱着谨慎的态度，在局部地区有管制的开放；只有极少数国家或者地区开放娱乐场（casino）、赌场博彩。政府对商业性博彩活动加以严格管制的原因在于，如果商业性博彩活动过多，乃至泛滥就会造成各种派生性问题，其负面影响会给经济社会发展带来危害。

（三）根据商业性博彩游戏的特征，可以将其进一步划分为彩票游戏、竞技类游戏和娱乐场游戏三类

彩票游戏具有进入门槛低、以小博大和中奖概率极小等三大特征，包括传统型、即开型、数字型、乐透型、视频型等不同具体彩票游戏。彩票游戏一般由政府实行特许垄断性经营，很多国家采取设立专门机构，或者特许专门组织机构经营管理的做法。

竞技类游戏基于赛马、赛狗、足球、篮球等竞技活动而进行。竞技类游戏是基于特定赛事而开发出来的，对参与者具有一定的技术要求，参与者要对赛马、参赛狗、球员等各种相关信息具有较好的掌握，还需要对场地、天气等其他影响因素有一定了解。这样才能够综合权衡，选中其中的胜出者，提高中奖的概率。

娱乐场游戏是指政府特许设立娱乐场或者赌场，并在赌场、娱乐场内部经营的各种博彩游戏，例如世界各地比较流行的黑杰克（21点）、老虎机、百家乐、轮盘赌、骰子、纸牌等。娱乐场游戏的过程一般比较短，可以很快得到输赢的结果，因此被称为快频游戏，其博或者赌的性质也最强。娱乐场游戏不仅包含一定的技术含量，其最大特征还在于游戏过程具有可控性，游戏参与者可以自行控制游戏节奏和下注大小。娱乐场经营者（行话称之为“庄家”）从博彩者投注和赔出间的差额得利，也从赢家中得到一定比例的提成（行话称之为“抽水”、“抽头”）。

（四）根据商业性博彩游戏本身的性质，可以划分为幸运博彩、相互博彩和碰运气博彩三大类[①]

幸运博彩是指结果具有很大不确定性，而博彩者纯粹或主要是靠运气

---

① 这三类划分是澳门政府对博彩进行的法定分类，其管理也参照此分类进行。参见2001年9月19日澳门发布的《娱乐场幸运博彩经营法律制度》（澳门第16／2001号）。

来决定输赢的博彩活动。中国澳门法律规定，“凡博彩，其结果系不可预料且纯粹靠碰运气者，概称为幸运博彩。”由于幸运博彩活动必须在批给人核定的地方及场所进行，即在娱乐场内进行，所以这一类博彩就是人们通常所说的娱乐场博彩。进入场内，博彩参与者可以自由选择游戏种类。但是，对押注都有着最低与最高的限制。幸运博彩是澳门博彩业所有类别中最重要的一种，近年来其每年缴付的税款约占所有博彩种类税款，即博彩税总收入的90%以上。澳门幸运博彩游戏的花样和玩法很多，按照2000年1月12日《澳门特区政府公报》上刊登之《幸运博彩专营之修改及附加合同》中的规定，幸运博彩的具体项目有26项，包括：百家乐、“铁路”百家乐、双门自由庄百家乐、双门有限庄百家乐、法国庄、廿一点、廿五门、花旗骰、骰宝、十二号码、法国式纸牌博彩、番摊、花旗摊、金露、幸运轮、麻雀、角子机、牌九、话事啤、轮盘、十二支、三十与四十、十三张、双起、弹子机、泵波拿。

互相博彩是指以动物速度竞赛或体育赛事的输赢作为投注的对象，而其中的获胜者在扣除佣金、费用及税项后，按个别投注额之比例互相分取总投注金额的博彩。互相博彩其实属于一种打赌竞猜活动。互相博彩或者专门为博彩而设定，或者基于其他赛事而设定，一般有着特定比赛场所，在赛事进行之前进行押注，赛事结束后派发奖金。互相博彩主要包括赛狗、赛马、赛马车、回力球等，其中赛狗属于澳门独创的一种赌博游戏，主要是由一组狗去追逐一个围绕着椭圆形跑道上奔驰的机械诱饵（电兔）。赌注可以押在一只狗或一组狗身上，以押注的准确程度来确定输赢。

碰运气博彩，也被称之为向公众提供之博彩活动，是指面对广大公众提供的，仅靠运气赢出的各种博彩活动。碰运气博彩的投注额较低，游戏进入的门槛较低，中奖的概率也比较低，基本上没有什么技术可言，主要靠偶然性或者运气中奖。碰运气博彩的主要包括彩票、奖券以及抽奖等。澳门彩票种类繁多，最早在澳门流行的是中式彩票，也成白鸽票①。现在除了白鸽票以外，还发行即发（即开）彩票和体育博彩彩票。

---

① 白鸽票：早期是用白鸽来开彩，将千字文起首的80个字卷成小球，由白鸽随意从中衔出的20个小球，就是所中奖的字。后来则逐渐改为摇珠法开彩，自1990年以来澳门的白鸽票改用计算机开彩，所以又称为计算机白鸽票。

四、博彩业的兴起及其发展

很长时间以来，赌博或博彩大多作为社会性娱乐活动而存在，即便少数人涉足商业性博彩，也因非法经营而一直处于“地下”状态，远未形成规模，更谈不上什么产业可言。只有商业性博彩游戏活动得到政府认可，可以合法经营并作为一种产业来规划、发展及管理时，才能形成博彩业。因此，博彩业的产生与博彩（赌博）合法化联系在一起，是基于商业性博彩得到政府认同、许可才能出现的一个特殊产业。从此意义上说，博彩业的产生发展是近现代以来的事情。

（一）博彩业的开端

博彩合法化最早的地区是澳门①。这是由澳门当时特殊的经济社会环境所决定的。1553 年（明朝嘉靖三十二年），葡萄牙人借口所乘船舶触礁损坏，请求借濠镜地晾晒贡物。明朝地方官员接受贿赂，私自允准葡萄牙人把澳门作为商船停泊的口岸。其后，葡萄牙人虽然占据中国澳门，但明清政府一直对澳门进行着有效管理，每年葡萄牙人都需要向中国政府缴纳地租。鸦片战争后，葡萄牙人逐渐渗透，占据澳门更多地盘，并迫使清政府认可澳门为其殖民地。澳门民间本来就存在着各种赌博活动，但是，明清政府一直实行禁赌政策，赌博只能私下为之，处在“地下”状态。葡萄牙人占据中国澳门后，禁赌的政策逐渐在摇摆中得以改变。1846 年 2 月，澳门总督彼亚度发出总督训令，准许开设番摊赌馆。1847 年，亚马留在接任澳门总督后，承认当时盛行的番摊、闱姓、白鸽票等赌博方式为合法经营，还给番摊、赌馆发营业牌照，并要求其纳税。此后，由于中国香港逐渐作为自由港发展起来，澳门港口衰落，各种产业受到冲击，而赌博却在百余年的诸多历史变动中得到了发展机遇。到 19 世纪 60 年代，拥有 4 万人口的澳门已有 200 多间“番摊”，澳葡当局靠着赌饷以及鸦片烟税，使得每年财政收入增加到 20 多万元，每年约有 4 万元财政结余。其后，博彩业总体上得到葡萄牙管理者的认可，尤其是经过马济时等主政官员的支持，博彩业发展成为澳门一枝独秀的产业，其他服务业主要为博彩业服务。

---

① 早在 1748 年，德国的巴登便首先开设赌场，开西方近代以来设立赌场之先河。但是其赌场经营不长时间就失败了，赌场被关闭。参见涂文学著：《赌博的历史》，中国文史出版社 2007 年版。

1856年，为解决财政危机，地处法国南部、靠近地中海北岸的袖珍小国——摩纳哥，其国王查尔斯三世（Charles III）决定在市区北边的岬角上开始兴建赌场，因为他感到除了赌博，无法在其368英亩由光秃秃的海岸岩石组成的领地上生存下去。为纪念他，这个地区被称为蒙特卡洛（Monte Carlo）。1861年，蒙特卡洛赌场开始营业。稍后，在德国汉堡从事赌博业的布朗克兄弟移居摩纳哥。他们通过劝说当时的摩纳哥王子获得了赌场的专营权，经过若干年的经营发展，摩纳哥的赌博业开始走向繁荣。一些法国人将在本国禁止的赌博产业转移到摩纳哥经营，也获得成功。不久，蒙特卡洛成为举世闻名的国际赌城。摩纳哥原是欧洲的一个穷国，自从赌场开设之后，依靠博彩及旅游业，其财政收入大增。伴随赌城地位的巩固，摩纳哥的赌博产业为国家带来的收入大增，这使其渐渐成了世界上最富有的国家之一，摩纳哥“以赌立国”的做法也取得了成功。

从澳门、蒙特卡洛发展赌博业的初衷来看，两者存在着相似性。中国澳门因为香港发展后其他产业难以兴盛、摩纳哥的蒙特卡洛因为光秃的海岸难以发展其他产业而都选择了以赌立业。在19世纪，仅有澳门和蒙特卡洛公开实行赌博合法化，并发展博彩业。但是，在世界其他国家和地区，因为宗教、道德等因素的限制，政府依然严格禁止赌博，从而使得这些地区可以一枝独秀。

（二）博彩业的初步开拓

20世纪20、30年代，一场世界性的资本主义经济危机横扫欧美绝大部分国家和地区。面对经济危机引发的大萧条，一些地区首先看到了赌博业所带来的巨大经济效益，政府觊觎其所带来的高额税收，从而为赌博合法化打开了方便之门。

博彩业发展的大门首先在美国打开。1931年，为了挽救当地衰败的经济和政府财政，美国的内华达州通过法案，在被称为“沙漠之城”的拉斯维加斯（LasVegas）推行赌博合法化，以便政府收取高额税收。此前，拉斯维加斯民间已存在较为普遍的赌博现象，虽然政府宣布赌博为非法行为，但是，很多警察接受贿赂，并对赌博活动“睁只眼闭只眼”而难以禁绝。赌博合法化以后，形形色色、大大小小的现代化旅馆式赌场在拉斯维加斯建立起来，并逐渐遍布整个城市。20世纪40年代，有人提出了用赌博业吸引全世界游客来玩的建议，并大肆进行宣传活动。这吸引大批游客进入拉斯维加斯，也使得其博彩业进入了获利阶段。由于当时美国其他各州都在禁赌，拉斯维加斯实际上垄断了美国的博彩业，当时每年前来旅游的3000多万人次游客为内华达州带来上百亿美元的收入。从前，拉斯维加斯只不过是内华达州沙漠中一个不起眼的小城镇。但是，在开放博彩业以后，拉斯维加斯迅速变得繁荣富裕起来，尤其是很多豪华酒店、赌场相继建立后，其豪华气派逐渐超出了蒙特卡洛，一跃成为当时世界上最大的赌城。博彩业成为这个州最大的产业、社会经济发展的支柱，内华达州经济也迅速发展。据估计，在赌博业合法化后，每年赌博业缴纳给州政府的赌税高达20亿美元，每天平均税收近达550万美元，全州约一半的收入来源于博彩业。①

20世纪70代，美国再次陷入经济衰退。目睹博彩业带来的巨大经济利益，1976年，新泽西州议会以全州公民投票的方式通过了开办赌场的决议，新泽西州成为美国第二个赌场合法化的州。该州大西洋城（Atlantic City）最大的金色大厦旅馆被改造成国际休假赌业旅馆。1978年，该旅馆正式开业。稍后，形形色色、大大小小的现代化旅馆式经营的赌场遍布全城。大西洋城毗邻世界最大的都市——纽约，处于人口稠密的东部濒海地区，设有海滨浴场，附近还有野生动物保护区，本来就具备一定的旅游资源。开赌后，该州政府以及旅游博彩公司全年都举办各种促销观光旅游的活动，使得大西洋城成为一个新的旅游博彩胜地。大西洋城的博彩业由此得到迅速发展，大有后来居上的赶超之势。

美国的拉斯维加斯、大西洋城开办赌场，和此前澳门、蒙特卡洛开放博彩业有着基本相似的经济动机，即以博彩业、旅游业来吸引外来客源，引导其从事博彩活动，从而吸引大批外地资金进入，为推动本地经济发展，提高财政收入奠定基础。但是，这种获取博彩活动利益的做法却是以其他地区普遍禁赌作为前提的，一旦其他更多的国家和地区也普遍实行博彩合法化，这种做法就不可能再持续，而由此得到的利益也会趋于消失。

（三）博彩业的迅速发展

20世纪80、90年代以后，世界各国纷纷推动博彩合法化，大批娱乐场纷纷建立起来。除了瑞士、西班牙等少数国家外，美国、西欧、澳大利亚等西方发达国家和地区，南美、东南亚等发展中国家相继放弃禁赌政

---

① 参见涂文学著：《赌博的历史》，中国文史出版社2007年版。

策，推动以赌场经营为代表的博彩业合法化。这造成了赌博爆炸（gambling explosion）的局面，使得博彩合法化浪潮从美国向全世界扩展①。

20 世纪 80 代起，美国经济萧条的情况开始加重，各地政府的财政赤字不断增加，而且征税、加税变得日益困难。在这种情况下，与博彩业、旅游业相关的各个利益集团不断游说各州议会、政府等权威人士，宣扬博彩合法化所带来的各种好处。1988 年，美国政府通过法令，允许印第安人在其保留区设立赌场。1989 年，美国南达科他州、爱荷华州和印第安纳州 3 个州同时推动博彩合法化，开放博彩业。由于博彩旅游业具有“虹吸效应”，即没有发展博彩旅游业的其他州，相对于开放博彩业而言，会损失相当部分的旅游业、餐饮业等的消费和税收，因此，这些州政府从其经济政策考虑也会推动博彩合法化。印地安人居留地的赌场越来越普遍，一些州先是允许经营河船赌场，后也允许河船赌场靠岸经营。到 20 世纪末期，美国博彩合法化已经成为很多州的政策选择。绝大多数州都允许经营彩票游戏，许多州还允许经营赛马场和赛狗场。一些州允许经营场外赌马，而一些州则允许经营娱乐场。各州推动博彩合法化，放开对赌场的禁令一时仿佛成为时代潮流。到目前依然坚持禁赌政策的州，只剩下夏威夷州和犹他州。几乎与此同时，在美国的示范和带动下，加拿大也推动实现博彩合法化，博彩业在加拿大迅速地发展起来。加拿大现在的 11 个省中，每个都设有赌场和/或彩票游戏，有 110 多家赌场在营业。②

西欧的博彩业有着悠久的历史。早在 16 世纪，法国就曾发行彩票，后来在严禁与放开之间多次反复。1933 年，面对战后国家财政紧张，受伤士兵的医疗抚恤难以解决等问题，开始允许退伍军人协会发行彩票，筹集资金。稍后，法国筹建国家博彩公司，由其发行彩票来为退伍军人照顾及农业发展筹资。20 世纪 60 年代，法国引进了如今妇孺皆知的“六合彩”来增强彩票的竞争力，并获得成功。其后，各种博彩游戏逐渐被放开，并快速发展起来，当前包括彩票、赛马、娱乐场在内的博彩业成为法国的重要

① 博彩爆炸是美国学者古德曼（Goodman）对赌博业在美国各州的迅速发展进行评述时所提出的形象化说法。20 世纪 80、90 年代以后赌博业在世界各国的迅速发展与其类似，有的学者也将此称之为赌博爆炸。参见 Goodman，R. I egalized gambling：Public policy and economic development issues. *Economic Development Review*，1995，p55.

② 参见阮建中：《欧美博彩旅游业研究述评》，《旅游学刊》2010 年第 9 期。

经济行业。1968 年，英国颁布《赌博法》修正案允许开设公共娱乐场，但要求进入者须具备会员身份。该法案还宣称："公民可适当地、有节制地参加赌博。"此后，英国国内许多城市开始建设娱乐场，经营轮盘赌、21 点、梭哈等博彩游戏。除了娱乐场之外，英国的宾果牌场、赛马、赛狗也比较流行。此外，还有各种私人、公司及国家彩票的玩法，包括六合彩。1990 年以前，德国对赌博予以严格禁止，除非是由国家政府组织经营的，例如赛马、足球彩票等。1990 年，欧盟法律允许私人从事赌博业，这彻底改变了德国博彩业的面貌。东德和西德合并以前，两家大的私人博彩公司基拉盖格（Sportwetten Gera）和柏得威（bet & win）获得了在东德博彩业的经营许可。为了防止"肥水外流"，德国政府决定成立一些自己的国有博彩公司参与经营，便组建了奥德赛特（Oddset）公司，这是国家的体育竞猜经营公司，它很快成为体育博彩领域的领头羊。除了多年来一直经营的赛马、体育博彩以外，德国国有、私有的从事博彩业的公司经营着各种形式的博彩游戏，尤其是由国有公司垄断经营的、与体育赛事相关的竞猜型游戏占据主导地位。20 世纪 80、90 年代以来，欧洲各国的博彩游业迅速扩展，从传统的摩纳哥，到英国、法国、荷兰、葡萄牙、德国等国，几乎遍及整个欧洲大陆。目前，除了瑞士、西班牙、斯堪的纳维亚半岛的少数国家和地区禁止开办赌场外，大多数国家都允许赌场的合法存在。而且，很多国家的博彩游戏，几乎是全民参与。例如，许多德国人不知道联邦国家的总理是谁，但却没有人不知道足球彩票；全国参与博彩的赌迷达到 50 万人之多，每年有几十亿马克投进娱乐场。2012 年，法国人均每周在博彩业方面的支出是 6 欧元，每年家庭用于博彩业的开支总额达 462 亿欧元。超过 60% 的法国人至少购买过一次彩票，超过 50% 的法国人参加过博彩，博彩几乎成为法国人最大的业余嗜好。[①]

从 20 世纪 70 年代开始，澳大利亚各州纷纷开设娱乐场来解决财政困难问题，并从塔斯马尼亚、北郡到昆士兰、西澳大利亚、南澳大利亚，再到新南威尔士、维多利亚等州。到 20 世纪末，澳大利亚的大部分州已经将博彩合法化，有娱乐场、赛马、彩票等各种博彩形式。澳大利亚人口不到世界人口的 1%，其所拥有的老虎机却占世界的 20%。博彩业成为澳大利

① 以上数字参见：《法国人与博彩业》，http://blog.sina.com.cn/s/blog_4c9a1baa01000c3c.html。

亚人们日常生活的一部分，80%的人参与各种形式的博彩游戏。澳大利亚的赌场还吸引着很多外国赌客，20世纪90年代澳大利亚赌场收入的一半左右来自包括中国、泰国、日本在内的亚洲赌客。中国大陆地区，因为人口规模巨大，到澳大利亚旅游人口较多，成为其赌场最重要的客源地。新西兰、瓦努阿图等小岛国也纷纷开放博彩、旅游业，吸引外来游客参与博彩活动。

20世纪60年代以来，东亚、东南亚等的少数国家开始实行博彩业合法化政策。20世纪90年代后，推行博彩业合法化的国家逐渐扩展，发展成为博彩业拓展的新兴地带。中国澳门博彩业多年来在亚洲一枝独秀。拉斯维加斯赌博合法化后，中西博彩业之间在游戏种类与经营方式上逐渐联系交流，互通有无。澳门引进了西方国家的百家乐、21点、五张牌、轮盘赌等游戏方式；中国的牌九、番摊也出现在美国的娱乐场中。从20世纪80年代开始，澳门娱乐场实行比例税的新税制，并开始设立贵宾厅。2002年，澳门赌王制终结，赌权走向多元化，澳门博彩市场的竞争式发展大大促进了博彩业的快速扩展。

1964年，韩国颁布《旅游促进法》，鼓励针对外国来韩游客开设娱乐场。1967年，仁川以接待外国旅客为主的奥林波斯旅游酒店开设了韩国的第一家娱乐场。此后，其他地区也陆续开放了多家娱乐场，包括现在规模较大的华克山庄赌场。

1965年，马来西亚位于吉隆坡北面的云顶高地酒店开始建设。马来西亚政府被赌场可能带来的经济利益和就业机会所诱惑，最后同意其开设赌场。

20世纪90年代以来，因为亚洲经济危机的影响，菲律宾、越南、柬埔寨、老挝、缅甸等国家纷纷推行博彩合法化政策，开设娱乐场，以解决财政困难等问题，吸引外国游客，主要是中国游客参与博彩。

进入21世纪以来，一向禁赌的新加坡出于经济利益的考虑，认为娱乐场可以为国家财政带来庞大收益，推动旅游业和增加就业机会，而冲破了道德束缚，推进博彩业的合法化。2010年2月，新加坡的新建的金沙赌城正式开业，当年收入就达到28亿美元①。一向以制度保守闻名的新加坡开

① 王慧等：《“赌场潮”能否带给亚洲新繁荣》，《环球时报》，2012年4月10日。

赌，成为亚洲博彩爆炸的一个引爆点。新加坡这种受政府控制的“赌场+度假村”的模式，也吸引着亚洲多个国家关注。一些国家的政客认为这种模式不仅可以增加财税收入和创造就业，也可以控制赌博对社会的负面冲击和影响。随着新加坡等国开放博彩业带来巨额收入，日本等众多亚洲国家也准备推行“赌博合法化”。2012 年以来，各国多次发生议员联名向国会提出允许开设大型博彩公司的议案。赌博合法的菲律宾、柬埔寨、印度等国也竞相开设新的大型“赌场度假村”，以吸引赌客。在世界经济复苏乏力的背景下，亚洲经济独树一帜，博彩业的繁荣成为其中特殊的“贡献”力量。普华永道最新的报告预测称，亚洲将于 2013 年超越美国成为世界最大博彩业市场。①

从 20 世纪 80 年代开始，博彩业在世界范围内崛起，并得到迅速发展。2001 年，世界博彩业的总收入达到 2500 亿美元。2002 年，博彩业的“产值”（博彩业的收入额）已经达到了 9000 多亿美元，成为世界第四大产业②。2012 年 2 月，英国国际博彩咨询公司（GBGC）发布报告称，世界博彩业经历了近两年低谷后，将重回迅速增长的态势，并预计到 2012 年，全球博彩销售额将突破 4000 亿美元。结果 2011 年世界博彩收入就已达 4190 亿美元，比 2010 年增长 5.6%。英国国际博彩咨询公司还预计全球博彩将在 2014 年超过 5000 亿美元，特别是亚洲众多地区博彩发展较快③。

伴随世界范围内博彩业的快速发展，博彩业的发展呈现出新的特征：

1. 博彩业发展基本是由政府和博彩集团的赢利动机驱使的

20 世纪 80 年代以来，世界博彩业爆炸性发展的最初推动力是经济困难，及其所引发的政府财政问题。出于赢利动机的驱使，政府和博彩集团合作谋利成为推动博彩业合法化的最初动力。也正是这种公私合作的谋利动机驱使博彩合法化在世界范围内迅速拓展，先从美国拉斯维加斯，拓展到大西洋城，再到美国各州，甚至超越国界到达加拿大；其次从北美、到欧洲、大洋洲，再到亚洲，尤其是东南亚的各个国家。在此过程中，博彩集团的经济实力大增，游说政府、影响其政策选择的能力也在增强，从而

① 王慧等：《“赌场潮”能否带给亚洲新繁荣》，《环球时报》，2012 年 4 月 10 日。

② 庄金锋、曾毓淮：《博彩全球化与内地的赌金流失》，《九鼎》2008 年第 5 期。

③ 以上统计数字来源于彩通社博客：《2011 年全球博彩收入超 4 千亿美元　2014 年或超 5 千亿》，参见 http://sports.sina.com.cn/l/2012-02-08/16175935084.shtml。

强化了其影响政策的能力。

2. 世界各国纷纷推动博彩合法化，使得博彩业发展倾向于陷入“合成谬误”的困境

从美国各州博彩业的发展历史，以及世界各国博彩业的发展过程来看，当世界各国禁赌时，少数国家或者地区开放博彩业会形成强大的“虹吸效应”，吸引各国和地区的游客参与博彩，从而为本地带来巨大的经济利益。但是，一旦世界上多个国家或者地区都普遍推行博彩合法化，都意欲吸引其他国家和地区的人员参与博彩时，这种效应就会很快终结，从而引发博彩业的衰退①。这使得世界各国落入“合成谬误”的困境，即每个国家都从自身获利角度考虑放开博彩的理性行为，最终成为集体的非理性行为。

3. 博彩业的国际化和开放性日益增强，竞争变得激烈起来

博彩业基本上是政府特许批准经营的私营产业，世界各国发展博彩业的初衷都是吸引外国人进入赌场，留下赌资然后走人。这就使得各国政府不得不推行娱乐场国际化经营以及对外开放政策，促进当地旅游业、酒店业、餐饮业的发展，以吸引外国游客光临。但是，伴随博彩业的国际化，不同国家和地区的博彩业竞争变得越来越激烈。尤其是在博彩业开发越来越多、娱乐场趋于饱和的地区，各国只能相互竞争以吸引赌客前来，从而对原有赌场带来负面影响。例如，新加坡开放博彩业，对马来西亚、中国澳门等地的博彩业有着不可忽视的替代作用，其吸引了很多原本要到云顶赌场、澳门赌场的博彩者。

4. 博彩业的负面效应显现，并呈现加速发展的趋势

在博彩业发展过程中，其所带的负面效应往往被忽视。博彩业的发展会挤压其他产业的发展空间，对原已存在的传统酒店业、餐饮业以及传统休闲娱乐产业等带来不利影响。博彩业发展还会带来病态赌徒及社会治安问题，给青少年的价值观念等造成很大冲击，病态赌徒则会给其正常的家庭及社会生活带来负面影响，使得总体社会成本会大幅攀升。博彩还容易

① 2006年，大西洋城自博彩业收益达到52亿美元以后就每况愈下，2013年已经是连续第七年下降。这一方面原因是美国经济的持续低迷，另一方面则是因为自美国2007年放开博彩业管制后，博彩业在全美国四处开花，到大西洋城参与博彩已经不是人们的唯一选择。参见《美国大西洋城欲扭转博彩业颓势重现昔日辉煌》，《公益时报》，2013年9月6日第8版。

刺激各种违法犯罪行为的滋生，而且越是方便进入或者成本愈低的博彩活动，对当地社会生活构成的负面冲击就愈大，同业之间的竞争，地区治安水平的降低，使得当地居民承担着博彩负面影响所带来各种不良后果。

20 世纪 80 年代以来，世界各国，特别是东亚、东南亚国家纷纷推行博彩业的合法化政策，允许开设娱乐场。这大都以吸引中国规模庞大的人口参与其中为发展动力，形成了以中国为核心条带状环形分布的博彩业格局，以至于出现了全球博彩业“围堵”中国的发展态势。中国台湾也在 2009 年后提出离岛开赌的法案，其目标更是直接瞄准中国大陆市场。这无疑对中国的禁赌政策形成了无形的冲击。有学者研究提出，中国每年有 6000 亿元赌资流失[①]。在 2014 年 3 月审理的广州“1 · 16”特大网络赌博案中，赌博团伙接受投注赌资共计 4840.8 亿元[②]，由此中国国内网络赌博的庞大规模可见一斑。周边赌场聚集，国内地下赌博猖獗，网络赌博泛滥，中国可谓四面临敌，全面暴露在世界赌博爆炸的阴影中。这给改革开放的中国带来了一个涵盖金融、政治、经济、社会、治安等多方面的综合性难题。很多学者从博弈论等理论出发，认为中国博彩业发展进入了“囚徒困境”的博弈期，坚持严格禁赌政策使得中国深受世界赌博爆炸带来的危害，论证了中国开放其他形式博彩的合理性[③]。但是，推进博彩业的合法化以及开放除彩票之外的其他博彩方式还有更多需要考虑的因素。其中非常清晰的一点是，即便中国现在推行博彩合法化，至多只是将中国的赌客留在国内，而外国游客被吸引前来的可能性不大。而放开博彩业所带来的一系列负面影响和问题，例如问题赌徒、病态博彩、赌徒心态等将会进一步快速增长，从而使得整个社会付出更大的代价。博彩业的放开与禁止，除了经济利益之外，还有更多社会、文化因素的影响，需参照多个方面深入斟酌再作出合理决策。

---

① 江河：《中国每年流失赌金六千亿》，《环球时报》，2007 年 4 月 25 日第 6 版。

② 潘爱华：《广州“1 · 16”特大网络赌博案开审》，《南方法制报》，2014 年 3 月 12 日第 8 版。

③ 郭均鹏、李婷等：《我国建立区域博彩中心的探讨》，《天津大学学报（社科版）》2008 年第 11 期。

第二节
彩票与彩票业

作为商业性博彩的特定形式，彩票是利用人们的侥幸、投机心理来筹集社会公益资金的国家制度安排。彩票的基本功能就是筹资，即政府批准特许运营，彩民自愿购买彩票，彩票管理机构筹集彩票资金，除返还奖金给彩民、扣除必要的运营费用以外，政府获取资金用于发展社会公益事业。这就为彩票的存在奠定了合理性基础。

一、彩票的概念特征

彩票起源于机会游戏，是对随机性的人为设计与运用。早在16世纪，彩票已经在欧洲开始出现，有政府举办的，也有私人发行的。从1530年意大利佛罗伦萨设立世界上第一家公开的政府彩票发行机构至今，已经有400多年的发展历史。1569年，英国的伊丽莎白女王批准发行彩票，这在当时产生了深远的影响。但是，即便从目前来看，不同的国家地区、不同的政府机构、不同的专家学者对彩票的界定及特征分析等都存在很大差异。

（一）彩票的概念和内涵

辞书对彩票大多采取描述的方法予以解释。英国的《大不列颠百科全书》对彩票进行了如下描述：彩票，即抽彩给奖，是通过随机性的抽签摇彩给一定范围的人们分配奖品或者奖金的方法。它是博彩的一种形式，抽彩给奖的开办人将出售彩票所得款项，扣减一切开支（含政府税收）与利润后，分成若干份大小不等的奖金分发给中奖者。中国的《辞海》对彩票也进行了描述。彩票，俗称“白鸽票”，以抽签给奖方式进行筹款或敛财所发行的凭证。这种界定更多地立足于对中国清末以来发行彩票的现象描述。1898年，上海租界曾有“吕宋票”发行。1899年，上海广济公司曾发行“江南义赈彩票”。稍后，江苏、安徽、湖北等地因洪水泛滥，百姓流离失所，急需赈济而由官府发行彩票来筹募赈灾款。在北洋政府时期，上海等大中城市曾出现各种私人发行的彩票，中彩的可以得到头彩、二彩等各种等级的彩金。1927 年，国民政府在南京建立后，为推动经济建设也曾发行过“航空公路建设奖券”、“黄河彩票”、“西湖博览有奖游券”等彩票来筹集资金。这一时期，法国在上海等地发行了“法商慈善奖券”、“俄侨难民救济奖券”等来筹集慈善救济资金。此外，教会为募集慈善资金，公司为推销其商品也都发行过带有彩票性质的奖券。

各国政府基于彩票监管，大多从彩票属性方面进行界定，但具体界定也存在较大不同。1923 年 6 月瑞士在颁布的《彩票与职业博彩联邦法》中，对彩票的界定为：彩票是指有计划地用碰运气的摸彩中签中号或者其他类似方法获得物质好处，其中包括中彩本身所含有的物质好处及从属于它的奖品、权利或者实物。美国国家博彩委员会对彩票的界定为：彩票是以出售享有分配中奖奖金机会的一种博彩方式。澳大利亚新南威尔士州在其颁布的《彩票与艺术协会法》中对彩票解释为：通过抽签抓阄所进行的诸如货物、制品或商品的转让。2009 年 5 月中国颁布的《彩票管理条例》将彩票界定为：国家为筹集社会公益资金，促进社会公益事业发展而特许发行、依法销售，自然人自愿购买，并按照特定规则获得中奖机会的凭证。

综合上述两类不同的界定方式，我们认为彩票是指为筹集社会公益资金而特许发行，印有文字、符号、图案等特定标识，由公众自愿购买，按照事先制定的规则取得相应奖项的凭证。从这个界定出发，彩票包含以下内涵：

1. 彩票发行目的的公益性

从本质上说，彩票是非生产性的，不能创造新社会价值的一种博彩活动。彩票存在的合理性就在于通过大众参与其中，将个人手中的少量闲散资金汇集起来，用来补足财政资金投入的不足。彩票发行是筹集社会公益资金的重要途径，但是，仅仅靠彩票并不能解决社会公益金的不足。

2. 彩票票面形态的标识性

作为一种有价值的票证，彩票是能够证明彩票购销关系成立，且凭此对中奖与否做出判断的专门证据。彩票的票面有特定的标志或标识，一般都记载着彩票游戏的名称、发行期数、购买数量及金额、开奖和兑奖等相关信息的文字、图案、数字以及符号等标识。

3. 彩票发行销售的垄断性

彩票由国家政府特许发行，并依法予以销售。在世界各国，彩票都由政府特许垄断发行。基于彩票根本属性，彩票不可能无节制地过多地发行，而彩票的发行规模、市场容量也不可能无限扩张。尤其是考虑其道德风险和消极作用。在中国，国务院特许发行福利彩票和体育彩票。

4. 彩票购买的自愿性

彩票发行是出于公益目的。但是，作为彩票的购买方，社会公众购买彩票无论是出于公益目的，是出于中奖的意愿，都需要个人根据自己的意愿而购买。公众是否购买彩票，购买什么彩票，购买多少彩票等要由彩民自己确定，不能进行摊派，或者强卖。

5. 彩票游戏规则的确定性

彩票之所以吸引民众参与，在一定程度上是因为购买彩票与中奖、中大奖的机会是联系在一起的，尽管购买彩票后，是否中奖具有很强的随机性。但是，彩票游戏的规则却事先就已经确定下来，并为彩票发行者、购买者以及公众所熟悉或者所知晓。

（二）彩票的内在特征

上述彩票的概念和内涵已经揭示出彩票自身所具有的某些特征，包括彩票发行目的的公益性、彩票发行销售的垄断性、彩票购买的自愿性等。除此之外，彩票自身还具有以下内在特征：

1. 彩票中奖的偶然性

彩票是对事物发展过程偶然性的娱乐化利用，它将偶然性通过游戏的方式表现出来，并以此作为休闲娱乐产业的基础。同时，通过彩票中奖的偶然性来实现筹集小额闲散资金。彩票中奖的偶然性是对单张彩票、单个彩民以及单独彩票合同而言的。如果对整体彩民，或全部彩票而言，彩票中奖则表现为必然性。彩民购买彩票的中奖概率是可以根据彩票发行总量计算出来的，而且不同可能的彩票中奖概率汇总起来的和等于1，也就是说所有彩民中肯定有人中奖，只不过中奖者有可能是张三、而不是李四而已。

2. 彩票合同关系的射幸性

彩票售卖所形成合同关系的实质是，彩票行销机构和彩票购买者之间建立起一种射幸性合同关系。彩票合同的射幸性取决于彩票中奖的偶然性。射幸合同是指一方向另一方支付报酬，另一方则取得在合同成立时不能确定、也不必然发生的或然性利益的合同。在这种合同中，一方当事人支付后所买到的只是一个机会或者概率，射幸合同确定的利益并不必然发生。正是这种不确定性使得此类合同染上了“赌博”的色彩，这就是说付出代价的当事人既可能是“一本万利”，也可能是一无所得。彩票意味着彩民与彩票发行机构之间射幸合同的成立。彩民购买彩票后就获得了可能中奖的机会，彩民可能仅支付几十元甚或几元却可能捧回几百万元大奖，也可能购买彩票金额高达数百、数千，甚至数万却分文未获、颗粒无收。

3. 彩票对价的不可逆性

彩票是射幸合同的书面形式和购买凭证，购买彩票意味着彩票购买者履行了合同义务，而如果中奖则意味着彩票购买者获得了回报。彩票对价的不可逆性正是源于彩票合同的射幸性，它本身并不强调等价、平等的交换，而是强调中奖机会平等及中奖所得的偶然性。一般说来，购买者购买彩票的付出和中奖的回报存在很大的不对等，人们购买彩票的目的大多就是为了中奖，得到不对等的高回报。

4. 彩票的匿名与流通性

多数彩票是不记名的，也就是说彩票上不指定特定的自然人、法人或者其他组织为彩票持有人或者权利人，而仅仅以持票人作为权利人。在彩民中奖要求兑付奖金时，彩票发行机构销售机构只负责审查彩票的真伪，对于持票人为何取得彩票、何时取得、何地取得等信息，发行机构和销售机构都无权过问。彩票匿名也成就了彩票的流通性，它表现为彩票的持有人可依法将彩票转移给其他人，受让人由此合法取得该彩票，同时也就取得了彩票所承载的中奖可能性①。

（三）彩票的外在特征

与彩票的内在特征相对而言，彩票和博彩的其他方式，例如竞技类游戏、娱乐场游戏相比较，它还具有如下特征：

1. 彩票参与主体更多元，投入资金较少

任何形式的博彩主体都有主持者与参与者的区分。一般来说，彩票大

① 李立：《国务院法制办官员权威解读彩票管理条例：以法治担保幸运》，《法制日报》，2009 年 6 月 11 日第 2 版。

多由国家政府自身或者授权特定主体发行，彩票发行主持者更多具有政府或官方色彩，其谋利动机受到控制；而竞技类或者娱乐场游戏难以做到政府专营，大多授权某特定机构或者集团经营，经营主持者的谋利动机较强，政府则课以高额税收；彩票游戏的发行额度和单张购买费用大多由政府设定，参与者投入成本极小，即便社会下层也可以参与。而竞技类、娱乐场游戏因其运营成本较高，对参与者存在较高要求，参与者在游戏中的投入要高得多。

2. 彩票游戏的结果更多导向公益

获取有价值财物、金钱等利益是人们参与博彩的基本动机。但是，彩票与竞技类、娱乐场游戏的利益导向存在极大差异。彩票发行者不追求私利，彩票参与者的投入最终成为社会公益事业的筹资手段，客观上有助于公益目标的实现；竞技类、娱乐场游戏的参与双方不管谁输赢都在追求私利，赢家将财物、金钱装进个人口袋，并用于个人消费，而对社会却没有太多贡献。

3. 彩票游戏的合法性及道德评价大多是积极性的

世界上绝大多数国家都认可彩票游戏的合法性，而大部分国家依然对竞技类、娱乐场游戏持禁止态度。在绝大多数国家人们的道德评价中，彩票游戏因其在参与中为社会公益作出贡献，为人们的投机行为找到的合理的突破口而得到肯定。但是，竞技类、娱乐场游戏依然被大多数人认为是赌博，是一种丑陋的社会活动而受到道德的谴责。

二、彩票的性质和功能

彩票的概念、内涵和特征分析，使得我们理解了什么是彩票。那么，彩票的根本属性是什么？有人说彩票是公益事业，还有人说彩票是娱乐游戏，这两中说法如何理解呢？在此，我们将分析彩票的性质，并对彩票在社会中发挥的功能进行探讨。

（一）彩票的性质

彩票的性质是什么？仁者见仁、智者见智，众说纷纭。从不同的视角来看，人们对彩票性质的理解就各不相同。

从数学的视角来看，彩票是字母、数字、符号等不同标识的排列组合。任何字母、数字、符号的出现完全独立，并且随机，每个标识出现的概率相同，所谓的中奖号码是不过是其中一组随机性组合而已。但是，任何数学家，无论经过多么周密的计算都无法使得中奖号码可以事先准确预测①。

从法律的视角来看，彩票是购买人和发行机构之间所订立的契约或者合同。彩票购买人按照彩票票面金额支付价款，彩票发行人交付彩票并移转彩票所有权给彩票购买人，彩票购买人按照彩票发行人事前所公布的规则享有中奖的机会。由于彩票具有“以小搏大”的属性，因而彩票合同是一种典型不对等的射幸合同。

从经济的视角来看，彩票是一种非常特殊的商品。这种商品因为价格便宜，人人都可以买得起、买得到。但是人们购买彩票却并不是在意购买彩票时所投入的金钱，而是期望得到彩票所承载的中奖机会和价值。彩票之所以特殊是因为其投入与产出之间存在着极大的不对等性，有的彩票投入可能一无所获，而有的投入则可能一下子得到几倍到万倍的巨额增值。

从财政的视角来看，彩票是政府特许发行以补充其财政资金不足的一种筹资方式。通过设定巨额奖金，吸引众人投入为数不多的资金，从而聚集众人的小额资金达到筹集社会公益资金的目标，当然极少数人也可以在此过程中实现暴富的梦想。人们之所以愿意并且经常乐意于购买彩票是因为几乎每个人都梦想成为那些极少数获得大奖的人，从而在不知不觉间实现了“微笑纳税”或者“无痛税收”。

从社会的视角来看，彩票是一种看似公平竞争的大众休闲活动或者娱乐性游戏，它能够满足多数人的休闲、娱乐等多方面的需要。彩票的玩法非常简单，不需要多少专门知识，任何人看了就会，都可以参与其中。同时，这种“输远大于赢”的休闲游戏也能给人们带来一种诱惑和期待，给购买者提供了一次可能获取大奖的机会，给人们带来希望和梦想。

从心理的视角来看，彩票消费和人们的心理满足联系在一起。伴随经济社会发展，人们在温饱问题解决之后，各种非经济性的需求将逐渐表现出来。而彩票能满足人们一些非经济性的心理需要，例如善举、捐助、慈

---

① 2012 年 7 月 9 日前后，大量媒体报道，澳大利亚 19 名数学家组团赌博 3 年狂赢 156 亿元人民币（可参见 http：//news. ifeng. com/world/detail_ 2012_ 07/09/15871618_ 0. shtml）。但是，随着调查的深入，此报道被证实为假新闻，可参见 http：//news. sina. com. cn/w/2012 - 07 - 15/022024775509. shtml。

善、娱乐等等，彩票可以通过给购买者以资助困难群体的感觉来得到宽慰等方式来满足其行善的心理需求。

从文化的视角来看，彩票发行给社会提供一种健康有趣的大众娱乐活动，丰富了人们的业余文化娱乐生活。很多彩票设计精美，成为收藏爱好者的目标。尤其是广大彩民通过探讨购买彩票心得体会，交流彩票文化，增加了购买彩票的乐趣，培养出共享的彩票文化，拓展人们视野，从而也就使得人们的社会生活更加丰富多彩。

上述不同视角的解读从不同侧面揭示了彩票多方面的属性。但是彩票性质还需要到彩票的根本属性中去寻找。基于词源学的视角，从“彩票”的词语结构和词源意义上进行分析，我们可以发现“彩”实质上是指彩头、中彩，也就是各种游艺、打赌等博彩性活动中所投入或者得到的财物，包括货币、金银财物、机会等各种有价值的东西。而“票”是指证书、凭证、证据、票证等，用来证明事项发生、明确责任并具有法律效力的证明，其表现形式既可以是纸质的，也可以是电子等其他形式的。“彩”与“票”连用，是指中奖、中彩的凭证。

在“彩票”一词中，凭证也正是诸多彩票概念所强调的基点。例如，中国的《彩票管理条例》将彩票定义为“国家为筹集社会公益资金，促进社会公益事业发展而特许发行、依法销售，自然人自愿购买，并按照特定规则获得中奖机会的凭证。”此概念的界定方式是概念界定中最经常使用的“属加种差”的方式。在此概念界定中，“筹集社会公益资金”是国家发行彩票行为的直接目的，“促进社会公益事业发展”是国家发行彩票行为的根本目的；而“特许发行、依法销售、自然人自愿购买”则是彩票和其他凭证之间的差别。抛去目的、种差，这个概念实际上所表达的就是“彩票是按照特定规则获得中奖机会凭证”。由此可见，彩票的本质与核心是“彩”而非“票”。票是彩票的表面载体，是彩票凭证的形态，即便采取电子销售或者网络销售没有了“票”的具体形态，彩票还是会被称为彩票。而“彩”，即中奖、中彩才是彩票的本质，其实质是具有中奖机会的娱乐性游戏。各国市场上所销售的各种彩票品种实际上是各种不同的娱乐游戏，例如中国福利彩票中流行的双色球游戏、体育彩票中流行的超级大乐透游戏等，由此，我们也清楚地发现彩票发行销售管理机构都承认彩票是一种游戏，否则就是名不符实了。

从本质上说，彩票是对人们侥幸、投机心理的利用，其根本属性是中奖的机会，这才是彩票管理机构、彩民所关注的核心，也就是其博弈性的体现。彩票销售和购买双方存在对抗型的博弈，购彩者力图以较小的投入博取大奖，而彩票中奖结果却随即变换，使购彩者无章可循。在两者博弈结果中，彩票的偶然性与随机性特征就表现出来了。彩票的中奖结果受随机性的支配，中奖号码受概率影响而无序、随机地出现，有些彩民也就随机选择号码，凭喜好选择数字，甚至放任由彩票售卖机随机随意出号。彩票的博弈性是彩票得以发行基础，它利用人们不劳而获、以小博大、碰运气的侥幸心理，吸引大批民众投入小额的闲散资金，在回报彩民后筹集公益金用于社会公益慈善事业。而偶然性、随机性则为彩票的公平、公正提供了理论基础。因为没有规律，任何人中奖都有可能，在中奖号码面前，无论官员，还是民众都有着同样的可能性。

（二）彩票的功能

自从彩票在人类历史上出现以来，其发展经历多次反复，但是，其总体发展趋势是逐渐扩展，尤其是伴随现代社会的建立，各国纷纷将发行彩票作为一种特殊的筹资工具来使用。可以说，彩票之所以能够产生并获得持续发展，一个重要因素就是彩票对社会的特定价值，这就是其筹资功能，当然除了筹资之外，彩票行业还对经济社会发展发挥着多方面的作用。

彩票的基本功能是筹资。世界各国之所以都肯定彩票存在的合理性，并将彩票作为一种特殊事业或者行业加以推动，其都是看重彩票所具有的筹资功能。政府通过特许经营的方式批准彩票运营，彩民通过各种方式购买彩票，将众多的小额资金汇聚到一起形成彩票资金。彩票管理机构依法对彩票资金进行管理，将其中的部分资金通过返奖的形式返还给彩票购买人，再扣除必要的机构运营费用，将其他彩票资金用于所规定的社会福利、公益慈善等特定领域或者事务。在彩票资金中，用于返奖、机构运营、公益资金的比例都是由政府管理部门或法律所确定的，公益金在其中占据特定的比例，以此来保证彩票行业的筹资功能以及为公益事业作贡献。以中国彩票为例，2013 年，中国福利彩票销售 1765 多亿元，筹集彩票公益金 510 多亿元；而中国体育彩票销售 1328 亿元，筹集公益金 351 亿元。这些公益金对于中国推动扶贫、教育、体育、医疗卫生、社会保障、残疾人等社会公益事业做出了重要贡献。

当然，彩票的特许经营也在社会经济中造就了一个特殊行业。这个行业的存在也对社会经济发挥着多方面的作用，从而带来了彩票所发挥的多种社会功能。这主要包括：

1. 拉动消费需求，促进经济发展

彩票发行刺激了民众的消费需求，对于促进社会经济发展具有积极作用。彩票本身就是一种特殊的商品，彩民购买彩票也是一种消费，而且人们对这种消费的需求随着其收入增加而扩大，以至于目前仅 2013 年中国的彩票销售额就已经达到 3000 多亿元。除了购买彩票的消费以外，彩民所获得的彩票奖金部分转化为个人消费资金，成为促进经济发展的积极因素。按彩票资金分配的相关规定，彩票资金中返还给彩民的奖金比例一般不低于 50%，这就意味着其中将有相当可观的一半的资金直接返还给彩民，从而可能直接转化为个人的消费资金。根据 2000 年 8 月中国福利彩票发行中心公布的一项调查数据，有 72.3% 的中国福利彩票中奖者所得奖金直接用于消费。其中，用所得奖金购房的占 15.9%，安排生活的占 10%，家庭装修的占 8.9%，购车的占 5%，旅游的占 3%，办婚事的占 3%，另有 30% 左右的人将奖金用于其他消费或者投资活动。由此推测，如果每年销售 100 亿元福利彩票，就意味着将有 55 亿元的现金返还给中奖者，再加上获奖者消费行为，每年因发行福利彩票所销售的各类商品价值将超过 40 亿元①。彩票业的发展不仅拉动了消费，也拉动了投资，从而促进了经济社会的发展。就彩票公益金的使用来看，通过发行彩票所筹集的公益金或者用于满足社会大众需求的基础设施建设，或者用于保障弱势群体的基本生产生活，大都再次进入消费领域，加大了国家投资、国民消费的总体规模，从而提高了政府公共服务能力，增加了民众用于消费的社会财富，刺激了经济的平稳运行，推动了社会发展。

2. 增加政府税收，壮大公共财政

一些西方发达的市场经济国家，将彩民购买彩票称之为“微笑纳税”，这是指彩票不仅筹集了社会的闲散资金，用于弱势群体救助，推动社会福利公益事业发展，而且对政府还发挥了“无痛税收”的作用。彩票业在客

① 新华社：《统计显示：多数彩票中奖者所获奖金用于消费》，参见人民网，http://www.people.com.cn/GB/channel3/25/20000815/187744.html。

观上也实实在在地为国家增加了税收，壮大了国家的公共财政，其中大奖得主所缴纳的个人偶然所得税因其数量规模大而最为引人注目。据统计，2011 年，中国彩票共开出 500 万元及以上（含 500 万元）的大奖 1652 注，如果按照没有弃奖计算，大奖得主的纳税金额为 16.52 亿元。2012 年，中国福彩和体彩共开出 500 万元以上（含 500 万元）的大奖 2131 注，按照没有弃奖计算，总的纳税金额超过 22 亿元[①]。以单个大奖为例，2011 年 8 月 29 日，浙江省社会福利彩票双色球的 110 注头奖得主为一个人，总奖金高达 5.65 亿元。大奖得主捐款 2000 万元，扣除捐款免税额度后（按照相关规定得主捐款部分可获得免税，2000 万元的捐款令大奖得主获得 400 万元免税额度）后，奖金纳税 1.09 亿元。2012 年 12 月 25 日，广东省湛江市遂溪县的一位彩民成为 1.68 亿元大奖得主。按照偶然所得扣税 20% 的个人所得税计算，其扣税金额为 3372 万多元。这也就意味着，彩票大奖为遂溪县当地政府贡献 3372 万多元税款。而 2011 年遂溪地方财政一般预算收入为 4.31 亿元，大奖得主一个人为当地创造了十五分之一的财政收入[②]。伴随中国彩票行业的持续发展，彩票发行的规模越来越大，彩票大奖的增加无疑将会为国家增加更多的偶然所得税收入。彩票行业运营还要缴纳企业所得税、营业税[③]，而彩票行业发展所带动的相关产业发展，人们就业、消费的增加等同样会为政府财政带来间接性税收。

3. 带动和扩大就业

彩票业是一个劳动密集型产业，特别是在彩票发行销售环节所设立的各种彩票发行、销售机构因为点多面广，对销售人员的专业性技术要求不高，可以给普通劳动者创造出十分可观的就业机会。有关资料显示，泰国传统彩票券的销售点多达 3 万个，从业人员占全国人口数量的 5%；法国

---

① 李春伟：《2012 彩市 500 万以上大奖共 2131 注 缴税超过 22 亿》，《公益时报》，2013 年 1 月 11 日；另参见 http://sports.sina.com.cn/l/2013-01-11/10256373179.shtml。

② 由于 1.68 亿元大奖得主在领奖时捐款 100 万元，实际扣除额度比理论计算数字要少。扣除捐款和税金后，实际所得为 1.34 亿元。参见《遂溪双色球 1.68 亿元巨奖得主捐款 100 万》，《公益时报》，2013 年 1 月 18 日；也可参见 http://www.china-lottery.net/news/81710.html。

③ 根据《国家税务总局关于福利彩票发行机构缴纳企业所得税问题的通知》：各级福利彩票发行机构的福利彩票发行收入，自 2000 年 1 月 1 日起，全额计征企业所得税。《财政部 国家税务总局关于福利彩票代销手续费收入征收营业税问题的通知》规定：在彩票的发行代销中，彩票点还要缴纳 5% 的营业税。

人口不足600万人，2001年彩票销售点在全国就有5万多个，从业人员近10万人①。从中国彩票发行销售行业的现状来看，经过多年的发展，中国彩票销售的投注站（点）已经遍及全国大中小各级城市，有的乡镇甚至比较发达地区的社区都出现了投注站。很多地区的彩票投注站在安置下岗职工再就业方面发挥了积极作用。近年来，有的省份在推行“社区通彩”计划，有的省份将彩票销售站扩张视为贯彻落实中央“保增长、促就业”的政策精神的手段而加以推行，彩票投注站的规模会进一步增加。据统计，2012年初，彩票投注站的数量已经超过了30万家②。即便以2012年的数据推算，按照每个投注站吸收2人就业统计，仅彩票销售站点就可以吸纳60多万人就业。另外，任何一个产业的发展都不是孤立的。彩票业的迅猛发展，不仅在彩票行业吸收了大批就业人员，而且彩票业的发展也带动了其他相关产业，例如造纸、印刷、广告、电子商务等的发展，这些行业的发展也会成为扩大就业的领域，创造出更多的就业岗位和机会，进而有效缓解国家的就业压力。

4. 促进多种行业发展

彩票业并不是一个孤立、封闭，仅仅内部运行的“独行者”行业。彩票行业存在诸多相关行业，例如造纸业、印刷业、广告业、咨询业、计算机、互联网、服务业等，彩票行业的发展可以带动这些相关产业的发展，从而带来多个行业协调发展的联动效应，发挥扩大就业、带动经济社会发展等多方面的效应。伴随彩票业的日益拓展，大量彩票，尤其是即开票等需要印制类的彩票需要进行票面设计，需要特定纸张进行印刷，电脑彩票的出票还需要热敏纸作为基本物质基础。除了彩票印制以外，大量的彩票投注单、宣传材料等用品需要印制，一些如何购买彩票、如何选号、如何投注等不同的“导购类”指导书册需要印制，和彩票有关、遍地开花的其他小册子、简报等也需要印制，彩票业的发展大大直接促进了造纸业、印刷业的迅速增长。彩票投注站的设立和扩大还需要购置彩票投注机、售卖机等专门设备，需要电话、桌椅、纸笔等办公设备，还需要简单的门店标识、布告牌、宣传横幅等，这会促进计算机、制造业等行业的发展。近年来，伴随彩

① 赵瑾：《中国彩票业管理体制研究》，北京交通大学硕士毕业论文，2009年。

② 赵喧：《中全国彩票投注站已超30万家　信息化管理逐渐成熟》，《公益时报》，2012年3月2日；也可参见 http：//sports. sohu. com/20120302/n336512154. shtml。

票业发展，相互之间竞争的加剧，彩票发行销售的电子化、网络化的兴起，彩票行业的广告、宣传等业务开始得到发展，并逐渐引起了各种媒体和广告公司的重视。很多媒体，从传统的纸质传媒、广播电视传媒到新兴的网络传媒，从中央到地方的各种传媒等纷纷开办了有关彩票的版面或节目，从而促进了咨询业、广告业、创意行业等的发展。另外，彩票业的持续发展还连锁带动了交通、餐饮、商场、公园、娱乐、卫生、书店、集藏等相关产业的兴旺发展。这些产业的发展使得彩票行业的带动作用在诸多方面得到发挥，取得了扩大就业、拉动内需、提供休闲娱乐等多方面的作用。

5. 影响与制约非法博彩活动

博彩活动并非在每个国家都是合法行为。和其他博彩活动相比，由于彩票自身的性质特征，其在更多国家获得政府认可，并成为合法的休闲娱乐游戏。在中国也是如此，除了彩票之外，其他类型的博彩活动一直被严格禁止。但是，世界诸多国家开放博彩行业后，纷纷采取各种方式加大宣传力度，并利用旅游、度假等名义吸引人们参与博彩活动。尤其是近年来，伴随网络通讯技术的迅速发展，博彩的电子化、网络化趋势得到快速拓展，网络博彩活动在虚拟世界借助各种方式逃过监管、越过国界渗透到人们的日常生活中，给打击非法博彩活动增加了难度。对于中国而言，伴随经济社会发展，人们的闲暇时间、金钱财富都在持续增长，参与博彩的欲望也不断增加。中国周边国家纷纷在靠近中国的边境地区设立博彩娱乐场所，吸引人们参与，正是看到了这种隐藏需求的增长。据估算，中国的赌球者每年都要通过互联网向海外的庄家掷下数十亿美元赌资，赌博活动每年导致中国大陆有 720 亿美元的资金流向海外，中国赴海外私人旅行的人约有 80% 在海外旅行期间参与过赌博活动①。在此背景下，采取放开彩票游戏，吸引人们购买由政府发行的彩票，参与彩票游戏，有助于让人们释放赌博欲望，为人们娱乐休闲找到合法渠道。如果再辅之以严厉打击非法博彩、网络博彩，则可以在防止非法博彩和财富外流等方面收到更好的效果。

在经济社会发展中，彩票的基本作用是筹资，所筹集的彩票公益金用于扶助弱势群体、发展社会公益事业，促进社会财富的再次分配，在一定

① 此处引用的数据，参见《中国试图推广彩票限制赌博释放人们赌博欲》，搜狐财经 2005 年 5 月 8 日，http：//business. sohu. com/20050508/n225462082. shtml。

程度上实现社会财富向贫困、弱势群体的转移，缩小了群体间的贫富差距，促进了社会的稳定与公平。彩票业的发展促进多个相关行业的发展，拓展了社会就业，增加了政府的税收和财政资源。同时，彩票业的发展丰富了公众休闲娱乐生活，提高了民众的社会参与和社会责任意识，而彩票业的存在也有助于影响和制约其他非法博彩活动，防止非法博彩活动在"地下"的蔓延猖獗。但是，彩票在发挥着正面、积极作用的同时，也不可排除具有某些方面的负面影响，彩票助长了部分民众的不劳而获及一夜暴富心理，一些人过多过频地购买彩票影响正常家庭社会生活，成为问题彩民。这些负功能也需要积极应对，防止其过度扩展。

三、彩票的类型划分

世界各国发行的彩票种类繁多，中国的彩票也从无到有、从简单单调到丰富多彩，已经形成了较为完整的多个彩票游戏系列。彩票的类型划分基于其分类标准不同而有差异。例如根据彩票的销售方式，可以划分为人工销售彩票、电脑销售彩票、自助销售彩票；根据彩票发行方式，可以划分为传统彩票、电子彩票与网络彩票；而根据世界彩票协会基于彩票游戏性质的划分，彩票可以划分为以下七类：传统型彩票、即开型彩票、乐透型彩票、数字型彩票、基诺型彩票、竞猜型彩票、视频彩票。

（一）传统型彩票

传统型彩票是世界上最古老的彩票游戏品种，是一种预先印制（一般以数字、字母、文字等为标识），预先确定彩票数量、中奖结构，具有固定奖组、固定奖金等特征，通过定期开奖并视号码匹配情况确定中奖等级的彩票游戏。中国最早发行奖券的也是传统型彩票。彩票面值有 0.5 元、1 元、2 元等类型，其中 1 元、2 元票大多在全国范围内发行，而 0.5 元票局限于少数地区。彩票号码事先印制在票面上，通常 5—7 位数，从 0000000 到 9999999 构成一个完整的销售批次。彩票固定设奖，开奖后当众公布中奖号码。根据彩票号码与中奖号码一致情况，确定中奖的等级并给予相应的奖金或者实物奖品。

（二）即开型彩票

购买者购买后即刻可以知晓是否中奖，并可以立即兑奖的彩票游戏。即开型彩票可以固定设奖，也可以灵活设奖。固定设奖是指预先设定彩票游戏规则，以及获奖的数量、结构、等级、奖金等，并预先印制彩票；彩票一旦发行，发行者不能变更设奖结构和中奖规则。灵活设奖是指预先印制奖组数量、中奖符号结构，但不确定奖级及奖金，发行者可以根据奖组、中奖符号等确定奖级及奖金，事先公布设奖方案再予以发行销售，而购买者根据规则获取相应奖项。根据彩票的具体玩法，即开型彩票又可以划分为撕开式、揭开式、刮开式、电子卡片式等彩票。即开型彩票也是中国从 1987 年至 2004 年发行的主要彩票品种，尤其是采取大奖组玩法发行的即开型彩票。设立若干实物或现金奖项，在集市等热闹场合现场发行，当场兑奖，成为中国彩票发行初期的最主要彩票游戏。2003 年西安“体彩宝马案”发生之后，大奖组即开票被终止。当前发行的即开型彩票，例如福利彩票的“刮刮乐”、体育彩票的“顶呱刮”等成为电子彩票的重要补充。

（三）乐透型彩票

乐透型（LOTTO）彩票是指投注者在若干个可选择的数字、字母等号码中仅考虑号码的组合而不考虑先后顺序来进行投注的一种彩票游戏玩法。乐透型彩票玩法简单，便于操作，而且中奖号码的随机性强等特点深受彩票发行方和购买方喜爱，成为目前世界上电脑彩票的一种主要玩法。乐透型彩票的中奖根据购买者所选择号码与开奖号码的匹配情况而定，一般重合度越高，所中奖项也越高。乐透型彩票的投注方式包括投注站、电话、网络、售卖机等，其选号既可以自选号码，也可以机选号码；除了单式投注外，还可以复式投注、基数组合投注等；既可以当期投注，还可以多期连续投注。乐透型彩票可以扩展为“超级乐透”游戏，也就是将投注号码划分为两个区域，用基本号码和超级号码一起投注，从而积累成大规模的奖池，也就带来了超级巨奖。中国香港等地发行的六合彩属于乐透型彩票，而中国福利彩票发行的“双色球”、体育彩票发行的“超级大乐透”等是目前流行的超级乐透型彩票之一。

（四）基诺型彩票

基诺的音译源于自英文的 Keno，也有学者认为从广义上说，基诺型彩票属于乐透型彩票的一种玩法。基诺型彩票也是一种自选式数字彩票，彩民从给定的号码区域中选择自己所购买的若干号码为一注并进行投注。但是，在彩票开奖时，一般开奖号码的个数要多于彩民投注号码的个数，根据选民选择号码和开奖号码的重合情况来确定奖项等级和奖金多少。基诺型彩票开奖的频率较高，一般每隔数分钟就可开奖一次。目前，福利彩票发行的“开乐彩”、“快乐 8”等就属于基诺型彩票。以中国福利彩票“开乐彩”的普通玩法为例，彩民可以从 1 至 80 的号码中任意选取 1 至 10 个号码作为投注号码，开奖时系统在 1 至 80 号码中随机产生 20 个号码作为中奖号码，根据投注号码和中奖号码的相同个数决定是否中奖和所中奖级。

（五）数字型彩票

数字型彩票是投注者在若干个可选择的数字等号码中不仅要考虑数字的组合而且还要考虑数字的先后顺序来进行投注的一种彩票游戏玩法。数字型彩票按照所选数字与排列顺序来进行投注，一般需要采取风险控制手段。数字型彩票不仅要考虑数字，还要考虑数字出现顺序，其难度要稍高于乐透型彩票，也是目前国际彩票界流行的彩票游戏之一。在数字型彩票中，除了一般性的数字游戏，例如中国体育彩票的“七星彩”之外，还有固定赔率型的数字游戏，例如，中国福利彩票的“3D”、体育彩票的“排列 3”和“排列 5”等。这类数字型彩票大多采用固定设奖的方式，因此存在着一定的风险，需要采取相应的风险防范和彩票奖池保护机制，包括限号、限赔两种方式。在中国，固定赔率型数字彩票游戏的引入对于推动彩票业品种的多样化，限制“私彩”发挥了一定的积极作用。

（六）竞猜型彩票

竞猜型彩票也称为透透（TOTTO）型彩票，是国际上比较流行的体育彩票品种。竞猜型彩票将体育比赛结果和彩票发行结合起来，要求购买者预测体育比赛的结果，例如足球、篮球、棒球等，并根据体育比赛的实际结果和预测结果之间的匹配程度来确定是否中奖以及奖项等级大小。竞猜型彩票尽管存在一定机会和运气成份，但包含较多的智力因素，要求购买者对比赛参与者有较好的了解，因其和赛事联系密切，受赛事的影响较强。在欧洲、南美洲等足球比赛比较流行的地区，竞猜型彩票也比较流行。中国发行的竞猜型彩票也以足球、篮球比赛等为主，例如足球彩票的胜负彩和进球等。

（七）视频彩票

视频彩票包括视频彩票终端（VLT）和视频游戏机（VGD），其游戏玩法与博彩所用的各种游戏机等相仿。它与老虎机、角子机等异曲同工，具有玩法直观多样、在线自助投兑、开奖速度快，趣味互动性强等特征。1989 年 10 月，视频彩票出现在美国的南达科他州，此后在世界各地迅速发展起来，被认为是彩票业销售量的重要增长点。中国福利彩票的“中福在线”也属于计算机网络型的视频彩票，自2006年开始发行以来成为增速发展最快的彩票品种之一。

四、世界彩票业的发展

彩票的由来源远流长，早在古罗马、古希腊时期就存在彩票游戏。现代意义上的彩票游戏起源于16世纪的意大利。当时，意大利的热那亚共和国在选取参议员时，采取从90个候选人中随机抽取5名的方式。1515年，热那亚人本尼迪特·根第勒（Benedetto Gentile）借鉴这种形式，用数字替换人名，从90个数字中随机抽取5个开创了“90选5”的数字游戏彩票。这种游戏迅速传播到意大利的其他地区，而后传播到欧洲以及世界各国，成为目前诸多彩票游戏的源头。16世纪，欧洲各国开始允许个人或公众机构通过发行销售彩票来筹集资金。以英国为例，1569年，伊丽莎白女王批准英国发行彩票，用来筹资修缮公共设施。在此后的一百多年时间里，各种专项用于公共事业而发行的彩票大量出现，多达100多种。1698年，英国彩票发行作为筹集资金的重要手段而像税收一样被议会统一控制。此后，彩票发行被视为国家的收入来源之一，成为政府经常性开支的重要支撑。法国早在1539年就由国王弗朗索瓦一世建立了政府彩票机构，以抑制和取代地下彩票，保证国家对金钱的需求。但是受制于法国天主教及社会观念的影响，一直未能被社会公众所广泛接受，其发展也受到影响。美国自从1776年宣布独立后，为筹集战争所需资金也开始发行彩票。托马斯·杰弗逊认为，彩票是人们冒很小风险而可能获取高额奖金回报的一种工具，同时因其出于人们自愿，它比其他直接征税更容易被人们所接受。此后，美国大肆发行彩票，其彩票名目繁多，数不胜数，一度成为公共事业及私人企业发展的主要筹资方式，即便当前十分著名的哈佛、耶鲁等著名高校在建立时也使用了彩票发行所筹集的部分资金。

随着欧洲工业革命的兴起，在迈向现代社会过程中，各国的彩票业也不断发展壮大。最初的彩票大多数为私人公司、企业发行，其中既有为推销产品的，也有为私人集资服务的。到18世纪中期，私人经营彩票业才需要由政府批准，颁发许可证，政府通常还规定开彩日期，并对经营者进行资格审查。接着，一些国家的政府也开始发行彩票筹资，用来修建公路、学校和其他公共设施，发展社会公共福利事业等。由于私人发行彩票带来的各种弊病不断暴露出来，彩票也一度被多个国家所废止。例如，英国18世纪末以后一直被地下彩票所困扰，非法彩票防不胜防带来许多社会问题，而彩票所诱发的赌博投机行为也给社会造成了诸多负面影响。虽然政府采取了一些措施，但成效甚微。从1823年开始英国禁止彩票发行，即便国家彩票也于1826年停止发行。美国的彩票发行到19世纪初期开始问题频发，尤其是1820年以后，随着彩票业的快速发展，彩票发行过程中的营私舞弊等欺诈行为不断高发，有的彩票发行机构返还给购买者的资金很少，甚至连卷款潜逃的违法犯罪行为也日趋严重。加之宗教机构一直反对发行彩票，使得社会对彩票业的反对势头逐渐高涨。1890年，美国联邦政府颁布法律，禁止全国各州发行彩票。

尽管很多国家的彩票发展都存在一度中断或废止的现象，但最终都因为各种原因而认可了其存在的合理性。20世纪后，欧美大部分国家都废止私人彩票活动，但国家彩票却在酝酿复苏，并在20世纪中期逐渐被发扬光大。英国在19世纪末，各种小规模的彩票抽奖活动再次出现，并变得越来越普遍，而除彩票之外的其他博彩活动并未被严厉禁止。1934年，英国皇家调查委员会就博彩业发展问题提交报告，提出如果社会确实存在这种需求，不如通过立法对其进行规范。同年，英国第一部彩票法案——《赌博与彩票法案（Betting and Lotteries Act 1934）》颁布，允许发行小型彩票（Small Lottery）和私人彩票（Private Lottery）。此后，用来资助慈善事业、体育事业的公益彩票得到许可发行。1976年，英国颁布《彩票与娱乐业法案》，以强化彩票的公益性，确保彩票集资被用于社会公益事业，并规定了彩票的类别，强调社会团体彩票（Society Lotteries）和地方政府彩票（Local Authority Lotteies）的发行销售活动由英国博彩委员会（the Gambling Commission）统一管理。法国对彩票的禁令也几度反复，1933年，法国面临第一次世界大战后的财政紧张局面，政府无力安排受伤士兵的治疗以及阵亡、受伤士兵家属的抚恤，便通过特许法令的形式，允许法国退伍军人协会成员发行彩票，筹集资金。当年5月法国国立彩票公司正式成立，开始发行彩票，为退伍军人和农业受灾人员提供资助。在美国，1964年，新罕布什尔州为了发展教育事业，通过公民投票的形式决定在本州发行政府彩票，由经过州议会批准的彩票公司独家运行。1967年，纽约州开始发行彩票。1971 年开始发行彩票的新泽西州首创电脑彩票。此后，彩票业逐渐在美国发展壮大，目前已有 45 个州各自在本州范围内发行彩票，有的州还与其他州联合发行跨州彩票及洲际彩票。

彩票的产生发展为彩票业的发展繁荣奠定了基础。在现代社会，当民众广泛参与到彩票游戏中去，使得彩票的发行、销售、管理以及开兑奖等相关活动逐渐发展成为一个专门性职业，并以彩票行销、管理以及开兑奖等彩票游戏为核心而形成相关的产业集群时，彩票业就逐渐产业化，并发展起来。尽管不同国家的政府和民众对于彩票究竟属于公益事业，还是博彩产业，或者是文化休闲产业还存在比较大的分歧和争议，但是，彩票业的发展趋势及其重要性在世界各国依然是不可忽视的。

根据《2012 年世界彩票年鉴》（La Fleur's World Lottery Almanac 2012）统计，2011 年，世界彩票销量达 2620 多亿美元[①]。根据世界彩票协会（the World Lottery Association，简称 WLA）的数据，目前全世界已有 150 多个国家和地区发行彩票。从 20 世纪 90 年代以来，世界彩票业以年均 7.1% 的速度强劲增长，特别是 2000 年前后，世界彩票业以每年 18% 左右的速度高速发展，以销售规模计算，彩票业实际上已经成为世界第六大产业。在彩票销售规模较大的国家中，意大利发行彩票的历史最长，目前意大利的彩票发行量仍然位居世界前列，美国、西班牙、德国、英国、法国、加拿大作为彩票业的后起之秀，在彩票发行数量、彩票游戏创新方面表现非凡。日本彩票近年来的发行量达 20 亿张，而且为推动民众的购买热情，日本政府还将每年的 9 月 2 日定为“彩票节”。受金融危机带来的经济环境影响，2008 年后，世界彩票的年均增幅开始下降。2011 年世界各国的彩票销量比 2010 年增长了 6.7%，2012 年增幅上升为 7.7%，2013 年增幅则放缓为 4.9%[②]。目前，彩票已被世界各国广泛认可和接受，成为各国政府集资增税的重要手段之一，而彩票行业已经发展成为一个持续增长的新兴产业。总体看来，欧美等发达国家和地区在彩票业发展中处于主导地

① 程阳：《〈世界彩票年鉴〉统计 2011 年全球彩票销售 2620 亿美元同比增长 6.7%》，新浪博客 2012 年 4 月 15 日，http://blog.sina.com.cn/s/blog_507de1780102eh7t.html。

② 世界彩票协会：《2013 年全球彩票销量同比增长 4.9%》，《公益时报》，2014 年 3 月 21 日；参见 http://sports.sina.com.cn/l/2014-03-21/10127077515.shtml? c = spr_mthz_hao360_sports_home_t001。

位，但中国彩票业发展增速及规模提升较快。从销售规模来说，21 世纪以来，欧洲各国彩票的销量占据世界总体的 50% 左右，北美的销量占 30% 左右，东亚各国在 10% 左右；从人均购买量排名来看，除了新加坡之外，排名在前十位的国家基本上都是欧美国家。近年来，欧美等彩票业比较发达的国家在发展中呈现出一些新的特征及趋势：

1. 彩票联合发行的国家或地区不断扩展，彩票奖金的数量不断攀升

例如，1999 年 9 月，美国的 33 个州开始联合发行了“强力球（Powerball）”彩票。2004 年 2 月，英国、法国和西班牙开始联合发行乐透型彩票——“欧洲百万（EuroMillions）”；10 月，奥地利、比利时、卢森堡、葡萄牙和瑞士加入了欧洲百万联销国家的行列。伴随彩票联销地域扩展，彩票销量大增，而彩票奖金，尤其是头等奖的数额变得巨大起来，千万、数亿美元的巨额奖金无一例外都产生在彩票联销的欧美地区。2012 年 3 月 31 日，美国超级百万（又称兆彩）彩票开出奖金高达 6.4 亿美元（约合 40.32 亿元人民币）的巨奖，创下世界彩票奖金额的最高新纪录。2011 年 7 月 12 日，欧洲百万彩票开出高达 1.6 亿英镑（折合 16.8 亿元人民币）头奖，这是此博彩项目有史以来开出数额最大的头奖。

2. 计算机技术等高科技不断在彩票业中应用拓展

在彩票业发展过程中，为提高彩票发行销售的便利性，以及提高彩票游戏的吸引力等，印刷、计算机等新技术被引入彩票行业。印刷技术的进步使得即开型彩票的种类越来越多，防伪手段越来越进步，印刷也越来越精美。电脑控制的随机数字机代替自动摇号机大大增加了号码的随机性和摇奖的安全性。而网络彩票、手机彩票的出现将改写原有的彩票行业发展业态，成为彩票发展的新增长点。计算机技术、网络技术等高科技进入彩票业，并对彩票业的发展发挥着越来越重要的影响。

3. 彩票的公益属性及筹资效率得到肯定

彩票的基本功能是筹资，而国家垄断彩票发行并将其用于公益事业为其找到了存在的合理性依据。各国在彩票运营中都确定了用作公益金的比例，或者支持特定的公益事业，或者直接纳入政府财政，抑或两者兼而有之。例如英国彩票资金的 30% 用于体育、艺术、慈善、文化遗产保护、庆典活动和医疗卫生事业；法国彩票资金的 26% 用作公益金，纳入政府财政统一使用；美国各州彩票资金的 30% 左右用作公益金，基本用于教育、环

保、文化艺术等公益事业。

第三节 中国的彩票与彩票业

20世纪80、90年代，在改革开放背景下，为了筹集社会福利资金，发展体育事业，社会福利彩票、体育彩票先后从奖券逐步转变发展起来，成为中国彩票业发展的两大支柱。几十年来，中国彩票业取得了迅速发展，并在21世纪呈现出加速发展的新趋势，而彩票业发展也呼唤着政府监管的转型。

一、中国彩票业的由来

中国彩票的出现离不开此前世界彩票发展背景及其所带来潜在影响。早在20世纪30年代，中国的国民政府在面临财政紧张，急需筹集资金的困境下，开始借鉴欧美等国的做法发行各种彩票，用来筹集发展航空、公路建设及赈灾等的经费。但是，由于管理不严、发行过多过滥等原因，民国时期发行的彩票在社会上留下了很多不良影响，被视为赌博恶习而成为旧社会遗留的几大“毒瘤”之一。基于此，新中国成立以后，彩票也一直被视为赌博而被长期严厉禁止，未能进入政府的视野。

当前中国发行的福利彩票、体育彩票都产生于改革开放的大背景下。20世纪80年代，中国开始推进经济体制转型，逐步改革计划经济体制，加大市场作用，以推动经济的发展。鉴于国家财政收入有限，加之历史发展过程中的欠账过多，当时中国社会救济、社会福利事业等发展出现了严重的资金短缺现象。根据民政部公布的数据，1985年，中国优抚、救济对象约1.5亿人，受灾人口约3.12亿人，残疾人近5000万人，而全国的福利企业仅有1.5万个，城乡各种福利院床位数仅49.1万张，全国约1500个县级地区没有福利院，半数以上的乡村没有敬老院①。即便已有的福利

① 参见鲍学全主编：《福利彩票发行与管理》，中国社会出版社2009年版，第24页。

院、光荣院、荣军院等福利设施中半数属于危旧房而急需资金投入进行改造。另外，各种社会福利对象，例如弃婴、流浪儿童、孤残儿童、灾民等的数量还在不断增多，需要投入大笔社会救助资金进行救助。针对政府财政资金投入的制约，民政部门提出“社会福利社会办”的思路，开始思索面向社会、企业、个人等多方面筹措资金的渠道。

在20世纪80年代中期，一些工商企业、事业单位等尝试发行了各种奖券，以“有奖销售”等形式设立大奖来促进产品销售、银行储蓄等等，有些单位甚至还采取行政手段，强行摊派彩券，造成不良影响。1985年3月，国务院发布《关于制止滥发各种奖券的通知》，要求各地、各部门制止滥发各种奖券，工商企业停止举办有奖销售活动，提出任何单位和个人不得举办有奖募捐活动。通知还指出，为兴办社会福利事业而举办的有奖集资，经当地政府批准可以试点。这为后来以发行募捐券（彩票）来募集社会福利资金方式的出现埋下了伏笔。

1984年，根据有关人士提议，民政部对世界各国社会福利筹资情况进行考查，从而对发行奖券（或彩票）筹资的手段有了全新的认识。1986年7月，当时的民政部部长崔乃夫给国务院领导写信提出通过募捐和发行彩票筹措社会资金的思路。这一思路很快得到有关领导的肯定。1986年12月，国务院常务会议讨论了民政部报送的《关于开展社会福利有奖募捐活动的请示》报告，批复同意其发行“中国社会福利有奖募捐券”，筹集社会福利资金，发展以“安老、扶幼、助残、济困”为主要内容的社会福利事业。在广泛听取民主党派、社会各界人士意见的基础上，1987年5月，社会福利有奖募捐委员会成立。经过紧张的准备，1987年7月27日，中国福利有奖募捐券（募捐券的样式参见图1-1）① 首先在河北省石家庄市公开发行，此后上海、浙江、天津、江苏、湖北、黑龙江、山东、广东、福建等9省市陆续开始发行销售有奖募捐券。这就是后来中国社会福利彩票的前身和初创。随着中国福利彩票事业的发展，福利彩票机构与福利彩票也几易其名，而成为当前的“福利彩票发行管理中心”，并由其发行“中国福利彩票”。

① 本书所使用的图片等均来自网络，在此对其原作者表示感谢！

图 1-1　中国社会福利有奖募捐券

在 20 世纪 80 年代，中国的体育设施建设、体育赛会举办以及民众健身运动发展等同样面临经费短缺的制约。当时的解决办法通常是临时发行体育奖券来筹集资金。从此意义上说，体育奖券的出现时间要稍早于福利奖券。早在 1984 年 10 月，北京市为筹集 1984 年北京国际马拉松比赛的经费而发行了体育发展奖券（奖券式样参见图 1-2）。同年 11 月，福建省发行了“振兴福建体育奖券”，筹集体育场馆及设施建设资金。接着，江苏、广东、河北、天津、贵州、四川、浙江等省市也相继发行了地方性体育场馆建设、体育发展奖券，来筹建体育场馆，配备体育活动设备与设施。

1989 年 8 月，北京为了筹集举办第 11 届亚运会资金，在全国范围发行了“第十一届亚运会基金奖券”（式样参见图 1-3），这是新中国成立以来首次在全国范围内发行体育奖券，对后来体育彩票的出现发挥了积极影响。体育彩票的发行大多是为体育设施建设、体育赛事的举办筹集资金，在场馆设施建设完成或者赛事结束后也就终止了。

1992 年 6 月，经中国人民银行、国家计划委员会和财政部会签后，国家体育运动委员会请示国务院建立全国统一的体育彩票发行制度，并于次年得到国务院批准。1994 年 4 月，国家体育运动委员会体育彩票管理中心成立，起草体育彩票发行管理办法，开始发行销售体育彩票。中国发行体育彩票的主要目的是资助全民健身计划和举办大型运动会，体育彩票所筹集的资金为中国体育事业的发展作出了贡献。

图 1－2 1984 年北京国家马拉松比赛奖券

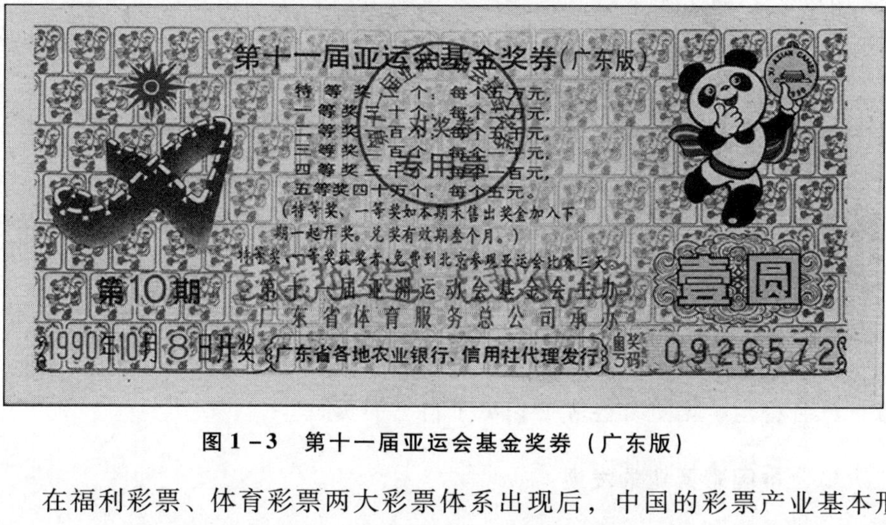

图 1－3 第十一届亚运会基金奖券（广东版）

在福利彩票、体育彩票两大彩票体系出现后，中国的彩票产业基本形成。在彩票发行初期，彩票的销量较少，1987 年的销售额只有 1700 多万元。1989 年，一些省市以灵活设奖的方式推出实物奖品来集中销售彩票。1992 年，部分省市采取大奖组、高奖额、多奖级的形式销售彩票，极大地推进了彩票销售，1993 年，福利彩票销量达到 18.43 亿元。1994 年，中国体育彩票发行量达到 5 亿元人民币。1999 年前，中国发行的彩票都是传统型彩票。由于技术、发行条件等的制约，彩票发行成本较高，发行规模受到限制，13 年间两家彩票机构共发行彩票约 500 亿元人民币。1999 年，率先推广电脑彩票的体育彩票销量超过了福利彩票，福利彩票也在试点基础上大力推广电脑彩票。从 2000 年开始，经过技术改造，网络发行的电脑彩票成为发展的主流，而 2003 年发生的西安"宝马彩票"案对即开票的发行带来严重负面影响，打击了即开票的销售。目前电脑彩票的市场份额占整个彩票市场的 90% 以上，中国的彩票事业开始步入一个快速发展时期。2000 年，中国彩票销售总额为 181 亿元，此后，中国彩票销售的年均增速大约在 25%，远远超高其他产业的发展速度。根据财政部 2014 年 1 月 20 日公布的数据，2013 年中国彩票销售总额达到 3093 亿元，同比增幅为 18.29%；其中，社会福利彩票的总销售额达 1765.28 亿元，同比增长 16.88%，占总销售额的 57.07%；体育彩票的总销售额为 1327.97 亿元，同比增长 20.19%，占全国彩票总销售额的 42.93%。从彩票类型来看，在 2013 年，乐透型彩票仍是主流彩票品种，占彩票整体销量的 68.3%；其他类型的彩票，即开型彩票、竞猜型彩票和视频彩票的市场销量分别占总体的 10.9%、11.4%、9.4%。

2013 年，中国彩票发行筹集的公益金约 861 亿元。彩票筹集的巨额资金支撑起中国社会福利整体投入的三分之一强，极大地改善了社会弱势群体及普通民众的生存生活状态，推动了社会福利、慈善公益事业和体育健身事业的发展。除筹集社会福利和社会公益资金之外，彩票行业的发展大大拓宽了人们劳动就业的渠道，带动了广告、报纸、通讯、出版印刷、策划宣传等多个产业的增长，给广大人民群众增添了生活的情趣和色彩，并在一定程度上抑制了非法赌博现象，减少了赌博、私彩等的泛滥，从而为维护社会稳定、增进社会和谐作出了自己的贡献。

二、中国彩票业的发展

1987 年 7 月，中国福利有奖募捐券试发行，中国彩票就此揭开了发展的序幕。回顾中国彩票业的发展历史，可以将中国彩票的发展历程划分为三个发展阶段。

（一）中国彩票业的初现（1987—1993 年）

中国福利有奖募捐券发行后，彩票发行由民政部的“中国社会福利奖券发行中心”承担。稍后，各地政府组建了隶属于地方的有奖募捐委员会，并建立办公机构负责社会福利奖券的销售。在全国逐步形成了以各级民政部门为核心，按政府行政级次设置，专门为民政福利事业发展筹集资金的彩票发行销售组织体系。

福利彩票的监督管理由民政部承担，同时作为彩票发行机构的中国社会福利有奖募捐委员会（简称中募委）承担部分具体管理职能，主要依据《发行社会福利有奖募捐试行办法》及其后民政部、中募委发布的部门规章进行管理。由于一些地方政府及其部门也在分散性地发行彩票进行筹资，针对彩票发行市场的不规范现象，1991 年国务院出台《关于加强彩票市场管理的通知》，明确发行彩票的批准权在国务院，提出省级地方政府和中央部门只有为举办社会福利、体育事业以及国务院特批的其他活动才能发行彩票。

彩票发行目的是为筹集社会公益金，而此时福利彩票资金分配比例多次调整。1987 年规定，奖金占 35%、发行成本占 15%、福利金占 50%；1988 年规定，奖金占 40%、发行成本占 15%、福利金占 45%；1989 年规定，奖金占 45%、发行成本占 15%、福利金占 40%；1990 年 4 月规定，面值 1 元和 2 元的奖券，奖金分别占 50% 和 55%，成本分别为 20% 和 15%，福利金为 30%。

在中国彩票业的初现时期，只有民政部门在全国发行福利彩票，并将获取的福利金（公益金）用来补充支持民政部门各项救助经费的不足。同时，一些不同名目的其他奖券、彩票等也充斥于市场，大多数发行活动是临时性或间断性的，而且奖券的发行部门往往也就是所获资金的使用者。国务院基本上是按照个案管理的方式处理各政府部门和地方的彩票发行。中央政府对各部门、地区彩票公益金的筹集、分配、使用等事项基本不干预。此时，彩票市场尚未形成系统的发行管理制度，也没有形成统一的业务监管部门，彩票发行、管理等基本处于无序的状态。

（二）中国彩票业的扩展（1993—2000 年）

1994 年 3 月，国家体育运动委员会（简称国家体委，1998 年改组为国家体育总局）被批准在全国范围内发行体育彩票，用于发展体育事业。这奠定了民政、体育两个部门在全国范围内分别发行福利彩票和体育彩票的格局。两大彩票发行机构鼎足而立，使得中国彩票业进入了渐进的竞争发展阶段。在20世纪90年代初，彩票发行市场一度出现彩票私自发行、彩票过多过滥的混乱状况，国务院开始对彩票市场进行清理整顿，着手建立起彩票统一监管制度，在此基础上部门化的彩票发行管理体制逐步形成。

1994年5月，中共中央办公厅、国务院办公厅颁布了《关于彩票市场管理禁止擅自批准发行彩票的通知》，明确中国人民银行是国务院主管彩票的机构，统一管理全国彩票工作和市场。由中国人民银行主管彩票业务，其隐含着对彩票筹资功能的重视。此时，体育彩票管理中心已组建并发行体育彩票。由此就形成了由中国人民银行统一监管，民政部和国家体育运动委员会在全国范围内分别发行中国福利彩票与中国体育彩票的发行管理体系。

中国人民银行被确定为国务院彩票主管机构后，开始秉承国务院指示，整顿彩票发行市场，强化彩票市场管理，防止多头发行筹资引发的混乱局面。在1995年12月，中国人民银行印发《关于加强彩票市场管理的紧急通知》、1996年4月印发《关于进一步加强彩票市场管理的通知》、1999年1月印发《关于加强彩票市场管理的通知》，强化了对全国彩票市场的监管。1994年4月，体育彩票管理中心成立，并逐步按照行政管理层级建立区域范围内的体育彩票发行管理机构；同时起草制定了《体育彩票发行与销售管理暂行办法》，出台了有关体彩的公益金管理、机构财务管理、销售代理商管理等制度规范，以规范体育彩票的发行销售管理及公益金使用。1994年12月，民政部颁发了《中国福利彩票管理办法》；1998年，发布了《中国福利彩票发行和销售管理条例》，对于福利彩票的发行、销售等环节进行规范，建立了相对完整的彩票发行与销售体制。彩票管理主管机构的确立推动着民政、体育两部门分别对福彩、体彩的发行销售和管理的强化，从而使得部门化的彩票发行管理体制正式确立。

针对彩票公益金的收益和使用，民政部和国家体育运动委员会分别会同财政部制定了《社会福利基金使用管理暂行办法》和《体育彩票公益金管理暂行办法》，初步建立了比较完善的彩票公益金管理制度。此时彩票公益金分别归两个发行部门所有，并且按着一定分配比例在各级民政和体育部门留成使用。各级民政和体育部门将留成公益金纳入同级财政部门的预算外专用资金账户，实行“收支两条线”管理。福利彩票公益金的分配情况基本是，奖金不得低于彩票资金的 50%，成本不高于 20%，福利金不低于 30%。体育彩票公益金的分配情况有所变化，1994—1995 年规定，奖金占体育彩票资金的比例不低于 45%、收益金不低于 30%、发行成本不高于 25%；1996 年进行了相应的调整，公益金比例仍占 30%、奖金占 50%、发行费占 20%。

此时，中国对彩票业的管理处于探索调整时期，鉴于彩票的筹资功能，政府仅将彩票视为筹资性金融工具，将彩票行业归类于金融产业，并确定中国人民银行为主管机构。中国人民银行统一进行彩票管理，福利彩票和体育彩票在发行销售中所采用的游戏规则及发行销售方式等，须由中国人民银行批准。民政和体育部门分别发行销售和管理社会福利彩票、体育彩票的做法使得全国彩票市场被福利和体育两大彩票管理机构所分割垄断。两部门各自实行不同的发行销售和管理制度，彩票公益金也分别归入两个发行管理部门使用，福利彩票和体彩票实际上成为两个部门筹集资金的工具，形成了两大发行管理机构分割垄断彩票发行管理的格局。这种部门化的彩票管理系统形成了彩票业改革中不可忽视的两大既得利益集团，也成为日后走向一元化国家彩票管理的最大制约因素。

（三）彩票业的高速发展（2000 年以后）

1999 年 7 月，国务院对彩票发行体制进行改革，将彩票监管部门由中国人民银行变更为财政部。此时，彩票玩法得到更新，逐渐被广大民众所接受，彩票发行量出现快速扩张，而彩票公益金的使用也开始超出了发行管理部门部门的范围，逐步扩展到补充社会保障基金、支持红十字事业等范畴，中国彩票开始由部门彩票向国家彩票转变。

2000 年后，通过网络发行的电脑彩票逐渐成为彩票市场的主流，体育彩票和福利彩票逐步建构起网络化运行的彩票发行销售系统，在各省市区自主发行的基础上，推动各省市区、多个省市区乃至全国实行彩票联销。全国联销的福利彩票的双色球（式样参见图 1－4）、体育彩票的超级大乐透（式样参见图 1－5）逐渐成为全国销售的主力，使得彩票奖金，尤其是头等奖数额攀升，从而推动中国彩票业发展进入了一个新的快速发展时

图1－4　中国社会福利彩票中的双色球游戏彩票

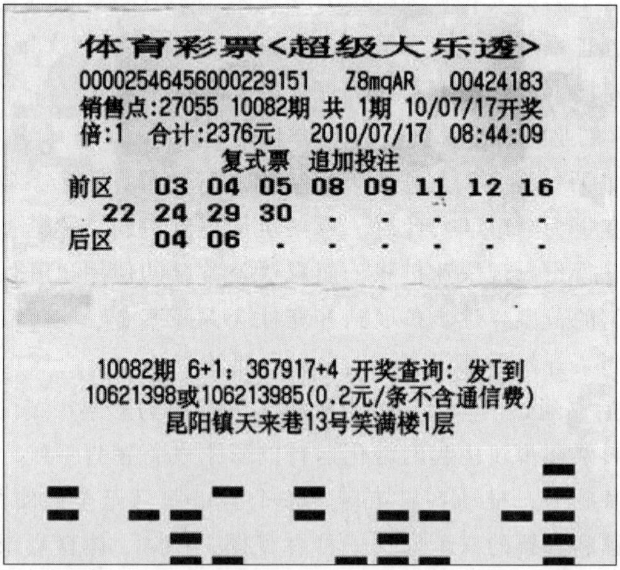

图1－5　中国体育彩票中的超级大乐透游戏彩票

期。2000 年，中国彩票销售总额为 181 亿元；2007 年，彩票销售总额为 1016 亿元；2011 年，销售总额达到 2214 亿元；2013 年，销售总额达到 3093 亿元，2014 年销售总额达到 3823.78 亿元。中国彩票销售的年均增速远远超高其他产业的发展速度，呈现出跨越式发展格局。

同时，伴随通信技术的发展，尤其是伴随着网络、智能手机的逐渐普及并进入人们的日常生活，彩票发行销售方式也出现变革，网络、手机有望成为彩票销售的便捷方式。据统计，2013 年，中国互联网彩票市场的规模达到 420 亿元，同比增长 83%，市场占有率更是达到 13%①。预计在不久的将来，彩民将更倾向于通过网络、电话或互动电视等更加便利的方式购买彩票。而彩票销售的便利也会进一步推动彩票销售规模的扩大。

彩票业的快速发展、彩票公益金的数量剧增以及所带来管理风险的扩展等也推动着彩票的政府监管由部门化管理转型为跨部门的法制化管理。2001 年 10 月，国务院颁布《关于进一步规范彩票管理通知》，确定财政部负责有关彩票管理政策的制定，管理彩票市场，监督彩票行销；民政部和国家体育总局则分别承担彩票行销等具体管理职能。稍后，财政部颁布了《彩票发行与销售管理暂行条例》、《彩票发行与销售机构财务管理办法》等，对彩票的发行、销售以及彩票行销机构的管理等作出统一规定，从而在制度上统一规范全国彩票行销、管理及彩票市场。更为重要的是《关于进一步规范彩票管理通知》对彩票资金的分配进行了统一调整，提高了彩票公益金的比例，并明确超出彩票公益金基数的公益金 80% 上交财政部，纳入全国社会保障基金，统一管理和使用②。这将公益金的使用范围拓展到民政和体育部门之外，从而使部门彩票开始向国家彩票方向转变。

2002 年彩世塔彩票舞弊案、2003 年西安“宝马彩票”案以及非法六合彩、赌球等都暴露出彩票监管领域的诸多问题。为强化对彩票的政府规制，经过多年准备，2009 年 5 月《彩票管理条例》颁布。此条例首次以国

① 数据引自财政部：《2013 互联网彩票市场规模达 420 亿　同比增 83%》，中彩网 2014 年 4 月 16 日，参见 http：//www.zhcw.com/xinwen/caishiguancha/2738029.shtml。

② 此前福利彩票、体育彩票公益金的分配情况前文已经述及。2001 年国务院通知规定，从 2002 年 1 月 1 日起，彩票发行资金构成比例调整为：返奖不得低于 50%，发行经费不得高于 15%，公益金不得低于 35%。彩票公益金基数由财政部会同民政部、国家体育总局分别确定，基数以内的彩票公益金，由民政和体育部门按规定范围使用。超过基数的彩票公益金，20% 由民政和体育部门分别分配使用，80% 上交财政部，纳入全国社会保障基金，统一管理和使用。

务院行政法规的形式明确了财政部会同民政、体育部门以及其他政府机构综合管理的彩票监管模式，明确了彩票发行和销售机构的设立、职责及其行为规范，强化了彩票的风险控制和安全保障，并强调了彩票的公益使命和社会责任。2012 年，《彩票管理条例实施细则》发布。该细则进一步梳理了彩票运行管理职责，细化了不同政府部门的彩票管理职责，规范了彩票发行和销售行为，加强了彩票开兑奖、彩票资金的规范化管理。

经过 20 多年的发展进程，伴随中国彩票业的快速成长，彩票业的政府管理已经从部门化内部自我管理走向跨部门的法制化监管。但是，在彩票业从部门彩票走向国家彩票的过程中，中国彩票业现行管理体制机制仍然存在欠缺，例如对彩票及彩票业的认知不科学、彩票发行销售行政化、政府管理部门职责不匹配、筹集公益金使用透明度不够等，这些问题的存在说明政府总体上对彩票业的政府规制依然滞后于行业发展。一些深层次发展的制度设计、行为主体关系等问题如不能得到解决，将会加大彩票业运行的风险，制约中国彩票业的长期持续发展。

三、中国彩票业发展前瞻

进入 21 世纪以来，中国彩票发行和筹集公益金出现了加速增长的态势。这意味着中国彩票市场日益成熟，民众对待彩票的态度及购彩行为日趋理性，彩票业即将进入新的快速发展期。这种判断基于以下因素的考虑:

首先，从世界各国彩票发展规律来看，中国彩票增长的潜力巨大。世界彩票业发展历史表明，彩票是一种经济社会现象，是现代社会民众日常社会生活的一部分。研究发现，影响彩票消费的因素很多，其中彩票消费与国家经济发展水平有着一定的相关性。著名学者格勒特（Garrett）利用 1997 年的全球彩票销售资料，对各个国家彩票消费与 GDP 的关系进行了比较研究。他给出了各地区彩票销量与其 GDP 的比重，例如欧洲为 0.550%、澳洲为 0.570%、北美为 0.496%、亚洲为 0.214%，全球平均值为 0.448%①。如果按照亚洲的比重计算，中国彩票发行规模 1 万亿元，按照全球平均值计算则为 2 万多亿元。而目前中国福利彩票和体育彩票发行

① 转引自冯百鸣:《中国彩票业面临穷人购彩与问题彩民两大困境 贫困地区消费了更多的彩票》，《经济周刊》2008 年第 10 期。

规模近4000亿元，增长空间巨大。“十一五”期间，中国彩票发行销售平均以年均20%的速度增长。如果以此预测，“十二五”期间，中国彩票发行销售额也将突破1万亿元。另外，全国各地大量出现的非法“私彩”现象，也从反面证明中国彩票仍有比较大的发展空间。

其次，从中国彩民现状及其人口比例来看，中国彩票同样存在巨大增长空间。世界大多数国家的彩民约占其总人口的50%，美国、英国、法国、澳大利亚等国家的彩民比例甚至超过了65%。在目前的各种推测中，对中国彩民数量较高的估算大约为2亿人，仅占总人口比例的15%多，这大大低于国际社会平均水平。同时，中国的人均购买彩票支出也比较少，2013年的人均购彩支出仅为230元，这远低于国际社会人均购彩的平均额度水平，也低于在其收入中所占比重。从中国彩民社会结构来看，中国彩民以中下层民众、特别是底层民众居多，很多是怀揣“发财梦”的农民工。他们收入较低，生活状态不稳，购彩行为相对缺乏理性，购彩的可持续性较差。大量具有较高消费能力和公益慈善意愿的中等收入群体因为各种原因较少进入彩票消费市场。国际经验表明，恰恰这个群体应该成为彩票市场消费的主流人群。如果有合适的彩票玩法和便利、时尚、舒适的购彩环境，中产阶层将有望成为未来彩票市场的主流人群。

另外，中国的现代化发展也为彩票规模的提高提供了新的契机。2011年中国城市化水平越过50%的临界点，城市化进程持续推进。中国城乡居民收入水平不断提高，国家民生财政支出持续增加，社会保障体系不断完善，保障水平稳步提高，民众的公益慈善意识不断提高。这都将为中国彩票业快速发展提供良好的经济社会基础。

伴随中国彩票业的快速发展，借鉴世界其他国家彩票业发展的经验，我们可以发现中国彩票业在快速发展的同时，也面临着发展中的提升转型问题。这包括：

（1）在彩票发展动力上，要由行政指令型向市场主导型转变。多年来，中国彩票发行的总规模基本是由主管部门按着大致增长比例每年予以大体确定，再由民政部、国家体育总局及其所属的彩票发行管理机构具体执行。而民政部、国家体育总局虽然在游戏玩法、趣味性、销售方式等方面做了大量研究和创新，但并不能完全满足市场需求。例如，缺乏吸引高端彩民的品种，部分游戏规则与彩民需求还存在差距等。总体上彩票业仍然存在明显的行政命令和计划经济色彩。既然我们承认彩票业是一个面向消费者的特殊市场，就需充分考虑市场规则，适度推进向市场主导的转型。

（2）在彩票社会影响上，要由自发自为型向社会责任型发展。随着彩票发行规模增长和媒体宣传的推动，彩票的社会影响日益扩展。仅从 2011 年看，就发生了彩票销售诚信业主上春晚、彩票成为高考作文命题、部分宣传夸大彩票负面作用、部分彩民和网民质疑彩票开奖公正性等事件。近年来大众媒体上披露的彩票相关事件大致可分为三类：第一类是彩票带来的大量问题彩民；第二类是彩票影响到社会诚信甚至政府公信；第三类是彩票破坏社会良俗甚至引发犯罪。对于这些事件和观点，我们要公正客观地对待。允许彩票销售，总有极小部分彩民会成为“问题彩民”。对彩票业影响社会诚信、政府公信力的批评考验的是彩票发行、开奖、兑奖及公益金使用的公正性、公开性。而彩票引发社会问题甚至犯罪，并非普遍现象。但是，我们也要看到这些担忧中的积极方面，即彩票具有越来越强的社会影响，其负面作用开始受到人们的关注，因此须确保其担负的公益慈善等社会责任，推动其成为对社会负责的行业。

（3）在彩票消费结构上，要由金字塔型向倒金字塔型转变。购买彩票的广大民众是彩票业发展壮大的原动力。彩票是一种成功概率极小的投资游戏，福利彩票双色球游戏中头奖概率的仅 1772 万分之一。因此，理想的彩票消费结构应当以中产阶层及较高社会阶层为购买主体，他们的经济承受力较强，生活压力较小，有“玩彩”的本钱、时间和“败而不躁”心态。但是，中国中产阶层发育低下，社会阶层结构呈现金字塔型，经济收入较少的底层群众人数多、所占比例大。而中国的彩票消费群体也基本符合这一特征，有调研称农民工和下岗职工是某些地区彩票的主要消费者。这显然与理想的彩票消费结构不符，这种结构既不利于彩票业的长期健康发展，也可能造成较大的“问题彩民”群体。

基于上述分析，要进一步推进中国彩票业的发展和转型，需要改革某些不适应彩票事业、行业发展的管理理念、制度设计、运行模式等体制机制，需要通过深化改革，推进彩票业的政府管理和发行销售框架的科学化，推动彩票利益相关方承担应有的社会责任。

第二章

研究的基础理论

利益相关方理论是对传统股东（资方）至上理念的创新，其提出意味着影响组织运行发展的不仅是出资方，还有与其相关的更多利益主体，它们不仅影响组织的运行和管理，同时也受其运行管理的影响。要平衡多方相关主体的利益，才能促进组织的持续发展。

社会责任反映组织对社会应承担的责任和义务，即在活动时要考虑对社会及环境的影响，符合社会道德标准，并满足社会期望和可持续发展的需要。利益相关方与社会责任相结合，可以更好论证组织的社会责任以及组织对利益相关方的社会责任。利益相关方理论、社会责任理论，是本课题的基本理论依据，在此就与其紧密相关的问题予以梳理、介绍和阐释。

第一节 利益相关方理论

利益相关方（stake holder），又称利益相关者（直译为持份者），相对股东（share holder）而言，是指与特定组织相关，影响其运行发展或者受到其运营影响的个人、群体或者组织等主体。利益相关方的概念源于企业管理，任何组织与行业的运营发展都离不开各种利益相关方的投入或者参与，彩票业发展也是如此。对彩票利益相关方进行理论分析，有助于理清不同主体的利益诉求，把握影响彩票业发展的多种因素。

一、利益相关方的概念

利益相关方的提出，改变了传统企业管理中的资方至上理念，推动了企业管理中对不同利益主体的关注。同时，利益相关方概念在演进中也超出企业管理的范畴，而受到经济学、管理学、社会学等学科的重视，被赋予更为深刻的内涵。

（一）利益相关方的产生及演进

利益相关方的理念起源于企业管理领域，产生于对英国、美国等西方国家在企业经营管理中所奉行的“股东至上、资方至上”传统理念的质疑之中。1963 年，利益相关方作为一个明确的理论概念由斯坦福研究所提出后，得到了安索夫（Ansoff）、弗里曼（Freeman）、布莱尔（Blair）、米切尔（Mitcheel）等专家学者的认可，他们大力推动利益相关方的研究，使其初步形成比较完善的理论框架，并在企业等组织管理实践中发挥了积极作用。

与股东至上的传统企业管理理念不同，利益相关方的理念主张任何一个公司企业的发展都离不开各种利益相关方的投入或参与，例如股东、债权人、雇员、消费者、供应商等，企业不仅要为股东利益服务，同时也要维护其他相关方的利益，回应其他相关方的关切。利益相关方的提出意味着在企业管理中，人们已经超出了对企业的出资者（或者股东）、管理者以及雇员等的关注，而关注与企业运行相联系的更为广泛的各个不同利益主体，因为他们都和企业运行相联系，并受到企业运营的影响和制约。

利益相关方的提出影响到企业管理理论的发展方向。传统企业管理注重实现“股东利益的最大化”，认为企业管理行为以此为核心而展开。利益相关方概念的提出，意味着除了股东、出资方之外，还存在更多、更广泛的个人、群体、组织、社区以及环境等主体与企业运营相关联，他们受到特定企业组织运行的影响，同时也对企业的生存发展发挥着影响乃至制约作用。也就是说决定着公司企业等组织生存发展的，不仅仅是企业出资人或者组织设立者，还包括更多和其利益相关联的其他主体。

20 世纪 60 年代，奉行企业相关方理念的德国、日本等国家的经济迅速崛起，而坚持股东至上理论的英国、美国等国家的经济日益下滑，面临一系列经济难题。有学者认为，造成这种局面的原因之一就是“股东利益至上”理论的局限性，而利益相关方理论要求企业经营活动注重公司利益相关各方的利益要求，更具有人本主义思想和现实的合理性。20 世纪 70 年代，全球开始关注企业在遵守所在国法律、保护生态环境、推进公益慈善等方面的社会责任，要求企业在追求利润的同时，关注社会公众、社区、自然环境等其他相关方的利益。1984 年，R. 爱德华·弗里曼（R. Edward Freeman）在其极有影响的《战略管理：利益相关者方法》一书中提出了利益相关方理论，此后这一理论得到了广泛推崇，相关研究成果及其影响不断扩展[①]。1990 年 3 月，美国宾夕法尼亚州通过了《宾夕法尼亚州 1310 法案》，作为该州 1983 年公司法的修正案，此法案改革了公司股东和管理者之间的委托代理关系，要求公司董事会在决策时不仅关心其对股东的影响，还要照顾到决策对公司利益相关方的作用。这使得奉行股东利益至上的企业管理失去了法律支撑，标志着美国开始接受利益相关方的理论，并将其推广到企业组织管理实践中去，从而大大扩展了利益相关方理念的影响[②]。20 世纪 90 年代，中国开始对利益相关方理论概念进行介绍和研究。例如，杨瑞龙等提出了“从单边治理到多边治理”的概念，倡导企业的“共同治理”，即企业不仅要重视股东的权益，还应重视其他利益相关者对经营者的监控；不仅注重经营者的权威，还要关注其他利益相关者的实际参与[③]。

利益相关方的提出使得公司企业在运营管理中需要考虑的因素大为拓展，任何企业发展都离不开各种利益相关方的投入或参与，企业管理实际上是对不同利益相关方之间合作与制衡关系的有机整合。对企业利益相关方的关注迎合了科技创新中对科技的重视、对人本身的关注、社区重建中对社区的重视、绿色运动中对环境的重视等因素，符合企业可持续性的发

---

① R. Edward Freeman: Strategic Management: A Stakeholder Approach. Boston: Pitman Publishing Inc, 1984.

② 沈洪涛、沈艺峰：《公司治理理论的现代演变——从股东利益最大化到相关利益者理论》，《经济经纬》2008 年第 6 期。

③ 参见杨瑞龙、周其安：《论利益相关者合作逻辑下的企业共同治理机制》，《中国工业经济》1998 年第 1 期；杨瑞龙、杨其静：《专用性、专有性与企业制度》，《经济研究》2001 年第 3 期。

展观，弥补了传统“股东利益至上”理念的缺陷与偏颇。

目前，利益相关方的概念应用逐渐超越了企业管理的范畴，被广泛应用到政府组织、非政府组织以及行业、产业管理及其发展战略分析之中。利益相关方泛指对组织投入资本或者对组织运行抱有各种期望和要求，能够影响组织生存、发展与绩效或者受组织活动及绩效影响的个人、群体或者其他组织，包括出资方（或者设立方）、管理人员、雇员、供应商、销售商、顾客、社区、环境以及其他相关社会组织机构等等。利益相关方可以在组织正式的组织机构以及供应商或者服务链条中加以确认，因为他们承担着和组织相关的特定责任和义务，影响着组织的生存和发展；利益相关方也可以产生于某特定的事件，进而超出组织正式机构及供应商或者服务链条的范围。例如，当某个企业出现违规排放废气、废液以及固体废弃物等而造成重大环境污染事故时，原来很多与某企业生产及供应链条基本没有关联的社区、组织、民众等就都会成为利益相关方。

总之，与某个特定主体存在利益关系的个人、群体或者组织等都可以成为利益相关方，它们可以通过特定组织结构或者行为影响组织的战略、行动、决策，进而制约或影响组织的活动绩效。同时，各个利益相关方之间也是相互作用和交互影响的，当组织活动的内外部条件发生变化时，利益相关方之间的地位和关系也会发生变动。

（二）利益相关方的概念界定

利益相关方的概念界定经历了一个从模糊到清晰的过程，而且基本是从企业及其管理的视角出发进行的。早在 1963 年，斯坦福研究所就提出：对企业来说，存在这样一些团体，没有他们的支持，企业就不可能生存。1965 年，安索夫（Ansoff）将此概念引入经济学及管理学领域，认为“要制定一个理想的企业目标，必须平衡考虑企业的诸多利益相关方之间相互冲突的索取权，他们可能包括管理者、工人、股东、供应商及分销商等”[①]。这使得利益相关方所包含的范畴逐渐变得清晰起来。

在利益相关方的概念界定中也存在广义、狭义等指称范畴、范围的不同。1984 年，弗里曼（Freeman）给利益相关方进行的界定就比较宽泛，他认为：“企业利益相关方是指那些能影响企业目标的实现或被企业目标

① 转引谢霓泓：《利益相关者研究的回顾与思考》，《会计之友（上旬刊）》2009 年第 4 期。

的实现所影响的个人或群体”[①]。他认为，任何一个企业、公司等组织的发展都离不开各种利益相关方的投入或者参与，股东、债权人、雇员、供应商、消费者、政府部门、相关社会组织和社会团体、周边社区及社会成员等全部被纳入这一范畴，他们都和组织相关，并拥有和其相关的特定利益。宽泛的概念界定强调利益相关方与企业的关系，为企业管理者提供一个全面的利益相关方分析框架。狭义界定的指称范围较为狭窄，例如克莱森（Clarkson）提出："利益相关方是其在企业中投入了一些实物资本、人力资本、财务资本或者其他一些有价值的东西，并由此而承担风险，或者说，他们因企业活动而成为风险承受者”[②]。玛格丽特·布莱尔（Margaret M. Blair）认为，利益相关者是那些向企业贡献了专用性资产并由此承担剩余风险的人或集团，这些人或集团作为企业专用资产的投入者，有权在面对企业成果时享有相应的剩余索取权和剩余控制权[③]。这些界定都排除了政府部门、社会组织和社会团体、社会成员等，而强调了排他性投资，指出哪些利益相关方对企业具有投入和直接影响，从而必须在企业管理以及利润分配中需要认真加以考虑的主体。

中国学者贾生华、陈宏辉等对利益相关方理论及概念进行了研究并提出，“利益相关方是指那些在企业中进行了一定的专用性投资，并承担了一定风险的个体和群体，其活动能够影响该企业目标的实现，或者受到该企业实现其目标过程的影响”[④]。这一概念综合了上述广义概念和狭义概念的特征，既强调了专用性投资，又强调利益相关各方与企业的关联性。

综合上述不同学者从企业角度对利益相关方的界定，我们认为利益相关方是指对企业或其他组织有着特定的投入，影响组织的运行发展，同时又被组织经营活动所影响的组织内部或者外部的个人、群体及相关组织等。从这一概念出发，利益相关方关注与某个特定组织或者整个产业、行业相关联及相互影响，同时强调这种关联和影响是基于某种特定有形或无形投入的。需

---

① （美）R. 爱德华·弗里曼著，王彦华、梁豪译：《战略管理利益相关者方法》，上海译文出版社 2006 年版，第 30 页。

② 转引自韩佩佩：《利益相关者理论与企业绩效关系的研究——一个文献综述》，《中国集体经济》2009 年第 22 期。

③ Margaret M. Blair. For Whom Should Corporations Be Run: An Economic Rational for Stakeholder Management. Long Range Planning, 1998 Vol. 31 (2) . pp. 195 – 200.

④ 贾生华、陈宏辉：《利益相关者的界定方法述评》，《外国经济与管理》2002 年第 5 期。

要注意的是，利益相关方可以是企业、组织或者产业行业内部的，例如组织的出资方、管理方、雇员等，也可以是组织或者行业外部的，例如组织的服务对象、合作伙伴、政府部门、所在社区甚至自然环境、整个社会等。

二、利益相关方的理论

利益相关方理论是建基于资源投入、契约理论及产权理论之上的，其反对股东之上的传统理念，提出利益相关方各有其不同诉求和利益，所谓管理就是基于相关各方的利益诉求，满足不同主体的利益，从而实现利益的共治共享过程。

（一）利益相关方的理论基础

为了论证利益相关方存在及其利益关联的合理性，人们从资源投入、契约以及产权等三个方面对其进行了论证，从而为利益相关方理论奠定了存在的合理性基础。

1. 资源投入角度

经济学主张投入与产出的对等，强调资源投入后，对相应产出索取和分享的正当性。例如，1999 年，布莱尔（Blair，Margaret M.）从资源投入、资产专用性的角度出发，借助资源依赖理论提出利益相关方作为资源的提供方，理所当然地享有其对产出的索取权。她指出，公司企业的出资不仅来自于股东，而且来自于公司的雇员、供应商、债权人以及客户，这些主体提供的虽然不是物质资本，而是一种特殊的人力、物力及金融资本。这些主体既然向企业进行了投资，并且为企业所专有、专用，必然应该享有企业的剩余控制权和剩余索取权，也就是企业的部分所有权。

2. 契约理论的角度

弗里曼（Freeman）等学者提出，“企业是所有相关利益方之间的一系列多边契约”。从这一基本论断出发，人们认为可以将企业理解为“所有相关利益主体之间的一系列多边契约”的集合，这一组契约的主体除了企业的出资者，当然也应该包括管理者、雇员、所有者、供应商、客户及社区等多元参与主体①。每一个契约参与方实际上都向公司提供了其所拥有

① （美）R. 爱德华·弗里曼著，王彦华、梁豪译：《战略管理利益相关者方法》，上海译文出版社 2006 年版，第 39 页。

的资源，为保证契约的公正和公平，契约各方都应该拥有平等谈判的权利，以确保所有当事人的利益至少都能被照顾到，这是因为契约论本质上就要求对不同相关利益方都要给予应有的“照顾”，关注其不同利益。

3. 产权理论的角度

拥护利益相关方的学者认为，任何一个“个体判断”理论是无法放之四海而皆准的，因此，仅仅依靠某个“个体判断”理论来描述产权也是不完整的。在论述像企业的权利和义务这样复杂的问题时，应该趋向于建立一个多元“个体判断”的产权理论。从这个逻辑出发，利益相关方理论者提出，“只要一种多元的产权理论能够被接受，那么产权理论和利益相关方理论之间的联系也就显而易见了”[①]。另外，如上文所述，中国学者杨瑞龙等从基本产权理论出发，通过“资本雇佣劳动型”和“劳动管理型”两类企业的比较，以及对联合生产、收入分配和企业治理的研究，得出了共享所有权及利益相关方“共同治理”的优越性，提出要“从单边治理到多边治理”迈进，强调企业不仅要重视股东的权益，还应重视其他利益相关方对经营者的监控；不仅注重经营者的权威，还要关注其他利益相关方的实际参与。

（二）利益相关方理论

利益相关方理论的核心思想是：企业组织的运行及其管理活动要为综合平衡各个利益相关方的利益要求而展开。利益相关方理论反对股东或者资方至上的理论观点，主张企业应该是利益相关方的企业，包括股东在内的所有利益相关主体都对企业的生存发展注入了一定的专用性投资，同时也分担了一定的企业经营风险，或为企业的经营活动付出了代价，因而都应该拥有企业的剩余索取权与剩余控制权。企业运营的资产资源不仅来自于股东或者资方，而且还来自于企业的雇员、供应商、债权人以及客户，后者提供的是一种特殊的人力、金融等投资。因此，公司本质上是一种受多种市场要素影响制约的企业实体，它不应该仅仅由股东或者资方主导的企业组织制度，股东并不是公司企业唯一的所有者。同时，公司企业的股东或者资方并没有承担理论及现实中的全部风险，其他利益相关主体有的分担了企业的经营风险，有的为企业的经营活动付出了代价，有的对企业进行着监督和

① 参见梁秀萍、范意婷：《利益相关者公司治理研究综述》，《现代商贸工业》2011 年第 6 期。

制约，企业的经营决策必须要考虑他们的利益或接受他们的约束。

基于利益相关方理论，对于一个企业来说其能否获得长期生存与稳定发展的最好途径是，考虑其所有重要的利益相关方的诉求和利益并采取措施满足他们的不同需求，在这些诉求和利益追求间获得平衡。因此，企业在设定自己的绩效目标时，应该考虑到那些对自己来说十分重要的不同利益相关主体的需要。其原因是利益相关方对于企业生存与发展具有重要意义，因为各个利益相关主体都能够影响企业，他们对组织的发展有着十分强大的影响力。如果企业仅仅以资方为核心，过度追求经济效益，而将其他相关主体的利益弃之不顾，其他利益相关方就会采取各种措施来影响和制约企业行为，直至企业关注照顾到其利益时为止。

（三）利益相关方的分类

利益相关方理论提出企业在运营管理中，要照顾利益相关方的诉求和利益，但是却没有清晰界定到底谁是企业的利益相关方，利益相关方不但数量众多，而且因其身份性质各不相同，对组织活动的重要性及影响程度也不尽相同，任何组织都不可能将所有的利益相关方都纳入管理视野内。20 世纪 80 年代末以后，西方学者认识到仅强调企业的利益相关方是不够的。为推动利益相关方理论在企业管理中的实际应用，使得管理者做出合理选择，很多学者开始研究利益相关方对组织影响程度的差异性进而对利益相关方进行分类，以给企业管理提供一个清晰的类型划分框架，引导企业管理者区分不同利益相关方的权重，以做出理性决策和行为。不同研究者依据不同的标准对利益相关方进行划分，使得利益相关方理论变得更具操作性。

1. 多维细分法

多维细分法是指按照多种维度综合对利益相关方进行分类的方法，这是利益相关方分类中最常用的分析工具。不同的学者使用的分类标准不同，划分出的类别也不相同。

弗里曼（Freeman）认为，由于利益相关方所拥有的资源不同，其对企业产生不同的影响。他从所有权（Ownership）、经济依赖性（Economic Dependence）和社会利益（Social Interest）三个不同方面对利益相关方进行了划分：（1）所有权利益相关方，包括持有公司股票的一类人，例如董事会成员、经理人、高级职员等；（2）经济依赖性利益相关方，包括与公司有经济往来的相关群体，例如债权人、雇员、内部服务机构、消费者、供给商、竞争者、地方社区等；（3）社会利益相关方，包括与公司在社会利益上存在各种关系的不同主体，例如政府机构、媒体以及特殊群体等。

弗雷德里克（Frederick，W. C.）认为，利益相关方是对企业的政策和方针能够施加影响的所有集团，从利益相关方对企业产生影响的方式来划分，他将其划分为直接利益相关方（Direct Interest Stakeholders）和间接利益相关方（Indirect Interest Stakeholders）。直接利益相关方就是直接与企业发生市场交易关系的利益相关主体，它主要包括：股东、企业员工、债权人、供给商、零售商、消费商、竞争者等；间接利益相关方是指与企业发生非市场关系的利益相关主体，例如政府、社会活动团体、媒体、一般公众等。

克拉克森（Clarkson，M.）提出了两种具有代表性的分类方法。一是根据相关主体在企业经营活动中承担风险的类别，将利益相关方分为自愿的利益相关方（Voluntary Stakeholders）和非自愿的利益相关方（Involuntary Stakeholders）。自愿的利益相关方是指在企业中主动进行物质资本或人力资本投资的个人或群体，他们自愿承担企业经营活动给自己带来的风险；非自愿利益相关方是指由于企业的活动而被动地承担了风险的个人或群体。二是根据相关主体与企业联系的紧密程度，将利益相关方分为首要的利益相关方（Primary Stakeholders）和次要的利益相关方（Secondary Stakeholders）。前者是指如果没有这些利益相关方的连续性参与，公司就不可能持续生存，包括投资者、股东、雇员、顾客、供应商等；后者间接影响企业运作或者受到企业运作的间接影响，但他们并不与企业发生交易，对企业生存不起根本性作用，包括环保主义者、媒体、学者和众多的特定利益集团等。

惠勒（Wheeler，A.）将社会性维度引入利益相关方分析之中，他认为有些利益相关方具有社会性的，有些则不然。具有社会性的利益相关方与企业的关系是直接通过人的参与而形成的；不具有社会性的利益相关方并非通过具体的人与企业发生联系，例如环境等。结合克拉克森的紧密性维度，惠勒将所有的企业利益相关方交叉分类为以下四种：（1）首要的社会性利益相关方，他们与企业有直接联系，并且有人的参与，例如企业的投资者、管理人员、供应商、业务伙伴、客户和员工等；（2）次要的社会利益相关方，他们通过社会性活动与企业形成间接关系，例如政府、贸易集团、社会团体、媒体、工会、竞争对手等；（3）首要非社会利益相关方，他们对企业有直接的影响，但与具体的人发生联系，例如自然环境等；（4）次要非社会利益相关方，他们对企业有间接影响，但不作用于具体的人，例如环境保护组织、动物保护组织等。

查克汉姆（Charkham, J.）按照相关主体与企业是否存在交易性的合同关系，将利益相关方划分为契约型利益相关方（Contractual Stakeholders）和公众型的利益相关方（Community Stakeholders）两类。沃克（Walker, Steven F.）等学者根据利益相关方对企业承诺的不同层次对其加以评估，按态度和行为的忠诚度高低将利益相关方分为完全忠诚型、易受影响型、可保有型和高风险型四类。

在国际研究的影响下，中国学者从20世纪90年代起开始探讨利益相关方的分类问题，万建华根据是否与企业有正式的、官方契约将其划分为一级利益相关方与二级利益相关方。李心合从利益相关方的合作性与威胁性两个维度出发，将其划分为支持型利益相关方、混合型利益相关方、不支持型利益相关方以及边缘型利益相关方四种类型。陈宏辉从利益相关方的主动性、重要性和紧急性三方面入手，将利益相关方分为核心利益相关方、蛰伏利益相关方和边缘利益相关方三种类型。郝桂敏从企业实力和企业需求两个维度对不同发展阶段的利益相关方进行分析，将其划分为重要利益相关方、次要利益相关方和一般利益相关方①。

上述不同学者从多个不同的维度来对利益相关方进行分类的思路大大深化了人们对企业组织利益相关方的认识。但是，这些分类方法大多都停留在学术研究的层次，在企业管理实际中较缺乏可操作性，使得利益相关方理论难以落实到实际应用中去。

2. 米切尔评分法

美国学者米切尔（Mitchell, A.）提出，利益相关方理论的核心包括两个问题，一是利益相关方的认定（Stakeholders Identification），即谁是利益相关方；二是利益相关方的特征（Stakeholders Saliencies），即管理层根

---

① 以上引述参见杨秀琼：《利益相关者的分类研究综述》，《阜阳师范学院学报（社科版）》2009年第4期。另参见李玲：《利益相关者及其公司治理关系的研究综述》，百度文库 http://wenku.baidu.com/link?url=qQRmfZRRxh8YJA43dxlVE26rANbiF1gX9wng9eJ2BsUNMyhjAY9A3yvGDUlFBSewuvxoZwN3HvVG6B1F8qbApKsEp8Hhq-6AZiqBg7cIlYm。

据什么来关注特定的利益群体。20 世纪 90 年代后期，米切尔和伍德（Wood，D.）提出了一种基于评分法（Score - based Approach）来对利益相关方进行界定及分类的方法。米切尔等学者从合法性（legitimacy）、影响能力或权力（power）和迫切性（urgency）三种属性上对可能的利益相关方进行评分，将利益相关方的界定与分类结合起来，根据分值的高低来确定某一特定个体或者群体是不是企业的利益相关方，属于哪一类型的利益相关方。米切尔认为，作为利益相关方必须具备以下三个条件中的至少一种：①合法性，即某一个体或者群体是否被赋予法律上、道义上或者其他特定的对企业的索取权；②影响能力，即某一群体是否拥有影响企业决策的地位、能力和相应的手段；③迫切性，即某一群体的要求能否立即引起企业管理层的关注。

利用这三种属性或是否满足这三个条件对利益相关方进行评分，根据其满足条件的多寡以及可以将企业的利益相关方分为不同的类型。如果这三种属性均可拥有，则是确定型利益相关方（Definitive Stakeholders）；如果只拥有两项则是预期性利益相关方（Expectant Stakeholders）；如果只拥有一种则是潜在的利益相关方（Latent Stakeholders）。这种划分以及更详细的分类可参见图 2 - 1 所示①，详述如下：

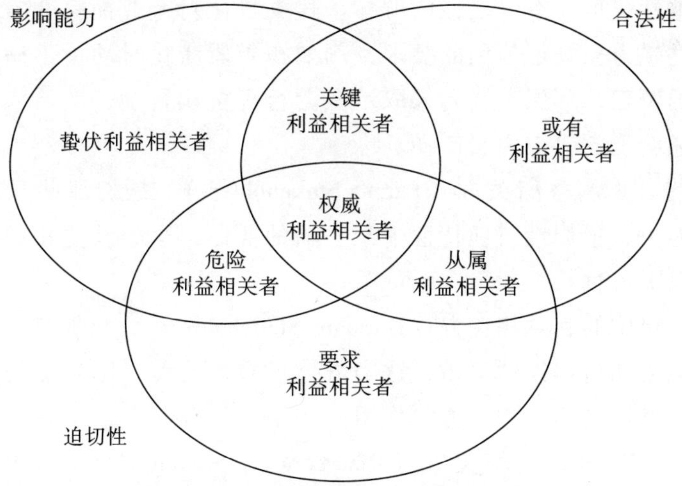

图 2 - 1 米切尔对利益相关方的分类图

① 转引自付俊文、赵红：《利益相关者理论综述》，《首都经济贸易大学学报》2006 年第 2 期。

（1）确定型利益相关方（Definitive Stakeholders）。这一群体同时拥有对企业的合法性、影响能力和迫切性，他们是企业需密切关注和紧密联系的对象，为了组织生存发展，管理层必须十分关注他们的愿望和要求；并设法加以满足，例如企业的资方、大股东、管理人员、雇员、服务对象等。

（2）预期型利益相关方（Expectant Stakeholders）。他们与企业保持较密切的联系，拥有上述三项属性中的两项。这类利益相关方又可具体划分为以下三种：

第一，关键的利益相关方（Dominant Stakeholders），同时拥有合法性和影响能力的群体，他们希望得到管理层的关注，一般也能够达到目的。有些情况下他们还可能正式地参与企业决策过程。这类利益相关方可能包括投资者、雇员和政府部门。

第二，从属的利益相关方（Dependent Stakeholders），对企业拥有合法性和迫切性的，却没有相应的权力来实施其要求。这类群体要达到目的，需要赢得更加强有力利益相关方的拥护，或者寄希望于管理层的善意。他们通常采取结盟、参与政治活动、呼吁管理层良知等办法来达到目标。

第三，危险的利益相关方（Dangerous Stakeholders），对企业拥有影响能力和紧迫性，但没有合法性的群体。这类群体对企业而言非常危险，他们常常通过暴力来满足他们的要求。例如在矛盾激化时动员不满意的员工发动鲁莽的罢工，环保主义者采取示威游行等抗议行动，政治宗教极端主义者甚至还会发起恐怖主义活动。

（3）潜在型利益相关方（Latent Stakeholders），是指那些只拥有合法性、影响能力、迫切性三项特性中某一项的群体。这类利益相关方又可具体划分为以下三种：

第一，蛰伏的利益相关方（Dormant Stakeholders），只拥有合法性，但缺乏影响能力和迫切性的群体，这类群体可自由对待，随企业的运作情况而决定是否发挥其利益相关方的作用。

第二，或有的利益相关方（Discretionary Stakeholders），只有影响能力，但没有合法性和迫切性的群体，这类群体处于一种蛰伏状态，当他们实际使用影响能力，或者是威胁将要使用这种能力时被激活成一个值得关注的利益相关方。

第三，要求的利益相关方（Demanding Stakeholders），只拥有迫切性，但缺乏合法性和影响能力的群体，这类群体更像在管理者耳边嗡嗡乱飞的蚊子，令人烦躁但不危险，麻烦不断但无须太多关注。除非他们能够展现出其要求具有一定的合法性，或者获得了某种影响力，否则管理层并不需要、也很少积极关注他们。

米切尔评分法的提出极大地改进了利益相关方界定和分析的可操作性，以属性的多寡及评分的高低量化了对利益相关方类别划分的结果，在实践上实现了对利益相关方理论应用突破，从而推动了利益相关方理论的推广和实际应用，并逐步成为利益相关方界定与分析中最常用的方法。

三、利益相关方分析

基于利益相关方理论，利益相关方分析是用来识别与特定企业组织、或者主体、问题等存在利益关系的个人、群体和组织的方法，它通过评估每个利益相关方的诉求、利益、影响和重要性等因素，有针对性地设计行动方案，以确保利益相关方的配合与协作，从而保障组织目标或计划的成功实施过程。

利益相关方理论，尤其是利益相关方分类构成利益相关方分析的基础。利益相关方分析有助于对影响或制约企业或者组织活动的不同主体进行综合分析，了解把握不同主体各自的核心利益诉求，从而在横向层面拓宽了问题分析的视野，全面而客观地评估不同主体的行为目标，使得企业或者组织的管理方采取有针对性的行为或活动争取各相关方的支持协作，为其运行发展创造有利条件。

在实际操作中，利益相关方分析的主要步骤如下：

（一）识别不同的利益相关方

根据分析目的，基于组织关注的首要议题、策略或者计划，使用头脑风暴法来找到各个不同的利益相关方，并从中区分出主要的利益相关方，考察组织及相关方所关注的核心利益。

以企业为例，企业的利益相关方可以划分为：所有者和股东、银行和其他债权人、供应商、购买者（顾客）、广告商、管理人员、雇员、工会、社区、竞争对手、地方及国家政府、媒体、社会组织、政党和宗教群体等。其中，企业管理中需要关注的主要利益相关方及其核心利益诉求可以用图 2 - 2 来表示[①]。

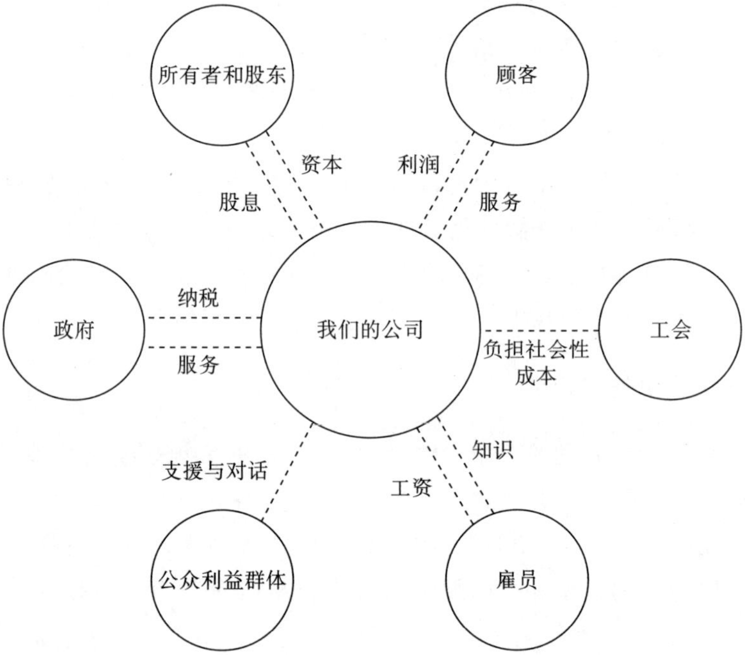

图 2 - 2　企业的主要利益相关方示意图

（二）区分不同利益相关方的类型

在识别不同利益相关方的基础上，就需要用定性或定量的方法识别和评估每个利益相关方在组织运行及活动中所处的立场或者位置，并根据不同利益相关方所拥有的权力、重要性以及行为可预测性等因素，来确定组织可以采取的相应策略和行为。区分不同利益相关方的类型可以采取多种不同的方式，比较常用的方式是构建二维矩阵模型的方法。

1. 权力—利益矩阵分析

权力—利益矩阵可以根据利益相关方所持有的权力以及其对组织运营所拥有的利益，来对利益相关方进行分类分析，以表明组织与利益相关方之间关系的类别[②]。图 2 - 3 表明了权力—利益矩阵分析的基本模式。

---

① 此图引自百度百科："利益相关者分析"，参见 http：//baike. baidu. com/view/3235121. htm? fr = aladdin。

② 参见六西格玛论坛："利益相关者分析"，http：//www. sixbb. cn/article - 699 - 1. html。

权力大小 \ 利益水平	低	高
小	A 权力小　利益低	B 权力小　利益高
大	C 权力大　利益低	D 权力大　利益高

图 2－3　权力—利益矩阵分析模型

权力—利益矩阵分析表明了组织需要与各利益相关方之间建立不同的关系，进而说明了组织处理与其关系时所应该采取的策略，分述如下：

（1）组织在运营管理中，处于 D 区的利益相关方因为其对组织拥有的权力大，其利益关系高，应该是组织管理时重点考虑的对象。

（2）处于 C 区的利益相关方，因其对组织拥有的权力大，和其利益关联较小，与组织关系大多会处于被动或者放任状态。但是，在组织运营管理中，其依然不能忽视或者低估其利益，因其在特定情形下，往往会重拾其一般不会关注的利益，或者将公众利益视为自己的利益而采取行动。如果出现这种情况，就会引起组织运营管理常态或者战略的变动。

（3）和 C 区相似，要策略地对待 B 区的利益相关方，尽管其对组织拥有的权力小，但是其和组织的利益关联较高，如果组织运营管理影响到其核心利益时，其往往会寻求 D 区的利益相关方组织联盟来干预组织运营，毕竟其拥有和 D 区相仿的利益。

（4）A 区的利益相关方对组织运营管理的权力较小，利益关系也较低，组织在运营中要通过引导参与组织活动等方式来保持其对组织的关注，保持其与 C 区利益相关方的相似的满意程度，并减少其与 B 区利益相关方的联系。

2. 权力—行为预测矩阵

权力—行为预测矩阵可以根据利益相关方所持有的权力以及其行为的可预测性，来对利益相关方进行分类，以表明组织与不同利益相关方之间的关系类别。图 2－4 表明了权力—行为预测矩阵分析的基本模式。

权力—行为预测矩阵分析表明了组织在运营管理过程中，如何对各利益相关方的拥有的权力、可能态度和行为进行考察，以决定组织所应该采取的策略，分述如下：

行为可预测性

权力大小	低	高
小	A 权力小　预测性低	B 权力小　预测性高
大	C 权力大　预测性低	D 权力大　预测性高

图 2－4　权力—行为预测矩阵分析模型

（1）组织在运营管理中，对处于 D 区的利益相关方要给予充分的重视，因为其对组织拥有的权力大，行为可预测性高，他们会通过参与组织管理决策来影响组织运营，促使组织选择其所期望的战略。

（2）处于 C 区的利益相关方，因其对组织拥有的权力大，但是其行为的可预测性较小，这就造成其立场大多处于摇摆状态，他们的观点和立场却很难预测，因此在组织运营管理中必须对其给予充分的重视和关注。

（3）和 C 区相似，要策略地对待 B 区的利益相关方，尽管其对组织拥有的权力小，但是其行为可预测性较高，如果组织在运营管理中争取到其支持，往往也会对 D 区的利益相关方产生影响。

（4）A 区的利益相关方的权力较小，行为的可预测性也较低，组织在运营中要可通过引导参与组织活动等方式来保持其对组织的关注和支持，但不宜对其投入过多资源。

3. 重要性—影响力矩阵

重要性—影响力矩阵可以根据利益相关方的重要性以及其影响力的高低，来对利益相关方进行类别划分，以呈现组织与不同利益相关方之间的关系类别，给组织运营和管理提供有针对性的管理建议[①]。图 2－5 表明了重要性—影响力矩阵分析的基本模式。

重要性—影响力矩阵可以根据利益相关方的重要性的大小以及其影响力的高低，来对利益相关方进行定位和分类，以表明组织与不同的利益相

① 参见臧漫丹：《公共政策利益相关者分析》，http：//www.docin.com/p－224242780.html。

关方之间关系的类型。对此分述如下：

（1）组织在运营管理中，对处于 D 区的利益相关方要给予充分的重

		影响力的高低：低	影响力的高低：高
重要性大小	小	A 重要性小　影响力低	B 重要性小　影响力高
重要性大小	大	C 重要性大　影响力低	D 重要性大　影响力高

图 2－5　重要性—影响力矩阵分析模型

视，争取其合作，因为其对组织的重要性大，影响力也较高，他们会通过各种手段制约组织的运营管理，从而对组织发展发挥其影响作用。

（2）处于 C 区的利益相关方，因其对组织的重要性大，但是其影响力较小，这使其往往处于被忽视的状态，因此在组织运营管理中必须对其给予充分保护，考虑他们的诉求和影响。

（3）和 C 区相似，要策略地对待 B 区的利益相关方，尽管其对组织的重要性小，但是其可以发挥较大的影响力，组织在运营管理中要争取得到其支持，让其参与到组织运营中去以增加他们对组织的认同。

（4）A 区的利益相关方的重要性较小，影响力也较低，组织在运营中要可保持对其关注，但不宜投入过多的资源。

（三）确定组织的管理策略

根据利益相关方在分析矩阵中所处位置的不同，基于不同维度对利益相关方进行类别划分，可以有针对性地选择对不同利益相关方所采取的策略，从而减少与组织运营目标矛盾现象的发生，最大限度地争取各个利益相关方的支持，协调组织与不同利益相关方之间的关系，为组织长远发展奠定基础。

利益相关方分析的适应性广泛，除了组织运营管理之外，利益相关方分析也是组织战略评价、制定策略、活动策划的有力工具。在组织策划运营与管理变革中，要确保它会得到关键个体或群体等利益相关方的支持；在组织投入大量资金进行创新时，要确保它将所有利益相关方的影响和制约都考虑在内；在改革组织运营管理模式，或者解决组织绩效等涉及面较

为宽泛的问题时，需要采取利益相关方分析的视角和方法，推动组织与不同利益相关方协商，以促进利益相关方的支持协调，推动组织目标的实现。利益相关方的概念理论指出企业、公司等组织都是利益相关方相互关系的联结，组织运营管理是综合平衡这些利益相关方的利益要求而进行的管理活动，其追求的应是利益相关方的整体利益，而不是某些人或者群体的个体利益。

第二节
社会责任理论

社会责任是指组织对整个社会所应承担的责任义务。社会责任的概念源于企业管理，在企业社会责任中逐渐发展起来，社会责任的提出要求相关组织机构在运营中不能仅仅追求自身利益的最大化，还要考虑对环境、社会等所带来的影响，承担必要的社会伦理责任。彩票作为一个日益发展壮大的行业，除筹资外承担必要社会责任也是其存在与持续发展的合理性之所在。

一、社会责任的概念

社会责任的提出，改变了企业管理中的追求利润最大化的传统理念，推动了企业管理对经济利益之外的整体社会利益的关注。同时，社会责任的概念在演进中也超出企业管理的范畴，而受到管理学、法学、社会学的重视，被赋予更为深刻的内涵。

（一）社会责任概念的演进

企业社会责任（Corporate Social Responsibility，缩写为 CSR）是帮助我们理解企业在社会中应扮演什么角色的一个参考框架。其概念的提出主要是针对以往企业片面强调经济责任的情况而言的，是现代社会发展到一定阶段的产物。它要求企业要将社会效益纳入企业管理框架之中，与经济效益一起考虑，更好地处理企业与社会的关系，不能因为企业的逐利行为而损害社会利益。

多年以来，人们仅仅将企业视为一种经济制度安排，认为企业的管理者的责任就是追求企业利润的最大化。因此，成功的企业管理和对社会负责任企业行为两者是同义词。一般认为，1924 年英国学者欧利文·谢尔顿（Oliver Sheldon）在其所著《管理的哲学》一书中首次提出企业社会责任的概念①。他在此突出强调了“节约”的作用，认为当一个企业通过改进管理，提高资源（包括物质和人力资源）利用率，为社会创造更多财富，为人们创造更好的生活条件时，这个企业就是个对社会负责任的企业。

但是人们很快就发现，企业绩效与社会利益之间存在冲突，因为很多社会问题正是因为市场中的企业仅仅追求自身经济利益而产生的，例如食品安全、生产安全、环境污染等。正是这种企业绩效追求与社会利益之间的分歧，导致人们开始深入思考企业的社会责任问题。1948 年，惠普公司创始人之一戴维·普卡德在美国的一次企业家联合大会上提出：企业不仅要赢利，还要承担一定的社会责任。人们逐渐认识到，企业不能仅仅被视为一种纯粹的经济制度安排，企业既是经济性的，也应该是社会性的；企业管理在追求经济利益的同时，还必须考虑其运营对社会运行所造成的后果，对社会所期望的一些积极预期做出应有反应。

1953 年，霍华德·R. 鲍恩（Howard R. Bowen）出版了《企业家的社会责任》（Social Responsibility of the Businessman）一书，才使得企业社会责任走入公众的视野。他在书中试图探讨的核心问题就是：人们希望企业家们合理地接受对社会的什么责任？他提出，“如果企业在决策中认清了更广泛的社会目标，那么，其商业行为就会为广大社会带来更多的经济和社会效益”。他对企业社会责任进行了界定，提出企业社会责任是指企业按照我们社会的目标和价值观的要求，向有关政府靠拢，作出相应的决策，采取理想的具体行动的义务。在 20 世纪 50、60 年代，尽管人们已经认识到企业对社会要承担一定责任，但是大多依然停留在经济和法律层面，认为企业主要承担经济发展和法律规定的义务。

1963 年，约瑟夫·W. 麦奎（Joseph W. Macquhir）在他的《企业和社会》一书中指出，企业除了经济和法律方面义务之外，还负有超出其上的某些对社会的责任。社会维度的提出，使得企业社会责任开始超越原来的

① 转引自汪建新：《战略视野中的企业社会责任》，《中国井冈山干部学院学报》2008 年第 1 期。

经济和法律范畴。20世纪60年代，消费者运动、绿色环保运动等在西方开始兴起，这促使一些企业开始反思其为追求利润而损害社会、环境等的行为，一些个人和组织也开始呼吁企业承担社会责任，不仅通过创造更多的利润对企业出资方负责，也要通过承担社会责任来回报社会。

20世纪70年代，一些学者对企业是否应承担社会责任，承担什么样的社会责任产生了争论。1970年9月，米尔顿·弗里德曼（Milton Friedman）在《纽约时报》撰写的《企业的社会责任是增加利润》中提出，在企业自由和财产私有的制度下，一个公司的经理是该企业老板的雇员。他对他的雇主直接负责，那就是按照雇主的愿望来经营企业，一般来说，就是在遵守社会基本规则的同时尽量多赚钱。但是，诸多学者却不赞成这一观点。1971年，哈罗德·约翰逊（Harold Johnson）在他的《当代社会中的企业：框架和问题》一书中提出了企业要对利益相关方负责的理念，即"除了创造更多的利润，一个负责的企业也要考虑员工、供应商、销售商、地方社区和国家"的利益。约翰逊提出了企业社会责任的四种形式，并进行了优劣排序。其中最简单形式是实现长期利润最大化，最高级形式是企业在一个社会文化系统中运营，根据系统的相关规定就具体情形作出反应，从而既能取得积极的社会效果，又能给企业带来巨大的经济收益。利益相关方概念的提出解决了企业社会责任对象不明确的问题，完善并促进了企业社会责任的发展。

1971年，美国经济发展委员会（Committee for Economic Development，简称CED）发表了《公司的社会责任》报告，提出，"企业的职责是得到公众的认可，企业的基本目标就是积极地服务于社会的需要——达到社会满意"。报告还指出，今天的社会已经扩大了对企业的期望，这可以用"三个同心的责任圆"来进行说明：内圆是企业有效履行经济职能的基本责任，中间圆指企业将履行经济功能与关注社会价值观、重大社会问题相结合，外圆是指企业更广泛的促进社会进步的无形责任①。1973年，基思·戴维斯（Keith Davis）提出，企业社会责任从法律结束的地方开始。这意味着企业如果只是遵守法律的最低要求，那么它就不是对社会负责的企业；企业社会责任意味着企业对社会义务的接受和承担超出法律规定的

① 参见康婷、刘晓静、于洋：《企业社会责任概念文献综述》，《企业导报》2010年第7期。

责任。1979年，阿奇·卡罗尔（Archie B. Carroll）提出，“企业的社会责任包含特定时期一个社会对企业的经济的、法律的、职业道德的和志愿（慈善）的期望”。这些期望和责任被视为社会责任的主要内容，从而极大地拓展了企业社会责任的范畴。

到20世纪80年代，企业社会责任得到了绝大多数学者的认可，弗里德曼修正了自己的观点，认为只要企业承担社会责任可以给企业带来经济利益，或者企业履行社会责任是出于股东意愿，则企业利润最大化可以与企业社会责任共存。著名管理学大师彼得·德鲁克（Peter F. Drucker）认为，企业承担社会责任必将增加企业支出，因此必须有足够的资源，也就是企业只有争取赚更多的钱才能更好地承担社会责任[①]。他以另类方式说明，企业行为就是追求利润，而企业社会责任是企业获利的手段之一。在欧美，一些社会组织，尤其是涉及环保、人权、绿色和平、社会责任等的组织以及舆论开始呼吁企业承担社会责任，并要求社会责任与贸易挂钩。20世纪80年代欧洲的消费者甚至发起了抵制耐克的运动，因为耐克在巴基斯坦的工厂使用童工劳动。到80年代末，美国有29个州相继修改了公司法，给予经理拒绝恶意收购的法律依据，要求经理人员对各利益相关方负责，而不仅仅是对股东负责[②]。

到20世纪90年代，伴随全球化浪潮的兴起以及跨国公司在世界范围内的扩张，企业在经济社会中的作用和影响变得越来越突出。但是，自然资源破坏、生态环境恶化、贫富两极分化等等全球性问题引起世界各国的关注和不安。跨国公司的恶意收购、血汗工厂等激起人们对过分强调资方利益的不满，劳工运动、人权运动、消费者运动、环保运动等高涨。企业在发展同时，承担包括尊重人权、保护劳工权益、保护环境等在内的社会责任已经成为国际社会的期望和共识。著名经济学家萨缪尔森（Paul Samuelson）提出，“当今的大公司不仅是可能参与社会责任，而是非常应该去承担社会责任”。同时，企业社会责任理念从美国拓展到西欧、日本等发达国家和地区，德国、法国等国家的企业社会责任运动发展迅速，并吸引

① 参见李玮：《企业承担社会责任的管理学分析》，《中共郑州市委党校学报》2009年第4期。

② 在企业社会责任立法方面，德国要早得多。早在1937年，德国的《股份公司法》就对公司社会责任作出明确规定，强调公司“董事必须追求股东的利益、公司雇员的利益和公共利益”。参见刘诚：《公司社会责任的定位》，《中外法学》2006年第5期。

更多的专家学者对此进行研究探索，进而推动了企业社会责任研究的拓展，推进了企业社会责任实践。

企业社会责任的理论研究取得了新进展。1991年，卡罗尔（Archie B. Carroll）深化了自己原来所提出的企业社会责任“四分学”说，在企业经济的、法律的、职业道德的和志愿（慈善）的责任之外，增加了“企业公民”维度，指出“这些道德的、志愿（慈善）的和企业公民的维度，是在经济和法律之外，企业要全面实现其企业社会责任所必须包含的领域”，企业什么程度上满足这一社会责任的“金字塔”要求，体现了它对企业社会责任的承诺①。1997年，英国学者约翰·埃尔金顿（John Elkington）最早提出了企业社会责任的三重底线（Triple Bottom Line）概念，所谓三重底线，就是指经济底线、环境底线和社会底线。他认为，就责任领域而言，企业社会责任可以分为经济责任、环境责任和社会责任，企业必须履行最基本的经济责任、环境责任和社会责任，这是企业不可逾越的底线②。

20世纪90年代以来，企业社会责任实践也取得了积极进展。1990年，美国的劳工、人权组织以及媒体掀起了“反血汗工厂运动”③，美国服装制造商利惠公司（Levi's）的血汗工厂被新闻媒体曝光后，为挽救其公众形象，制定了第一份公司生产守则。接着，许多公司企业，尤其是一些跨国公司在社会各界的压力下都制定了自己生产守则，对企业的劳动条件、生产流程、员工福利、环境保护等进行规范，对其供应链条上的企业厂商进行社会责任审核，从而引发了企业生产守则运动的兴起。这场运动的直接目的就是促使企业履行社会责任，但因其实施情况无法得到社会监督，生

① 参见罗殿军、付朝庆：《企业公民的维度分析》，《经济管理》2009年第7期。

② 参见禹海慧、曾鹃：《国外企业社会责任研究综述》，《改革与战略》2010年第3期。

③ 反血汗工厂运动是20世纪80、90年代由西欧、美国等地的劳工组织、人权组织以及学生和媒体发起的反对品牌商和经销商在全球化背景下将产品交给严重剥削和压迫工人的工厂生产的一场运动。20世纪70年代，经济全球化以后，资本为追求最高利润，将产品的生产交给发展中国家的工厂生产。这些国家的资本处于强势地位，没有建立完善的法律或法律监管制度，工人没有能力保护自己，没有约束资本的社会组织和媒体力量，这些工厂普遍存在压迫和剥削劳工的行为，包括使用童工生产，未成年工和女性工人得不到必要的保护，生产环境恶劣，职业病和工伤带给众多任务人严重的伤害等等。1991年，劳工社会组织和关注劳工问题的记者陆续发布调查报告，调查报告显示相当部分跨国大公司的供应链上代工厂是“血汗工厂”。反血汗工厂运动促使品牌商展开“生产守则”运动，各品牌商纷纷发布公司生产守则，作为商业行为规范，要求直属的生产工厂和所有的代工厂遵守。

产守则运动逐步由“自我约束”的内部生产守则演进为“社会约束”的外部生产守则，并进一步演变为对企业的社会监督和组织认证，即企业以国际劳工组织制定的标准作为依据或者准则，对企业劳动者的劳动状况等进行监督并予以认证的制度，这推动了企业社会责任运动的深入开展。在欧洲，早在 1989 年，欧盟就发布了 89/391/EEC 指令，要求企业采取预防性措施，减少工作中的意外和职业病，通过信息、咨询、参与和培训等方式更好地保护工人。1995 年，时任欧盟委员会主席的雅克·德罗尔（Jacques Lucien Jean Delors）提出制定企业社会责任的一系列相关政策，次年其组织成立了欧洲企业社会责任协会，推动企业履行其社会责任。

进入 21 世纪以来，伴随经济全球化的深入推进，基本人权得到各国政府的普遍认同和尊重，履行社会责任日益成为全球企业追求的共同义务和挑战。不仅许多跨国公司要求其合作厂商履行企业社会责任，而且众多的国际组织，例如联合国、世界银行、欧盟、国际标准化组织等都从不同的角度对企业社会责任进行界定，推动企业履行社会责任。例如，1998 年，国际劳工组织签署《国际劳工组织工作中的基本原则和权利宣言》，提出了结社自由和有效承认集体谈判权利、消除一切形式的强迫或强制劳动、有效废除童工、消除就业与职业歧视等四项原则。在 2001 年，欧盟提出企业社会责任是指企业在自愿的基础上，把社会和环境的影响整合到企业运营以及与利益相关方的互动过程中。联合国全球契约（GLOBAL COMPACT）认为企业履行社会责任，应遵循包括人权、劳工、环境和反腐败等在内的“全球契约”10 项原则。这些原则和标准更着重于实际操作，致力于企业社会责任的标准化和规范化，从而极大地推进了企业对其社会责任的承担和履行。

（二）社会责任的概念界定

社会责任（Social Responsibility）是帮助我们理解组织社会角色定位或者组织如何处理与社会关系的参考框架。多年来，人们从不同的视角来阐释社会责任，出现了与其相近的诸多概念，包括社会表现（social performance）、商业伦理（business ethnics）、利益相关方管理（stakeholder management）、社会契约（social contract）、公司治理（corporate governance）、企业公民（corporate citizenship）等，企业社会责任因而有很多不同的称谓，例如企业责任（corporate responsibility）、企业公民（corporate citizenship），负责任商业（responsible business）、可持续负责任商业（sustainable responsible business，简称 SRB）以及企业社会表现（corporate social performance）等等。

如前文所述，在不同的历史时期，企业社会责任所表述的含义不尽相同。人们对企业社会责任的界定存在时代、内涵及层次差异，随着时代的发展，企业社会责任的概念不断得到补充完善。传统的经济学一直假定企业对社会的主要贡献是创造财富和提供就业机会，企业参与任何社会活动都会以减小企业的盈利性活动为代价。传统观点还认为，企业与福利社会（good of the society）本质上是相互冲突的。企业创造财富向国家政府缴纳税收，而社会福利是国家政府用税收等财政收入来支付的。企业一般不承担社会责任，企业在追求最大化利润的过程中，总要找机会转移他们所造成的危害，或尽量不去承担社会成本，除非外部强制性措施的存在，例如法律法规的要求等。

但是，任何企业的首要需求是经济生存，因为企业运营的可持续性是企业寻求利润及承担社会责任的前提。因此，现代经济社会观点认为：利润最大化是企业的次要目标，企业的首要目标是保证自己的生存。为此，企业必须承担必要的社会义务以及由此产生的各种经济、社会成本。企业必须以不污染环境、不歧视雇员、不从事欺骗性广告宣传等方式来促进社会整体的福利，企业必须融入自己所在社区以及资助公益慈善组织，从而在改善社会中扮演积极的角色。这种观点重视社会责任与企业的经济表现及其长期运营之间的关系，承认企业社会责任有其经济利益的合理性，企业参与承担社会责任，可以获得多种经济和社会的利益，例如吸引和留住优秀员工，争取顾客认同，提升企业形象和声誉，改善与政府及社区关系，更好地处理各个领域的危机等等。

基于对企业角色的重新定位，一些学者开始对企业社会责任进行界定。这些概念界定大多围绕着企业的基本责任——经济责任，即企业追求利润的最大化向更广阔的社会层面拓展开来，在基于不同的视角和理论框架时，就形成了有所差异的概念[①]。在此，我们基于其拓展范围的区别，介绍一些比较有影响的在不同范畴和层面所进行概念界定，在此基础上，

① 参见刘诚：《企业社会责任概念的界定》，《上海师范大学学报（哲学社科科学版）》2006年第9期。

提出本书所使用的概念。

1. 企业社会责任首先是其经济责任

尽管这种观点一直遭到质疑，但是，这种主张却是企业首要的社会责任，也是企业存在的合理性之所在。1970 年，米尔顿·弗里德曼（Milton Friedman）认为，“企业社会责任就是在遵守法律和相应的道德标准的前提下赚取尽可能多的利润”。也就是说企业除了追求利润之外，无需承担额外的社会责任。他甚至认为，要求企业承担其他社会责任是对财产权利甚至是对自由社会的破坏性打击，他提出，“没有什么趋势能像公司的经营者接受社会责任，而非尽最大可能为公司赚钱那样，能够从根本上破坏我们自由社会所赖以存在的基础”，“公司的社会责任就是为股东们赚钱”。弗里德里希·哈耶克（Friedrich August Von Hayek）也认为，企业履行社会责任的结果将是不得不按照政府的权威行事，从而将会损害自由。1989 年，彼得·德鲁克（Peter F. Drucker）认为：“企业首要的责任就是获取足够的利润以弥补将来的成本，如果这个社会责任没有实现，其他的社会责任也不可能实现。处于经济衰退中的衰退企业不可能成为好邻居、好雇主，或者对社会负责。随着对资本需求的迅速增加，用于非经济目的——尤其是慈善事业——的企业收入盈余不可能增加，它们几乎一定会缩减”。

2. 企业社会责任主要是自愿或道义责任

一些著名学者和企业界人士认为，企业社会责任就是企业对社会所承担的道德伦理或者道义责任。1972 年，曼尼（Manne）提出，“任何关于企业社会责任可行定义的另一方面是，企业的行为必须是自愿的”。他强调，企业对社会责任的承担只有出于纯粹的自愿行为才算是合格的，并且为此而付出的必须是企业真实的支出而不是个人的慷慨捐助，法律等强制要求承担的责任不应包含在企业社会责任之列。2005 年，菲利浦·科特勒（Philip Kotler）以及南希·李（Nancy Lee）都认为，企业社会责任是企业的一种自我承担，通过“自愿”的商业行为及“自愿”地贡献本身资源去改善社区的福祉。社区福祉的解释包含人类的幸福及环境的保护。这种企业“自愿”的承担，本身不是法律所规定，甚至不是公众的要求。而是一种超越道德、法律、一般商业运作或公众期望等的自愿性商业行为①。中

① 转引自王雄文：《企业社会责任概念诸说及评析》，《理论月刊》2007 年第 11 期。

国的一些学者也持如此观点，认为企业社会责任的实质是企业对社会的道义责任，是一种理性而自觉的行为，强制推行解决不了实质性问题。

3. 企业社会责任是促进社会福利或社会进步

1960 年，弗雷德里克（Frederick, W. C.）认为，企业社会责任意味着商人应该监督经济体制的运行以满足社会的期望、促进社会的进步。他强调，企业生产的经济意义在于，生产和分配应以提高总体社会经济福利为目标，公众期望社会的经济、人力资源能通过企业被运用于广泛的社会目的，而不是单纯为了个人和企业狭隘的有限利益。1973 年，戴维斯（Davis, K.）提出，企业社会责任是指“企业考虑和回应的议题要超出企业狭隘的经济、技术和法律要求”，并且“企业有义务评价其行为结果对外部社会系统所造成的影响，确保其决策能够促进社会福利并取得企业追求的传统经济利润”[①]。沃尔顿（Walton）也提出，社会责任的概念能够使人们认识到企业和社会之间存在的密切关系，企业行为不仅影响他人，还可能影响整个社会系统，企业应该关心更广泛的社会系统。2001 年，欧盟委员会提出，“企业社会责任是企业在自愿的基础上，将对社会和环境的关注，整合到公司的日常运营及与利益相关者的互动中。公司的作用是通过创造社会所需要的产品和服务，特别是通过创造持续的就业机会，为其所有者和股东创造利润，并同时增加社会福利。”

4. 企业社会责任是综合性多元责任

一些学者认为，企业社会责任包括多个方面，而且处于不同的层次，企业社会责任是综合性的多元化责任，比较有代表性的是“三个同心圆”和“金字塔型”的企业社会责任观点。1971 年，美国经济发展委员会在《工商企业的社会责任》的报告中指出，“企业应该为美国人民生活质量的提高作出更多贡献，而不仅仅是提供产品和服务的数量”。这份报告详细阐述了“三个同心圆”的企业社会责任（参见图 2－6）[②]。其中内圆代表企业的基本责任，即为社会提供产品、工作机会，以及促进经济增长的经济职能；中间圆是指企业在实施经济职能时，对其行为可能影响的社会和

① 转引自郑若娟：《西方企业社会责任理论研究进展——基于概念演进的视角》，《国外社会科学》2002 年第 6 期。

② 转引自王晓珍、汤丽萍、贾娇娇、杨帆：《企业社会责任理论研究综述》，《江苏商论》2009 年第 10 期。

环境变化要承担责任，例如保护环境、合理对待雇员、回应顾客期望等；外圆则包含企业更大范围地促进社会进步的其他无形责任，例如消除社会贫困、防止城市衰败等。约翰·埃尔金顿（John Elkington）提出“三重底线”理论，认为企业行为要满足经济责任、社会责任与环境责任三重底线。经济责任体现为提高利润、纳税责任和对股东投资者的分红，社会责任就是对于社会其他利益相关方的责任，环境责任就是环境保护。这不仅是衡量企业的经济、社会和环境业绩，而且包括一系列的价值观、问题和过程，企业要考虑利益相关方与社会的期望，控制业务活动对社会和环境可能产生的不良影响，追求经济、社会和环境价值的综合平衡。

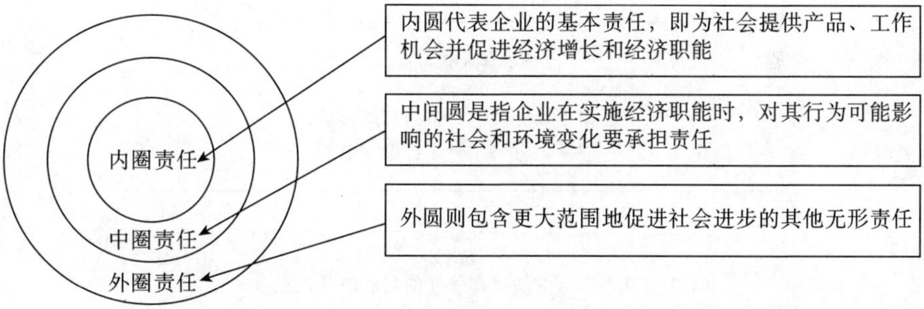

图 2-6 企业社会责任的“三个同心圆”

1979 年，阿奇·卡罗尔（Archie B. Carroll）提出了一个至今仍被广为引用的概念，即“企业社会责任包含了在特定时期内，社会对经济组织经济上的、法律上的、伦理上的和自行裁量的期望”。卡罗尔强调，企业社会责任是企业的经济责任、法律责任、伦理责任和自由裁量责任之和。他认为，首先，对于经济组织而言，经济责任是企业最基本也是最重要的社会责任，但并不是唯一责任；其次，作为社会的一个组成部分，社会赋予并支持企业承担生产性任务、为社会提供产品及服务的权力，同时也要求企业在法律框架内实现经济目标，因此企业肩负着必要的法律责任；再次，虽然企业的经济和法律责任中都隐含着一定的伦理规范，公众与社会仍期望企业遵循那些尚未成为法律的社会公认的伦理规范；最后，社会通常还对企业寄予了一些没有或无法明确表达的期望，是否承担或者应该承担什么样的责任完全由个人或企业自行判断和选择，这是一类完全自愿的行为，即企业自行裁量责任，例如慈善捐赠、为吸毒者提供住房或提供日托中心等。从企业考虑的先后次序及重要性而言，卡罗尔认为这是“金字塔型”结构，经济责任是基础也占最大比例，法律的、伦理的以及自行裁量的责任向上依次递减[①]。卡罗尔所提出的企业社会责任“金字塔型”结构模型参见图2-7。

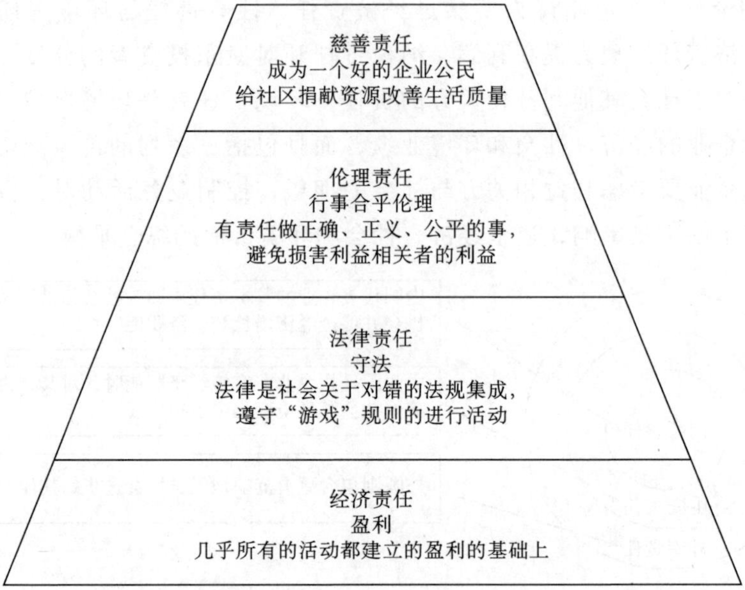

图2-7　卡罗尔的企业社会责任“金字塔”模型

5. 企业社会责任是除经济和法律之外的其他责任

很多企业社会责任的概念都将企业所承担的经济责任、法律责任包括在内，有的学者认为这混淆了企业责任和企业社会责任的界限，把企业社会责任泛化为企业责任，过分扩大了概念的外延。这是因为，企业存在的基础就是通过企业活动来获取利润，企业经济责任是其存在的合理性之所在；而企业无论是从事经济活动，还是从事社会责任活动，都需要遵守所在国家的法律要求，并适当考虑当地的道德伦理规范。因此，不能将企业的经济责任、法律责任与社会责任并列提出来，企业社会责任应该在企业经济责任和法律责任之外。1963年，约瑟夫·麦奎尔（Joseph McGuire）提出，“社会责任的概念认定企业不仅仅有经济与法律的义务，而且还有一定对社会的责任，这些责任是在经济与法律义务之上延伸出来的”[②]。其

① 参见王新新、杨德锋：《社会责任金字塔模型及其启示》，《企业研究》2007年第2期。
② 转引自龚天平：《企业社会责任：内涵及其限度》，《吉首大学学报》2007年第3期。

企业社会责任的概念表明企业在履行经济责任、法律责任以外，在其他方面也应承担相应责任。但是，企业为维持经营必须要遵守法纪，并且追求经济利润，因此，从这个角度看，企业履行经济责任和法律责任只能称之为企业义务，而在此基础上要承担的才是企业社会责任。斯蒂芬·罗宾斯（Stephen P. Robbins）也认为，企业社会责任是企业追求有利于社会的长远目标的义务，而不是经济和法律所要求的义务，企业只要履行了经济和法律责任，就算履行了社会义务，而社会责任则是在社会义务的基础上增加了一个道德责任。

1975 年，S. P. 塞西（Suresh Prakash Sethi）从社会绩效维度区分了社会义务、社会责任和社会回应。其中社会义务是"指公司回应市场压力或法律约束的行为"，其标准是经济和法律。社会责任则超出社会义务的范围，"是指将公司行为提高到一个水平，使之适应现行的社会规范、价值和绩效期望"；社会回应是企业行为对社会需求的适应，涉及企业在一个动态社会系统中长期扮演的角色。美国国际商业委员会（United States Council for International Business 简写为 USCIB）提出，企业社会责任是指公司对其社会角色所担负的责任，这些责任是在自愿的基础上，并高于法律的要求，有利于保证公司的经营活动对社会产生积极影响，主要涉及公司商业道德、环境保护、雇员待遇、人权和社会公益行动等问题。

尽管企业社会责任的界定存在很大差异，但是，通过上述企业社会责任概念的介绍我们可以发现，企业社会责任的核心涵义一直是比较明确的，即企业在追求利润等经济效益的同时，需要将社会效益纳入企业的整体绩效分析之中，并将其与经济效益一同考虑。具体说来，企业社会责任是在全球化、社会化大生产背景下，企业对其自身经济行为的道德约束，它超越了企业合法赚取利润的传统理念，更加强调企业运营中对生产者权益的关注，对供应商生产经营行为的管理评估，强调企业对消费者、所在社区、自然环境的社会价值，注重企业对社会的贡献[①]。

企业社会责任的概念有狭义和广义之分，狭义的企业社会责任认为，企业社会责任是企业责任之一，它是指企业责任相关法律法规所没有规范到的道义责任和公益慈善责任，不包括企业的经济责任与法律责任。上述

① 崔新建：《企业社会责任概念的辨析》，《社会科学》2007 年第 12 期。

企业社会责任是除经济和法律之外的其他责任，或者说是自愿或道义责任等观点属于狭义的界定。广义的企业社会责任包括了企业责任的所有内涵，从不同层面进行区分，不仅包括企业基本的经济责任、法律责任，还包括企业的道义责任和公益慈善责任。以美国经济发展委员提出的“三个同心圆”的企业社会责任、卡罗尔提出的“金字塔型”的企业社会责任都属于广义的概念。上述诸多企业社会责任的概念，一般大都从三个维度进行界定，即内容（WHAT，即企业履行哪些责任）、方式（HOW，即企业如何履行责任）、原因（WHY，企业为什么要履行责任）。从这些维度综合考虑，我们可以将企业社会责任界定为：企业为实现自我生存成长及可持续发展，遵循法律、法规、伦理、道德等相关规范，自愿在运行管理过程中做出对利益相关各方负责，追求经济、社会和环境综合价值最大化的行为。这个概念包含如下涵义：

首先，在承认企业追求利润的基础上，将经济、法律责任视为企业的基本社会责任。在市场经济优胜劣汰的条件下，当企业不能够盈利时，其竞争力为零，企业作为一个经济实体就无法继续存在。没有了企业，企业社会责任就无从谈起。因此，企业社会责任应该是与企业盈利的经济行为同时发生的，企业的经济行为、法律行为是企业社会责任的基本层面，当然也是较低层次的社会责任。

其次，企业利益相关方构成企业社会责任的基本框架。传统的企业管理强调企业利润的最大化，所谓企业社会责任只是对股东负责，将股东视为要承担社会责任的唯一对象。伴随人们对企业认识的深化，企业更多地被视为多种资本或资产结合的产物，其中股东投入的是物质资本，员工、管理者等向企业投入的是人力资本。在知识经济凸显的今天，人力资本的重要性在某些场合下已远远超过物质资本。因此，企业对除股东之外的其他利益相关方变得越来越关注，企业不仅要满足企业的出资方、股东的利益诉求，也要满足其他利益相关方的利益，这就带来了企业社会责任对象的拓展。

再次，企业社会责任拓展为企业责任。当前，企业将承担社会责任视为一种有利于其长期、可持续发展的策略。随着经济社会的全球化，企业社会责任所涵盖的范围更为广泛，拓展为全面综合性的企业责任。广义的企业社会责任包括企业责任的所有内涵，企业社会责任不仅包括基本的经济责任、法律责任，还包括社会期望其履行的或企业自愿履行的较高层次的道德责任和慈善责任。企业社会责任拓展为包括股东在内的利益相关方的综合性社会责任。

从企业社会责任的涵义拓展开来，社会责任从字面上理解是指对社会所负有的责任，它表明一个组织、机构在其运行过程中应该对社会承担的应尽的责任和义务。社会责任概念的提出，说明任何社会机构或者组织在开展活动时不仅要追求自身目标和利益，而且都要考虑其对整个社会所承担的责任，要考虑对社会、环境的影响，要符合社会道德伦理标准，并满足社会可持续发展和生态环境保护的需要。社会责任意味着一个组织应该以对整个社会有利的方式开展活动，组织除了追求组织自身的目标和利益之外，还应该担负高于组织目标的社会责任和义务，要追求有利于整个社会发展的长远目标。社会责任的基本要求是其基本的经济责任、法律责任，在高层次上则是对其所涉及的雇员、消费者等人员福祉的关注，对社区发展、环境保护、社会公益事业倡导支持等道义责任。

二、社会责任理论

企业社会责任理论是从社会及伦理角度对传统企业追求利润最大化观点进行反思和批判的结果，其目的是在理论上阐释企业承担社会责任的合理性，探索企业承担社会责任的内容和方式，进而在实践中推进企业及其社会相关各方整体利益的协调，实现经济社会综合绩效的最大化。在此，我们将介绍企业社会责任的有关理论，主要涉及企业社会责任的支持理论、社会责任理论的发展及其实践标准准则等内容。

（一）企业社会责任的支持理论

企业为什么要承担社会责任，企业怎样承担社会责任，企业承担社会责任可以给企业带来什么利益？这是企业社会责任理论首先需要阐释的。基于对企业承担社会责任解释框架的差异，这些理论主要包括社会投资理论、社会契约理论和利益相关方理论等。

1. 社会投资（social investment）理论

企业社会投资是指企业将利润的一部分用于支持慈善事业和发展社区公益事业，以获得一定的经济社会回报。社会投资理论将企业承担社会责任视为企业对社会及环境的特殊投资，其社会投资的最终目的是为了获得经济利益上的回报。桑达拉·沃多克（Sandra Waddock）将企业社会责任视为一种社会投资。他将企业的利益相关方划分为内部利益相关方（经济领域）和外部利益相关方（社会领域和生态环境领域），并提出企业的投资不仅要投向内部利益相关方，也要投向外部利益相关方。他还强调，企业从事企业社会责任行为并不完全是因为它们喜欢做这些事情，而是为了企业的长远利益。企业的慈善行为对企业来说，不仅是"爱心"，更是"市场"，企业向"慈善市场"投资，可以获得来自政府、社区、员工、社会等多方面的回报。沃尔斯特（Warhurst）也将企业社会责任看成一种企业对社会环境的特殊投资（specific investment），其投入的目的还是企业利益。

安德瑞·哈贝斯（André Habisch）、勒纳·施密德彼得（René Schmidpeter）等学者将企业社会责任视为一种社会资本（social capital）的积累，并认为位于企业社会责任顶层的慈善投资也是一种能带来巨大隐形收益的企业社会资本。这种投资可以改善公司形象、提高员工士气、改善企业与顾客和政府的关系、获得更多大众媒体的正面报道等等，而这些都可以提高企业在消费者心目中的形象，反过来可以吸引更多的消费者，形成良好的品牌形象及消费忠诚度，为企业创造更多的财富。

查尔斯·丰布兰（Charles Fombrun）等学者在对企业声誉（Corporate Reputation）进行研究时，提出企业信誉是企业过去一切行为及结果的综合表现，而企业社会责任可以视为这种荣誉资本（reputational capital）的积累，这种荣誉资本反过来可以提高企业的经济效益。其所创设的企业声誉商数（Corporate Reputation Quotient）特别适用于捕捉各利益相关方对企业表现的感知。福莱柯·恩（Frank In）也提出，随着欧洲社会活动家的推动，许多企业开始重视三重投资——即企业的投资要合理分配在经济领域、社会领域和生态环境领域[①]。这种三重投资理论相比传统的企业经济投资是一种很大的进步，可以更好地平衡相关各方的利益，以提高企业的声誉。

2. 社会契约（social contract）理论

1937年，科斯在《企业的性质》一文中提出企业契约理论，开创了将

① 杨玲丽：《企业社会责任理论述评》，《兰州学刊》2007年第2期。

洛克提出的社会契约哲学理论纳入现代企业管理研究的先河。他认为，“企业是为了节约交易成本而存在的，企业的本质特征是对价格机制的取代；企业是对市场中一系列短期契约的取代，生产要素的交易实际上是劳动和资本长期的权威性契约关系”。

1999 年，托马斯·唐纳森（Thomas Donaldson）提出，企业自成立以来便与社会建立起一种契约的关系，企业应对为其存在提供条件的社会承担责任，社会应对企业的发展承担责任。[①] 传统企业社会契约论认为，经济发展的动力在于追求利润，企业为追求利润而提供产品和服务也是对社会作出贡献和承担社会责任的体现。发展的企业社会契约论认为，企业追求利润不会自动地促使社会进步，相反可能会导致环境污染、工作条件恶化、对社会中特定团体歧视等社会问题，企业有责任为社会和经济的改善而工作。

后来，唐纳森与托马斯·邓菲（Thomas Dunfee）在其研究中，将传统与发展的社会契约论加以综合，进而提出了综合的社会契约论。该理论认为，现实或现存的社会契约构成了企业道德规范的一个重要源泉，当社会契约以非正式的方式被自愿接受，并且当它们提出的规范与更广泛的伦理学原则一致时，它们显然就成了强制性的，企业有义务遵守与社会达成的这一广泛的社会契约。他们认为，企业是由不同个人之间一组复杂的显性契约和隐性契约交织构成的一种法律实体，在其中的交汇契约包括经营者与所有者之间的契约、经营者与雇员之间的契约、企业作为债权人与债务人之间的契约、企业作为供应商（消费者）与消费者（供应商）之间的契约、企业作为法人与政府之间的契约等等。作为契约主体，企业被要求在遵守社会契约的前提下行使权力，并对契约另一方的合法权益负责，不应为了追逐经济利益而违背和破坏契约。

3. 利益相关方（Stakeholders）理论

利益相关方理论也是企业社会责任研究中最具影响的理论之一。自从 1984 年弗里曼在其极有影响的《战略管理：利益相关者方法》一书中首次提出了“利益相关方”理论以来，其受到不同领域专家学者的推崇。利益

① 章辉美、李绍元：《中国社会责任的理论与实践》，《北京师范大学学报（社会科学版）》2009 年第 5 期。

相关方理论是在社会契约论的基础上发展起来的，认为公司不应该仅仅要对股东负责，而必须对社会中的和其存在相关性的一系列主体负责，这些主体与企业有着利益关系，企业的行为活动决定或者影响到了他们的利益。鉴于前文已经对利益相关方理论的具体内容进行了阐释，在此不再赘述，仅介绍企业社会责任理论和利益相关方理论的融合发展。

20 世纪 90 年代后，利益相关者理论被视为可用于评估企业社会责任的理论框架后，两者呈现出综合发展的趋势。1991 年，伍德（Wood, D. J）率先将利益相关者理论引入企业社会责任研究中，指出利益相关方的理论观点可以回答企业应该为谁承担社会责任的问题。她认为，要针对每一个主要相关利益群体考虑企业社会责任问题，利益相关者理论为企业社会责任研究提供了理论基础，明确了企业社会责任的范畴。克拉克森（Clarkson）认为，利益相关方理论为企业社会责任研究提供了一种理论框架。在此框架中，“认识到公司与多重利益相关方之间订立契约乃是获得对企业社会责任和公司企业绩效之间关系之理论的工具”。因此，企业社会责任应该按照契约关系的思路而非某种的特定行为来加以界定，即其内涵被明确界定为在“公司与利益相关方之间的关系”层面。克拉克森还提出，企业不是政府或慈善机构，企业只需要处理其利益相关方的问题，不需要处理与其没有直接关系的社会问题，与其使用以企业社会责任概念为基础的模型，不如根据公司与利益相关方关系来分析和评价企业社会责任，后者会更为有效。

同时，基于利益相关方的企业社会责任绩效评价方法在实践中得到了实证研究结果的支持。例如，以社会性与环境性议题为目标而筛选的多米尼指数在企业社会责任研究中得到了普遍应用，而对国际商业机器公司（International Business Machines Corporation，简称为 IBM）、惠普公司（Hewlett－Packard Development Company，L. P.，简称为 HP）、通用汽车公司（General Motors Company，简称为 GM）绩效评价方法的研究也表明基于利益相关方角度进行企业社会责任绩效评价有助于企业形成富有竞争性的长期战略。这表明，企业社会责任与利益相关方之间无论在理论上，还是在实践上，均已呈现出全面融合。因此，在对企业社会责任进行界定时，有的直接以利益相关方进行。例如，世界银行将企业社会责任界定为：企业与关键利益相关方的关系、价值观、遵纪守法以及尊重人、社区和环境有关的政策和实践的集合，是企业为改善利益相关方的生活质量而贡献的可持续发展的一种承诺。2006 年，中国企业社会责任调查直接以企业的利益相关方，包括股东、债权人、高管、员工、供应商、客户、竞争者、政府、行业协会、社会组织（NGO）、媒体、社区为对象。

不同的专家学者采取不同的理论框架和视角对企业社会责任理论进行了深入研究，总结不同学者对企业社会责任的不同观点，其中社会投资理论更多地抱着工具论的观点，将企业尽其社会责任视为企业实现其经济结果的一种手段，认为企业为社会担责是企业创造财富的一种工具，其最终目的依然是策略性的取得比较优势，从而使得企业可以实现长期发展。社会契约论从权利对等的角度来进行阐释，提出企业的社会责任和企业所拥有的社会权利应当对等，由于企业和社会之间具有某种多元契约关系，基于这种契约，企业在社会为其提供生产发展条件的前提下，自然应该承担相应的社会责任，企业就如同一个参与社会活动、从而对社会承担某种责任义务的公民相仿。利益相关方理论则关注企业对利益相关各方的道义责任，认为企业和社会的关系是建立在一定的道德（伦理）等价值观念基础上的，因此企业应该将对各方的社会责任作为道德（伦理）义务来加以接受。

（二）社会责任理论的拓展

企业社会责任理论对企业承担其社会责任的缘由及其合理性进行了阐释性分析，基本解决了企业是否应该承担社会责任的问题。但是，对企业应该承担什么社会责任，如何承担其社会责任的研究等还过于模糊和抽象，一些研究者开始围绕企业的社会责任进行了拓展性研究，从而使得各种概念、主题衍生出来，进一步拓展了社会责任研究的范畴，推动了企业社会责任理论的多向度、多元化发展①。

1. 企业社会回应（Corporate Social Responsiveness）理论

20 世纪 70 年代以来，基于将企业视为在整个社会中扮演其社会角色，企业不仅要满足人们的社会期望，而且应该考虑如何对不断变化和提升的社会期望作出回应，一些学者提出可用“社会回应”来代替社会责任。社会回应理论将企业社会责任的研究从企业是否应当承担社会责任的道德争

① 郑若娟：《西方企业社会责任理论研究进展——基于概念演进的视角》，《国外社会科学》2006 年第 2 期。

论引向企业的管理过程，即企业在运营实践中应该如何对外界社会压力作出反应，以控制外界压力对企业运营的影响，降低企业面临的各种风险。

1971 年，戴维斯（K. Davis）和布洛斯特罗姆（R. L. Blomstrom）在《企业、社会与环境》中提出，企业社会责任理念会引发企业创造性的社会决策，再导致企业切实有效的社会行动，即社会回应，这样才能达到更加有效的社会目标。1973 年，阿克曼（Robert W. Ackerman）和鲍尔（Raymond A. Bauer）在《企业的社会回应》中对企业社会回应做了进一步阐述，他们指出企业社会责任强调的是企业应承担的义务，是一种动机，表明企业“该做什么”，而企业社会回应是一个管理过程，将企业社会责任由动机转化为行动，解决了企业“做什么”的问题。后来，阿克曼对企业回应社会需求的过程进行了研究，提出企业社会回应的三阶段论：第一个阶段为认识阶段。在这个阶段，企业社会需求的主要关注者集中在高层管理人员，公司高层认识到社会需求的重要性，开始讨论、参与和支持相关的活动，最终对公司政策重新进行调整。但此时对社会需求的考虑只停留在公司高层，中下层管理人员对企业社会回应还不清楚；企业社会回应缺乏计量标准，也没有形成奖惩制度。第二个阶段为专人负责阶段。公司任命专门人员负责系统性地收集信息，评估社会环境的需求，开发可作为控制或反应机制的方法。第三个阶段为组织参与阶段。在这个阶段，整个企业组织都被调动起来参与回应社会需求的活动，包括问题管理、资源运用和程序修正，最终目标在于提高企业社会回应水平。阿克曼和鲍尔批判了企业社会责任研究中过于强调企业动机，而忽视其实施的倾向，他们建议企业采取三方面的行动对社会进行回应，即监控和评价外部环境条件，关心利益相关方的要求，设计一些计划和政策以回应不断变化的环境及利益相关方的要求。

1978 年，弗雷德里克（Frederick，William）明确地将企业社会回应界定为“公司回应社会压力的能力”，并对企业社会责任与企业社会回应两个概念进行了明确区分。弗雷德里克认为，企业社会责任主要回答“为什么？是否？为了谁的利益？根据什么道德准则？”等问题；而企业社会回应重点在于回答“如何？什么方法？产生什么效应？根据什么操作指南？”等问题。因此，企业社会回应更具管理特性。他指出，企业社会回应是企业社会责任理论的升级版（即从 CSR1 到 CSR2），是从理念和伦理的概念向行为导向的管理概念的转变，使得企业社会责任从理论研究走向企业的管理实践。

2. 企业公民（Corporate Citizenship）理论

企业社会责任来源于企业与社会的关系。此关系完全可以比拟为自然人与社会的关系。企业与自然人一样在社会中都是公民，都享有特定的权利，承担特定义务或责任。因而，企业公民、企业社会责任的概念便合乎逻辑地推导出来。社会是抽象的，企业承担社会责任实际上是针对特定的社会成员（个人或者团体）而言，但不是泛泛地针对所有社会成员，只是针对企业的利益相关方，即那些能够影响企业和受企业影响的个人或团体。

20 世纪 80 年代，企业公民的概念进入企业社会责任研究领域。从 90 年代末开始，全球性“企业公民运动”逐渐兴起，这促进了企业公民概念的广泛应用。但是，人们对企业公民的涵义还存在不同认识，有的学者认为企业公民的含义与企业的慈善活动、社会投资或对当地社区承担某些责任相近似；有的持与企业社会责任类似的观点，以卡罗尔的观点为代表，即“有社会责任的公司应该努力创造利润、遵守法律、有道德并作为一个好的企业公民”。有的认为，企业对社区、合作者、环境都要履行一定的义务和责任，其责任的范围甚至延伸至全球。企业公民理论认为，社会赋予企业生存的权利，让企业承担受托管理社会资源的责任，企业就必然要为社会的更加美好而承担责任，合理地利用这些资源，美好的社会不仅需要经济的繁荣，还要政治的稳定和道德伦理的和谐等。企业公民的核心观点是，企业的成功与社会的健康发展密切相关，企业在获取经济利益的时候，要通过各种方式来回报社会。美国波士顿学院“企业公民中心”提出了定义企业公民要素的三个核心原则和三个价值命题：三个核心原则是危害最小化、利益最大化、关心利益相关方和对利益相关方负责。三个价值命题为：命题一，理解、整合和强化企业价值观；命题二，将这些平衡的、整合的价值观融汇到企业的核心策略中；命题三，形成支持体系以强化这些价值观，并付诸行动①。

企业公民已经成为一种全球性的社会运动，它将经济行为与更广泛的

① 转引自赵琼：《国外企业社会责任理论述评——企业与社会的关系视角》，《广东社会科学》2007 年第 4 期。

社会相联系，并服务于双方的利益，特别强调企业作为社会中的经济实体必须承担与个人类似的、应有的权利和义务。1996 年，美国总统克林顿召集商界领袖在华盛顿召开“企业公民会议”，讨论企业公民和社会责任问题，会上克林顿提出了界定企业公民的 5 个基本要素。2002 年 1 月，在纽约举办的全球经济论坛上 34 家全球最大跨国公司签署了联合声明“全球企业公民——对 CEO 和董事领导的挑战”，其中不仅强调企业对所处社区的责任，而且强调在全球化背景下，企业必须要承担一种全球性的社会责任。2003 年召开的全球 CEO 世界经济论坛会议上总结了企业公民的标准，即好的公司治理和道德价值，对人和环境的责任以及对社会和经济福利的贡献。总的来说，企业公民理念将企业视为社会的一部分，认为企业与个体社会公民一样，既拥有社会公民的权益，同时也必须承担对社会的责任。企业公民的内涵随着经济全球化的加深而变化，从一定程度上推动着企业社会责任运动在全球范围内的广泛开展。

3. 企业社会绩效（corporate social performance，简称 CSP）理论

20 世纪 70 年代，企业社会绩效，也被称之为企业社会表现，从企业社会责任中衍生出来。如前文所述，1975 年，塞西（Sethi）首先提出了包含社会义务、社会责任和社会回应三维度在内的企业“社会绩效”。80 年代，企业社会绩效的观点形成后迅速主导了企业社会责任的主流研究。企业社会绩效被视为企业承担社会行为的结果，它可用于描述、衡量和预测公司行为与社会因素的相互影响，因其更加注重对企业社会责任实践过程的理论研究分析，对企业而言具有更大的实用性。

1979 年，卡罗尔提出的“企业社会绩效三维概念模型”成为企业社会绩效研究领域的第一个框架模型，也是最经典的模型。卡罗尔认为企业社会责任、社会问题管理与企业社会回应是三个不同的重要维度，共同构成了企业社会绩效的三维空间。其中，第一个维度企业社会责任被卡罗尔分解为四个成分：经济责任、法律责任、伦理责任与自愿承担的责任；第二个维度是社会问题管理，包括消费者、环境、种族歧视、产品安全、职业安全与股东问题等，不过，由于社会问题日新月异，且不同公司与行业也各不相同，因此该维度难以详尽界定；第三个维度为企业社会回应，是一个从反应、防守、适应到预防的连续过程。卡罗尔承认其三维模型提供了一个从企业社会责任、企业社会回应到企业社会绩效的过渡桥梁，这个模

型将以往人们所争论的关于企业社会责任的观点系统化，为企业社会责任的议题研究开辟了新视野，构建了一个整体的理论框架。

20 世纪 80、90 年代，在卡罗尔模型的基础上，沃蒂克（Wartrick，S. L.）和科克伦（Cochran，P. L.）提出，“企业社会绩效反映了企业社会责任准则、企业社会回应过程和用于解决社会问题的政策之间的相互作用。”[①] 此观点注重企业社会绩效中各因素的动态关系，将企业在社会领域与社会责任原则相关的理念导向、与社会回应过程相关的制度导向以及与社会问题管理政策相关的组织导向融合在一起，通过对社会责任、社会回应和社会问题的综合，使得企业社会绩效成为企业社会责任分析的实践框架。稍后，伍德对企业社会绩效的概念及其所包含的三个维度进行了扩展与修正。在企业社会责任维度强调了社会对作为经济组织的企业、作为特定个体的企业和企业内扮演道德角色管理者预期的差异，将社会问题管理、环境评估以及相关利益方管理并列为企业社会回应的三大支柱，并将企业行为对社会的影响以及社会政策的结果视为第三维度。伍德将企业在社会责任领域的表现，即企业社会绩效视为一个企业的社会责任原则、社会责任过程、社会责任结果的总和，提出企业社会绩效由一个企业组织的社会责任原则、社会回应过程与政策方案构成，并包括它们与企业社会关系相联系时所产生的可以观察的结果。伍德的理论将企业社会责任研究的重点转移到企业行为对社会产生的可评估性后果上，成为近年来企业社会责任研究领域的重要理论依据。

4. 对社会负责任投资（Socially Responsible Investment，简称 SRI）理论

对社会负责任的投资也称伦理投资或绿色投资，是指将投资回报率与经济社会发展、环境保护等统一进行考虑的一种投资模式，是一种具有多重考虑的投资。其投资者不仅仅对传统的金钱回报感兴趣，还考虑社会公义、经济发展、世界和平与环境保护等，并认为只要这样才能实现可持续发展。它关注企业社会责任，其基本原则是通过资本引导，促进企业的对社会负责任的行为。

对社会负责任投资源远流长，圣经就曾记录犹太人以道德价值来设定

---

① 转引自郑若娟、胡璐：《企业社会责任绩效的衡量》，《WTO 经济导刊》2012 年第 2—3 期合刊。

投资的标准。16世纪，贵格会（Quakers）教派在美国创建后，基于其教义信仰人权平等及反对暴力战争，也同时将这些社会标准用来规范投资行为，拒绝对进行武器买卖的公司等进行投资。20世纪60年代，环保运动、反越战运动以及绿色和平运动兴起，欧美等国开始有人试图以投资的方式来反对越战。1971年，由抗议越战的牧师发起的柏斯全球基金（Pax World Fund）创建，该基金将其认为不合道德的公司剔除出他们拥有的所有股票组合之外[①]。他们提出，任何真正关心伦理、道德、宗教或政治原则的个人或群体应该至少在理论上保持他们的投资与他们的原则相一致。其后，欧美各国类似的基金会纷纷建立，并结合对社会、经济发展和环境健康的关心进行投资，使经济和社会都能从中得益。

20世纪90年代以来，伴随企业社会守则运动的兴起，各国倡导对社会负责任投资的基金会及其投资资金急剧增长，其希望在实现财务目标的同时，又可以创造一个更美好、公平及可持续发展的经济社会。在此目标的指引下，社会责任投资通过筛选（Screening）、股东主张（Shareholder Advocacy）和社区投资（Community Investing）三类投资策略来从事特别的投资，将投资与对社会、经济发展和环境保护的关心结合起来。其中，筛选策略包括正面筛选和负面筛选，即投资于对社会发展有积极贡献的公司，而避免投资于对社会造成伤害的公司；股东主张是指发挥其股东（投资者）的权利，通过与公司交涉采取负责任行动，影响并纠正公司的行为，以达到公司治理、完善社会责任的目的；社区投资是指将投资资金主要投资于传统金融服务难以覆盖到的社区，来达成其社会责任的目的。

伴随对社会负责投资的成长，一些国家如美国、英国、加拿大和澳大利亚等政府通过立法、政策等手段来推动此类基金的发展，一些证券市场也都推出相应的社会责任指数来支持对社会负责投资的实施，例如美国的道琼斯可持续全球指数（DJSGI）和纳斯达克社会指数（Nasdaq Social Index）、英国的《金融时报》社会指数（FTSE4 Good World Social Index）等。在多元因素的影响下，近年来各国对社会负责投资的资金急剧增长，对养老基金和保险基金等机构的投资逐渐成为投资的主流。2006年4月，

---

① 参见杨大梅、肖玉超：《国外NGOs的社会责任投资战略及其对我国的启示》，《软科学》2008年第1期。

联合国秘书长科菲·安南（Kofi Annan）在纽约证券交易所敲钟开市，并与来自16个国家的金融投资家共同签署发布了国际“负责任投资原则”（Principles for Responsible Investment）。这成为国际投资者提供环境、社会和企业治理方面的决策和行动指南①。负责任投资原则提出了6大投资原则，包括把环境、社会和企业治理问题包括在投资分析过程中；要求所投资的实体适当透露它们在环境、社会、企业治理方面的政策和实践；在金融投资业促进对这些原则的接受和执行；共同努力，提高这些原则的执行效果；相互通报在执行这些原则时采取的行动和取得的进展等。这些原则有助于鼓励各投资基金、投资公司等更加注重相关公司、企业履行社会责任和可持续发展的能力。

三、社会责任标准

20世纪90年代以来，企业社会责任理论研究与实践更紧密地结合起来，一些跨国公司制定企业生产守则，要求其生产供应链的厂商遵守。后来，这些内部规范逐渐被外部规范所代替，一些社会组织、国际机构等也开始制定企业社会责任标准，并推行企业社会责任标准认证，从而推动着企业社会责任实践的进步。在此过程中，各种有关企业社会责任的行为规范、标准、准则、指南等被制定出来。

目前有关企业社会责任的标准归纳起来可以划分为三大类别：一是跨国公司制定的企业生产守则；二是一些有影响的社会组织制定的行业标准；三是有关国际组织制定的国际社会责任标准。它们来源于跨国公司的企业生产守则、行业组织制定的行业标准、社会组织在企业社会责任运动中所提出的各种主张和要求、政府关于企业社会责任问题的原则以及联合国和其他国际组织的有关公约和文件等，呈现出纷繁复杂的局面②。下面将对这三类企业社会责任标准予以阐释。

（一）跨国公司的企业生产守则

跨国公司制定的企业内部生产守则是企业社会责任标准的最初发源

---

① 参见联合国新闻：《安南股市敲钟启动“负责任的投资原则”》，2006年4月27日，http://www.un.org/chinese/News/story.asp?newsID=5542。

② 本文社会责任标准的分类及其内容均参见彭华岗：《企业社会责任标准研究》，《标准科学》2009年第2期。

地。20 世纪 90 年代以来，随着国际劳工组织、人权组织以及大众媒体等社会各方对企业社会责任问题的关注，迫于日益增大的压力和自身的发展需要，跨国公司纷纷制定对社会做出必要承诺的企业责任守则，或者通过环境、职业健康、社会责任认证等方式应对不同利益团体的需要。跨国公司企业不仅自身要遵守一定的社会责任规则，而且往往通过其生产供应链体系，要求其生产商、供应商以及合约工厂等必须遵守一定的企业生产守则，推动上下游企业共同承担社会责任。

目前全世界约有 200 多个以生产安全、职业健康、保护环境和员工权益保障等为主要内容的企业社会责任生产守则，绝大多数由跨国公司自身制定，并在其涉及范畴内实施。从大多数企业生产守则的内容来看，通常是参照其国内法、行业规范和国际认可的核心劳动标准制定的，主要包括承诺担负社会责任、遵守投资所在国法律法规、维护劳工合法权益、改善劳动条件、提高员工福利等内容。

从企业生产守则的约束力来看，跨国公司的企业生产行为守则往往只能局限于跨国公司的内部，最多可以在其生产和供应链的范围发挥作用。但是，由于不同跨国公司其制定的企业行为准则也不尽相同，相互之间没有通用性，一个同时处于多个跨国公司生产供应链体系的企业就往往面临着较为被动的局面，难以应付各种不同的企业行为守则。从这个意义上看，企业生产行为守则作为真正意义上的企业社会责任标准的雏形，其约束力量比较有限。

（二）社会组织关于企业社会责任的标准

源于民间的社会组织是最早关注和推动企业承担其社会责任的力量之一。社会组织为推动企业承担其社会责任纷纷制定各种各样社会责任标准，这些标准既涉及与行业社会责任标准，也涉及社会责任的一般标准。在众多的民间组织制定的社会责任标准中，影响比较大主要有：美国的社会责任国际（SAI）制定的 SA8000 标准、清洁制衣运动（Clean Clothes Campaign）行为守则、英国道德贸易倡议守则（Ethical Trading Initiative）、世界负责任服装生产（Worldwide Responsible Apparel Production）认证标准，国际玩具商协会的商业行为守则等。这些生产守则和社会责任标准在全世界范围内开展社会责任审核和认证工作，推动了企业社会责任的落实。例如，美国的社会责任国际（SAI）制定的 SA8000 标准就是一个独立于政府，可以用于审计与认证的社会责任标准；一些跨国公司为了树立良好的品牌形象，纷纷响应 SA8000 标准，而且也要求产品配套企业和合作企业都要遵守这些守则。

与其他一些推动企业社会责任的力量强调企业社会责任的自愿性、非强迫性相比，社会组织更加强调企业社会责任标准的执行情况和效力。尽管社会组织制定的标准和守则不具有严格的法律约束力，通常不能经由国际、国内司法机构或其他机构加以强制执行，但是，凭借着社会组织作为企业社会责任外部监督者所拥有的行动能力和行动机制，它们也具备某种程度的实施和监督机制以保证其有效性。例如，有的社会组织就采取在大众媒体曝光、发动消费者抵制其产品等“对抗式”策略来迫使相关企业履行其社会责任，这些社会责任标准具有一定的约束力。然而，从整体上看，这些各种社会组织制定的第三方认证标准的适应性和权威性还不够，都不是真正意义上的国际标准，因此多数大型跨国企业基本都不采用，通过认证的企业也很少，社会组织制定的社会责任标准的影响力还不够。

（三）国际组织关于社会责任的标准、守则和倡议

在经济全球化背景下，为应对全球化生产贸易带来的挑战，一些国际组织对推动企业社会责任非常重视，纷纷提出有关社会责任的标准、守则和倡议，并成立了相关机构和组织，在全球积极推行企业承担其社会责任。其中影响比较大的有联合国全球契约组织、经济合作与发展组织、国际劳工组织、国际标准化组织等提出的守则与标准。与一般社会组织相比，这些社会责任标准更多地涉及社会责任的一般标准，可覆盖更多行业和更多区域。

1. 联合国全球契约（GLOBAL COMPACT）

1999 年 1 月，联合国提出的“全球契约”计划，正式介入企业社会责任领域之中。该计划的核心是要求企业在各自影响范围内遵守、支持以及实施一套在人权、劳工标准、环境和反腐败四个方面的 10 项基本原则，通过建立对社会负责的和富有创造性的企业表率，建立一个推动可持续增长和社会效益共同提高的全球框架。“全球契约”定于 2000 年 7 月在联合国总部正式启动。为推进全球契约计划的实施，联合国成立了全球契约办公室，与联合国有关机构组成全球契约网络，对该契约涉及人权、劳工、环境和反腐败等 10 项原则进行宣传、推广、交流。2005 年 6 月全球契约理事会成立，由企业、劳工、国际社会及联合国系统的代表组成，为全球契约发展提供持续性的战略和政策建议。此外，联合国成立了全球契约基金会，为全球契约开展活动提供资金支持；联合国还定期召开全球契约企业领导人物峰会等，交流全球契约计划的实施进展情况。全球契约计划实施以来，在国际上的影响不断扩大，加入全球契约计划的企业不断增多。

2. 经济合作与发展组织（OECD）《跨国企业指南》

经济合作与发展组织制定的《跨国企业指南》中，确认了跨国公司应承担的一些基本社会责任。2000 年 6 月，经济合作与发展组织对指南进行了修订，修订后的指南全面涉及跨国公司在经济、社会、劳资关系、环境、消费者利益以及反腐败等方面的内容。指南用来确定跨国公司的行为标准是否与“良好公民公司”的要求一致。经合组织（OECD）理事会还就指南的执行在机构、程序等方面作出了一些规定，促使建立更为积极的执行机制，以促进和监督企业界对指南的实施。

3. 国际劳工组织（ILO）公约

国际劳工组织是由政府、雇主组织和工会组织共同组成的三方组织，该组织制定了一系列被称为国际劳工标准的公约。其中涉及结社自由、集体谈判、强迫劳动、童工、就业歧视等劳动者基本权利的 8 项公约称为基本公约或核心公约，还有若干关于工作时间和休息时间、工资报酬、社会保障、职业安全与卫生的重要公约。这些公约得到国际劳工组织成员国的广泛认同，从而使这些公约对所有会员国都具有道义上的约束力。近年来，相关公约所涵盖的内容被广泛用于各种社会责任标准中。

4. 国际标准化组织（ISO）组织制定社会责任国际标准 ISO26000

鉴于其他各种跨国公司、行业组织制定的企业社会责任标准的适应性和权威性不够，国际上要求制定统一的企业社会责任国际标准的呼声越来越高。国际标准化组织作为全球最具权威的标准化组织，其技术管理局（ISO/TMB）于 2002 年经过研究通过第 78/2002 号决议，成立国际标准化组织社会责任顾问组，就制定企业社会责任国际标准进行系统的可行性研究。经过两年研究，国际标准化组织社会责任顾问组完成并提交了《社会责任工作报告》。2004 年 6 月，“国际标准化组织社会责任大会”专门就《社会责任工作报告》进行了讨论，随后举行的 ISO/TMB 会议根据“社会责任大会”的讨论意见进行表决形成第 35/2004 号决议，决定成立“国际标准化组织社会责任工作组”，负责 ISO26000《社会责任指南》国际标准的起草，正式启动标准制定工作。当时确定了三个原则：一是该标准是一个指导性文件；二是该标准不用于第三方认证；三是该标准不是一个管理体系。

为使 ISO26000 成为社会责任领域在国际上协调一致的标准，国际标准化组织分别与国际劳工组织和联合国全球契约办公室签署备忘录。90 多个国家、40 多个国际组织、600 多名专家参与了标准的起草工作，其中，非政府组织专家不断施加影响，逐渐主导了国际标准的起草工作，使得标准草案的内容从社会责任理念逐步扩展到人权、劳工、环境等七个方面，其适应范围也从企业逐步扩展到包括政府社团等在内的各种社会组织。2010 年 11 月，国际标准化组织在瑞士日内瓦国际会议中心举办了社会责任指南标准（ISO26000）的发布仪式，该标准正式出台。

社会责任国际标准 ISO26000 用社会责任代替了企业社会责任，使其适用于所有类型的组织，包括公有、私有的，发达国家、发展中国家的和转型国家的各种组织，确定了社会责任的原则，即负责制、透明度、道德行为、尊重权利相关方利益、遵守法律法规、遵守国际行为规范、尊重人权，确定了践行社会责任的核心主题，即组织管理、人权、劳工实践、环境、公平运营、消费者问题以及社区参与和发展等。社会责任国际标准 ISO26000 还在全球范围内统一了社会责任的定义，明确了社会责任的基本实践，描述了以可持续发展为目标将社会责任融入组织战略和日常活动的方法。

此外，其他有关国际组织也都制定了一些企业社会责任标准。如全球报告倡议组织（GRI）制定的全球报告倡议，世界银行提出的社会责任标准等。

第三章

益彩基金
YICAI FOUNDATION

研究的基本结论

借助于利益相关方与社会责任的基本概念理论，并将其运用于博彩业、彩票业研究之中，对彩票利益相关方进行识别和分析，同时，对彩票行业社会责任，尤其对彩票利益相关方的社会责任进行深入分析是本研究的落脚点。

本章区分了彩票利益相关方，将其区分为相互联系的六个方面，包括规制方、管理方、销售方、购买方、受益方和协作方，并分别对这六个利益相关方的社会责任进行了梳理。最后，本章还阐述了当前彩票利益相关方社会责任的承担现状并提出进一步强化其社会责任建设的政策建议。

第一节 彩票利益相关方与彩票社会责任

人们以利益相关方、社会责任的理论概念作为研究的出发点，将社会责任引入到博彩业、彩票业研究领域，提出责任博彩、责任彩票的理念，关注其各方的社会责任。本研究则将利益相关方理论分析用于彩票业，识别和分析彩票业的利益相关方，探究彩票行业整体的社会责任，为彩票利益相关方的社会责任研究奠定基础。

一、彩票利益相关方

利益相关方的概念、理论及其分析框架是以企业为主体，并针对企业管理，但是其却为人们研究博彩业以及彩票业的利益相关方提供了借鉴和启示。在此，我们首先梳理利益相关方理论在博彩研究中的应用，并借助这些研究来对彩票行业利益相关方进行探讨。

（一）利益相关方理论在博彩研究中的引入

博彩业发达的澳门关注博彩业研究，在博彩业研究、责任博彩倡导中首先引入了利益相关方的理论。将利益相关方理论引入博彩业研究中的曾忠禄在阐述了企业利益相关方的概念与类别，梳理了利益相关方分析与管理之后提出，“虽然利益相关者的管理理念主要针对企业管理提出来的，但它对行业管理也同样适用，对澳门的博彩行业更具有指导意义。首先，博彩行业是比较特殊的行业，它在满足人们娱乐需要的同时，也给其他利益相关者带来很大的负面影响。其次，澳门博彩行业的发展，很大程度上取决于博彩业之外利益相关者的支持，没有他们的支持，澳门博彩产业不可能持续发展。”基于这种认识，他还指出，“澳门博彩产业涉及的利益相关者包括：投资者、设备供货商、竞争对手、咨询公司、博彩中介等。其中，最重要的利益相关者有四个，即博彩投资者、顾客、澳门社区及客源地政府。”他进而分析了不同利益相关者的利益诉求，并提出了平衡不同利益相关者利益的政策建议①。

澳门在问题赌徒研究和责任博彩倡导中也引入了利益相关方的视角。澳门大学博彩研究所 2007 年在对“问题赌博”进行抽样调查分析时提出，“问题赌博”不但影响赌徒本人，还影响赌徒家人、亲友、其他博彩者、娱乐场员工等，特别是情况严重者，可为当地社区及博彩者原居地带来负面影响。例如赌徒因沉迷赌博而失去劳动力，导致整体经济受损；赌徒因筹备赌本而铤而走险，导致整体社会治安受威胁。该研究所中心主任冯家超提出，“负责任博彩”是指参与博彩者不会使本人、家人、亲友等其他人受到威胁，或给周围带来不愉快的影响。为了达到这个目的，需要政府

① 曾忠禄：《澳门博彩业的利益相关者：分析与建议》，《亚太经济》2008 年第 6 期。

政策监管；需要参与博彩者及其亲友有清醒的认识；需要博彩经营者建立行规将有些人拒之门外；需要专业机构对出现问题者提供辅导与治疗；需要教育团体及社区普及负责任的博彩概念①。

2013年11月30日，由澳门负责任博彩协会主办的2013港澳台及大陆负责任博彩座谈会在澳门举行，来自内地及港澳台的专家学者就澳门博彩业及澳门经济多元化发展进行了探讨。针对问题赌博，曾忠禄也引入了利益相关方的概念，认为博彩业的利益相关方包括博彩经营商、博彩中介、赌客、政府、问题赌博防治中心、教育机构和社区、媒体等。他认为，澳门各相关利益方都要尽到责任。博彩经营商要以“负责任博彩”的概念培训员工，对外提供准确信息；中介不要提供超出客户支付能力的贷款；政府制定“负责任博彩”的政策，监督政策实施，平衡各方利益；问题防治中心为有需要者提供咨询，帮助有问题的赌客和家庭摆脱困扰；教育机构引导青少年树立正确价值观，推动“负责任博彩”的概念；大学和研究机构研究有效的负责任博彩的内容，用科学手段评估负责任博彩政策的效果②。

从上述不同学者的分析来看，利益相关方分析明确了博彩相关利益各方的基本范畴，构建了利益相关方分析的基本框架，明确了不同主体在行业发展中的利益诉求和作用，为进一步推动行业发展梳理出了工作方向，并区分了不同利益主体的工作改进重点。

（二）彩票利益相关方的划分

彩票利益相关方是借助于企业利益相关方理论及其分析方法所提出的概念，它意味着将企业利益相关方理论及其分析方法引入彩票行业或者彩票领域研究中，对与彩票运营、彩票行业发展相关联的不同利益主体进行分析而产生一种研究路径或者研究取向。将“利益相关方”这一理论概念引入彩票行业，意味着在彩票业发展过程中，不能只关注筹集彩票公益金，不能只关注彩票购买者、彩票发行者等某些群体或者组织的利益，还必须看到彩票与各种主体之间的相互关系，考虑和彩票行业发展相关的诸多利益相关主体。

---

① 陈晓星：《澳门如何打造“负责任博彩”》，《人民日报（海外版）》，2010年10月11日第3版。

② 陈晓星：《学者直面问题博彩 引入“责任”概念是良方》，《人民日报（海外版）》，2013年12月6日第9版。

彩票利益相关方是指在彩票行业投入资源或者对彩票行业运营抱有期望和要求，能够影响彩票行业的运营、发展和绩效或者受彩票行业活动及绩效影响的个人、群体或者组织等主体。与彩票、彩票行业相关的利益主体有很多，与彩票行业运营及其发展存在着相互连带、相互作用关系，承担着的特定责任和义务的各个相关主体都应属于彩票利益相关方。

在国家政府推动彩票发展过程中，彩票行业发展壮大，彩票存在的合理性逐渐被政府和民众所认识。伴随彩票行业的日益拓展，彩票利益相关方开始初步呈现出来。当然，不同学者对彩票利益相关方有不同的观点，这尤其是在课题研究所进行的彩票研究专家访谈中表现出来。例如，有的专家认为彩票利益相关方包含的相关利益主体很多，达到 14 个之多，包括政府方、教育研究机构方、发行机构方、销售机构方、彩票行业企业方、相关企业方、媒体方、彩票代销方、彩票购买方、非彩票购买方、彩票公益金的受益方、公益组织、彩票组织方、非法博彩销售方等。有的专家对彩票利益相关方的划分则较为概括，划分出的利益相关方也比较少，认为主要包括彩票的发行方（中国为福彩中心、体彩中心）、购彩方（包括机构或者彩民）、监管部门（中国为财政部、国务院）等。或者将其划分为政府管理部门，包括财政部、民政部、国家体育总局以及中国福利彩票发行管理中心和国家体育总局体育彩票管理中心；彩票行业内的企业，例如彩票硬件生产商及开发商、彩票设计部门、彩票印刷部门、彩票物流企业、彩票软件开发企业等；彩票投注站点或销售网点；彩民；银行；相关媒体；相关院校等。

有的专家对彩票利益相关方进行了深入分析，认为在彩票发行和运行过程中，主要涉及的利益相关方包括监管者、发行者、销售者、代理商、承销商、供奖人、购买者、中彩人等。在彩票运行的不同阶段，各主体之间发生各种利益相关关系。其中监管者指国务院、财政部、国家体育总局与民政部以及他们在地方各级下属的监管机关；发行者指直接承担发行职责的国家体育总局体育彩票管理中心与中国福利彩票发行管理中心；销售者指各省、自治区、直辖市、地区、市两彩中心；代理商、承销商指受各级彩票发行机构委托从事彩票制作、运输、销售等工作的各级彩票销售主体，包括彩票投注站站主及销售员、彩票销售厅工作人员、彩票网络公司、彩票咨询公司等；供奖人主要包括发行者、代理商、承销商；购买者、中奖人就是指彩民。有的专家对其分析则较为简略，认为彩票利益相关方包括彩票行政管理机构（财政部、民政部、国家体育总局），彩票发行管理机构（中国福利彩票发行管理中心、国家体育总局体育彩票管理中心），彩票销售管理机构（各省、自治区、直辖市、地区、市福利彩票和体育彩票发行中心），彩票销售机构（彩票投注站站主及销售员、彩票销售大厅、彩票网络公司、彩票咨询公司等），彩票购买者（彩民）。或者将利益相关方划分为彩票机构、彩票供应商和运营商及销售者、彩票购买者，以及彩票公益金的资助者，包括所有彩票发行销售每个环节的参与者以及最后彩票所筹集公益金的覆盖群体等。

综合上述彩票研究专家的观点，根据各国及中国彩票行业的发展现状，基于不同利益主体在彩票行业中地位、职责及作用的差异，我们在研究中将可以清晰识别出来的利益相关方划分为彩票规制方、彩票管理方、彩票行销方、彩票购买方、彩票受益方、彩票协作方6类，其分类示意图参见图3－1所示。

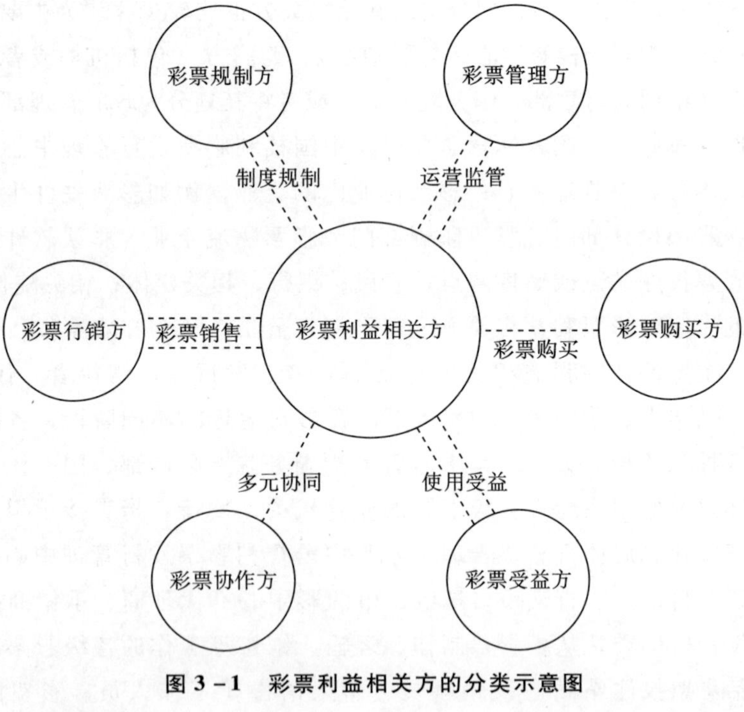

图3－1　彩票利益相关方的分类示意图

1. 彩票规制方

彩票的规制方主要是指立法机关及政府行政管理机构等。政府是彩票行业最重要的利益相关方，这主要是因为彩票通常需要立法或行政机关通过法律或行政法规给予认可，并制定相应监督规范。同时，彩票属于政府特许经营的范畴，政府不仅拥有对彩票的特许经营权，而且在批准彩票运营后，还必须对彩票的发行、销售、开兑奖等过程进行监管，或者将其赋权于特定政府部门或独立机构，构建彩票运营监管的体制框架，以确保彩票筹集资金功能的发挥，同时尽力控制其负面影响。中国的彩票规制由国务院及其财政、民政、体育等行政主管部门负责。

2. 彩票管理方

彩票管理方是指对彩票发行、销售、开奖等运作过程进行管理、监督的政府部门或者专门机构。在很多国家，彩票管理由立法授权的独立机构或者政府职能部门负责，统一对彩票运营进行管理，对彩票资金的分配使用进行监督。中国的彩票管理由财政部门负责运营监管，由民政、体育行政主管部门负责相应彩票的具体发行管理工作。同时，中央级与地方层级政府职能部门之间存在全国与区域管理的分工，从而形成了具有中国特色的彩票运营及监督管理的复合型管理方式。

3. 彩票行销方

彩票行销方是指实际从事彩票发行、销售的部门及其工作人员。彩票行销方一般由彩票管理部门确定的机构、公司或者私人来承担。在中国，彩票行销是由彩票管理职能部门所建立的彩票发行销售机构来承担的。国家民政部、国家体育总局所属的彩票发行机构分别负责中国社会福利彩票、体育彩票的发行销售管理，各省市区民政、体育行政部门所建立的彩票发行机构负责具体发行销售事宜。其基本职责包括制定彩票发行销售规划制度，建立彩票发行销售系统，组织彩票品种的研发，组织管理彩票销售系统数据、资金归集结算、开奖兑奖等，组织管理彩票形象建设、营销宣传业务培训、人才队伍建设等。

4. 彩票购买方

彩票购买方主要是指彩票的购买者，包括机构和个人，统称为彩民。彩民是中国社会福利彩票、体育彩票的实际购买者或者消费者，不仅包括各类纸质、电子或网络彩票的消费者，也包括各同视频彩票的消费者。中国彩票以公益彩票来进行定位，彩票资金取之于民，用之于民。彩民是彩票行业发展的基石，不管其购买彩票的动机如何，彩票行业的发展是广大彩民支撑的结果。

5. 彩票受益方

彩票受益方主要是指彩票所筹集公益金的使用者，一般是特定福利、公益事业的对象，尤其是处于社会底层的弱势群体以及广大民众。在中国，弱势群体以及普通民众是彩票行业筹集公益金的受惠群体。彩票公益金使用主要用来提高和改善孤儿、残疾人、老年人、灾民、贫困人群等弱势群体（或称困难群体）的生活水平，通过补充社会保障资金、支持全民健身活动、发展基层文化事业等用来提高民众的社会福利水平。

6. 彩票协作方

彩票协作方主要包括教研机构、社会组织以及大众媒体等。和彩票相关的教育科研机构、社会组织以及大众媒体等是彩票行业发展的关注者，它们通过教育、科研活动以及面向公众的宣传教育等为彩票行业的发展献计献策，为彩票业培养管理研发人才，宣传彩票发行的宗旨，传播公益彩票、责任彩票的理念，有助于推动彩票业的顺利发展。

上述这些彩票利益相关方可以通过特定的组织机构或者其特定行为影响彩票行业的生存发展，甚至制约着彩票业发展的方向、路径及策略，进而左右着彩票行业的运行结果和运行绩效。因此，在彩票业发展过程中，要充分考虑和关注彩票利益相关方的诉求，调整各不同利益主体的关系，以协同推进彩票业的顺利发展。

但是，上述彩票利益相关方所拥有的权力、利益也存在不同，从而带来其重要性和影响力的差异。根据彩票利益相关方的影响力和重要性的差异，我们可以构建出重要性—影响力的二维矩阵模型（参见图 3－2），通过此矩阵模型，我们可以对彩票利益相关方进行更为深入地分析。

重要性大小 \ 影响力的高低	低	高
小	A 受益方	B 协作方
大	C 购买方	D 规制方、管理方、行销方

图 3－2　彩票利益相关方的重要性—影响力矩阵分析模型

通过彩票利益相关方的重要性—影响力二维矩阵分析模型，我们可以发现：

(1) 重要性大—影响力高的包括彩票的规制方、管理方与行销方，即政府、政府职能部门以及彩票发行销售机构等。在国际彩票业管理中，三方相互独立，相互制约，共同保障彩票业的顺利运营。而在中国彩票管理框架中，彩票由国务院特许发行，财政部门对彩票运营进行统一监管，民政、体育行政主管部门则分别负责福利彩票与体育彩票的运营管理，由民政、体育行政主管部门分别建立的中国福利彩票发行管理中心、体育彩票管理中心分别负责福利彩票和体育彩票的发行销售。由于种种原因，中国彩票规制方与管理方之间，管理方和行销方之间的区分度不高，针对这一现状再此分析中将三方并列。而且彩票行业要顺利发展，离不开政府职能部门的认可与支持，离不开彩票管理中心对发行、销售及其运营管理组织实施。

(2) 重要性大—影响力弱的主要是彩票的购买方，即彩票购买人。普通的彩民是彩票的实际购买者和消费者，他们对彩票发行、销售的贡献比较大。彩票消费者的消费对彩票行业的顺利发展不可或缺，但是就彩民群体的目前实际影响和需求满足情况来看，彩票行销及监管部门对其尚且缺乏必要的考虑，即便对问题彩民大多也处于放任或者弱干预的状态。

(3) 重要性小—影响力强主要是彩票的协作方，即与彩票相关的教研机构、社会组织、媒体等。它们可以通过不同手段对彩票业的发展施加影响，尤其是通过营造一定的社会舆论氛围而发挥其社会影响力，但目前大多处于低度发展状态，尤其在中国，还需要通过多种渠道予以扶持发展，引导它们对彩票及彩票业进行教育、研究的同时，要倡导和协助其更多参与彩票政策的制定及倡导。

(4) 重要性小—影响力弱的主要是彩票的受益方，即特定社会福利、公益事业的对象，尤其是处于社会底层的弱势群体以及广大民众。他们作为彩票行业发展筹集公益金的受益者，对彩票业管理及发展本身不具有过多的制约和影响力。

二、彩票社会责任

彩票由国家特许发行，其发行的基本目的是筹集公益慈善、社会福利事业发展所需的资金。彩票因为社会公益筹资目标而产生，其承担社会责任本来就责无旁贷。那么，什么是彩票社会责任呢？我们在介绍彩票社会责任涵义的基础上，分析中国彩票社会责任的发展现状，提出彩票整体社会责任的内容。

（一）彩票社会责任的概念

从上文的分析可见，社会责任反映的是一个组织或者行业在其运行中对社会应承担的责任和义务，包括在其运行活动中要考虑对社会和环境的影响，要符合社会道德伦理标准，要满足社会可持续发展的需要等。彩票社会责任是指彩票行业为追求经济与社会综合效益最大化，实现自身的可持续发展，在其运行发展过程中对相关利益各方及社会所承担必要的责任和义务。这个概念包括如下涵义：

首先，彩票行业自身的可持续发展是其承担社会责任的前提。筹集彩票公益金是彩票及彩票行业存在的合理性之所在。彩票行业有其特殊性，其存在和发展有市场因素，但是不能追求盈利，也不能追求彩票资金以及彩票公益金的最大化。为此，国家特许发行彩票，并对彩票行业发展进行规制，尤其是规范彩票资金的分配和使用，甚至规范彩票每年的发行额度。政府规制的基本目标是发挥彩票行业筹资的社会功能，追求经济与社会综合效益最大化，保障彩票资金用于公益慈善、社会福利事业。彩票资金取之于民，用之于民，其发展存在适度的规模和速度问题。这样才能限制其负面作用，保障彩票行业的健康、可持续发展。

其次，基于法律保障的公益责任是彩票行业最重要的社会责任。彩票是国家为发展社会福利、公益事业而制定的一项特殊政策。20 世纪 80、90 年代，为缓解社会福利、公益事业发展与国家财政投入不足之间的矛盾，中国开始发行福利彩票、体育彩票。彩票取之于民、惠之于民，其资金源自每个彩民，同时其公益金又造福整个社会，尤其是造福于社会弱势群体和广大普通民众。为保障彩票公益责任的履行，国家制定了彩票管理条例，出台了有关彩票资金分配、彩票公益金分配使用等相关制度规范。承担基于法律法规保障的公益责任是彩票最重要的社会属性，公益责任理念贯穿于发行销售、市场营销、游戏设计、渠道建设和资金使用的各个环节。随着彩票发行数量的增长，社会影响越来越大，社会关注度越来越高，对彩票履行社会责任的关注度也必然会随之提高。

再次，对利益相关方及社会负责是彩票社会责任的应有之义。彩票行业存在着不同利益相关方。正如前文所述，彩票利益相关方包括政府职能部门、彩票管理中心、彩票从业人员、彩民、弱势群体以及和其相关的教研机构、社会组织、大众媒体等。在彩票行业发展中，他们通过彩票这个媒介联系在一起，但我们不能否定其各有不同的利益诉求。彩票社会责任意味着彩票在其运营与发展过程中，要尊重各个不同利益主体的诉求，并通过多种方式满足其各自不同的核心利益。例如，政府对彩票行业的关注聚焦于公益金的筹集，而彩民则关注中奖资金的多少，这就需要尊重两者相互冲突的利益诉求，并在其中找到两者利益的均衡点。对各个不同彩票利益相关方负责，承担社会责任，平衡其不同的利益诉求，才能取得经济与社会综合效益的最大化，推动彩票行业的可持续发展。

（二）彩票社会责任的认知发展

彩票天然具有的博彩功能，使得国家在发行彩票筹集社会公益资金的同时，需要限制其消极作用。这就需要提倡责任彩票、理性彩票的理念，大力推动彩票业履行其社会责任，以实现彩票公益使命的同时，防止其博彩性质的过分张扬，平衡其积极作用与消极功能。中国在推动彩票发展过程中一直强调其社会责任的承担，尤其是在彩票行销在高位运行后更加注重其社会责任。在社会福利彩票、体育彩票两个系统内，彩票社会责任以不同的形式都在实践中推进。与此同时，对彩票社会责任的研究倡导纷纷出现。

在社会福利彩票领域，作为主管部门的民政系统一直强调福利彩票的社会责任。2011 年 12 月，湖北省在全国率先发布《福利彩票社会责任报告》。报告梳理了全省福利彩票 24 年的公益成就，提出湖北省福利彩票自 1987 年发行以来，24 年全省累计销售福利彩票 260 多亿元，筹集公益金 80 多亿元，资助兴办社会福利、社会救助、社会公益项目 16000 多个，惠及人群 800 多万人。其中福星工程、资助孤儿大学生、福利彩票安居工程等重点、亮点资助项目已经成为湖北省的公益品牌项目。湖北省福利彩票发行管理中心还注重引导彩民的理性购彩，推行规范化制度建设，恪守公平、公开、公信原则，接受社会监督。彩票还拉动了就业，带动相关产业，在增加国家税收，倡导社会新风尚，促进社会公平正义，促进社会和谐进步等方面作出了贡献，彰显出福利彩票的社会责任。2012 年 2 月，在

2012年全国福利彩票工作会议上民政部副部长窦玉沛发表了《充分履行社会责任　再创福利彩票新辉煌》的讲话[①]。他提出，作为国家特许发行的福利彩票，既是公益慈善事业，又包含市场行为，履行社会责任责无旁贷。履行社会责任是福利彩票生存和发展的应有之义，是提升福利彩票社会形象的根本要求，是建立适度普惠型社会福利制度的迫切需要，是实现福利彩票规范管理的必然要求。

主管体育彩票的国家体育总局也强调彩票社会责任。国家体育总局局长刘鹏在2012年全国体育彩票工作会议上正式提出“责任、诚信、团结、创新”的体彩精神，将责任视为体育彩票的基石，强调中国体育彩票是国家公益彩票，体彩人承担着国家赋予的光荣使命和社会责任。体育彩票多年来致力于支持公益事业和体育事业的发展，不仅为国家筹集了大量的体彩公益金，也发挥了保民生、促和谐的社会责任。在社会责任研究方面，体育彩票社会责任的研究相对更为深入。李君在《中国体育彩票的社会责任研究》中提出，中国体育彩票作为一种特殊的经济手段和一种体育文化现象出现，是中国体育事业和经济发展的标志。在重视彩票业效益的同时，也必须要强调发展彩票业所须肩负的社会责任，使彩票的公益性充分得以体现。中国体育彩票具有丰富的经济功能和社会功能，承担了巨大的社会责任。体育彩票刺激了消费，有效拉动经济增长，已经成为了国家回笼资金、有效进行第三次分配的重要手段，是国家增加税收、促进就业、实行社会公益的重要渠道，带动了相关产业的发展，维持了社会经济稳定。体育彩票还有利于满足人们文化娱乐的需求，改善人们文化娱乐方式、引导人们热心公益事业，大力支持了公益事业的发展、有效地遏制地下私彩赌博、促进了社会公平、维持了社会秩序的稳定。当然，中国体育彩票在践行社会责任中还存在一些不足，需要从完善自身发展与引导社会价值观两方面出发提升社会责任建设。吴殷、李海在《中国体育彩票社会责任评价指标体系的构建》中，借鉴利益相关方分析的视角，构建起中国体育彩票社会责任评价指标体系，提出中国体育彩票机构的社会责任依次是：对政府的责任、对彩民的责任、对彩票销售点责任人的责任和对社区的责任。

---

① 参见窦玉沛：《充分履行社会责任　再创福利彩票新辉煌》，《社会福利》2012年第2期。

一些专家学者对港澳彩票、博彩社会责任的研究可以给我们更多的启示。例如，王玉华、赵平在《澳门博彩企业的社会责任研究》中提出，博彩业历经数百年发展，已经成为澳门社会进步和经济增长的重要支撑，但是其所带来的负面影响也不容忽视。履行社会责任、减少负面影响不仅是澳门博彩企业的基本义务和利益相关者的期望，也是企业提高全球竞争力和获得持续发展的重要途径。根据企业社会责任的“金字塔”模型，澳门博彩企业需要承担包括经济责任、法律责任、伦理责任和慈善责任在内的广义企业社会责任。澳门博彩企业承担的社会责任范围广、领域宽、环节多、利益关系极其复杂，需要政府、企业、社会共同协作以推动企业承担社会责任的进步①。赵平在《基于“金字塔”模型视角的澳门博彩企业的社会责任研究》中提出，澳门博彩企业应该承担经济责任、法律责任、伦理责任和慈善责任。短期来看，博彩企业承担伦理、慈善责任将增加运营成本，影响企业履行经济责任。但是，长期承担伦理、慈善责任能增强企业的竞争力，促使企业更好地履行经济责任，并增强企业承担伦理、慈善责任的能力。其中，法律责任作为基本的游戏规则，必须始终贯穿于企业经营的整个过程，是博彩企业承担其他社会责任的前提②。王小兵、汤晓萌在《澳门博彩企业的现状及社会责任研究》中提出，博彩业是一个特殊的产业，其在带动澳门经济发展的同时，也对澳门的政治、文化及其他各个方面都造成了广泛的影响。但是，澳门博彩业在超高速发展中也暴露出一些不容回避的问题和隐忧，例如博彩企业无序开发、政府监管不力等。在澳门追求产业多元化的同时，博彩企业应该承担相应的社会责任。将博彩企业自身经营管理做好，保持博彩业与社会其他方面的协调发展，仍将是今后相当长的一段时期内澳门博彩企业运营管理的首要任务③。林志刚在《当博彩遇上公益：澳门博彩业社会公益责任创新之思》中提出，作为澳门的支柱产业，博彩业在创造税收、解决就业、带动其他行业发展等方面做出了应有贡献，在追求利润的同时承担了相应的经济社会责任。但

① 王玉华、赵平：《澳门博彩企业的社会责任研究》，《全国商情（经济理论研究）》2011 年第 5 期。

② 赵平：《基于“金字塔”模型视角的澳门博彩企业的社会责任研究》，《中国战略观察》2011 年第 11 期。

③ 王小兵、汤晓萌：《澳门博彩企业的现状及社会责任研究》，《科技创业月刊》2012 年第 9 期。

是，博彩业在为股东创造价值、维护利益相关者不同诉求、诚实合法经营的同时，更应回馈社会、关注弱势群体、积极参与到社会公益慈善事业之中，履行其社会公益责任。在澳门当代博彩业激烈的同构型竞争博弈时，博彩企业只有创新性地全面实施企业社会责任战略，将企业愿景使命、文化制度、品牌形象等与社会公益慈善相结合，明道（明创造共享价值之道）、重术（重企业公益创新之术）、顺势（顺娱乐休闲产业发展之势），消弭其负面影响，凸显其正向价值，方可确保博彩业的健康可持续发展①。这些研究总体上关注澳门博彩企业的社会责任，关注博彩企业在经营管理过程中，对整个社会发展与进步所承担的义务。这对我们研究彩票业的社会责任具有较强的借鉴和启示意义。

就当前中国彩票社会责任研究而言，绝大多数研究关注福利彩票、体育的整体性社会责任，从不同方面对其进行了阐释。但是，总体上缺乏对利益相关方理论的借鉴，缺乏对彩票利益相关方的深入剖析，也就难以注意到不同利益相关方的核心利益差别及其关注兴趣点的不同。本书在整体性研究基础上，拟从彩票利益相关方分析入手，划分不同的彩票利益相关方，并对不同利益相关方的社会责任进行研究。为此，我们首先分析整体性的彩票业社会责任，以便为利益相关方的社会责任研究提供整体性视角，并奠定利益相关方社会责任研究的基础。

（三）彩票社会责任的内容

彩票社会责任是指彩票行业在其运营发展过程中对社会承担的责任与义务。彩票是为发展社会福利、公益事业而由国家特许发行的，在各国都属于特殊行业。彩票取之于民、惠之于民，其资金源自每个彩民，同时其公益金又造福整个社会，尤其是造福于社会弱势群体和普通的社会大众。就彩票功能而言，彩票具有多元经济社会功能，彩票业的发展刺激了消费需求，拉动了相关产业发展和经济增长，成为第三次社会分配的重要手段，是国家增加税收、促进就业、增加民众娱乐生活情趣的重要渠道。彩票业发展满足了人们的冒险心理和文化娱乐的需求，改善了人们文化娱乐休闲方式，促进了公益慈善事业发展，同时彩票还有效地遏制了处于“地

① 林志刚：《当博彩遇上公益：澳门博彩业社会公益责任创新之思》，亚澳论坛论文集，2013 年 5 月。

下”状态私彩和赌博，有利于促进社会公平、维持社会秩序。

但是，彩票行业既是公益慈善事业，又包含博彩和市场因素。彩票发行不仅使其得以筹集社会闲散资金兴办各项公益事业，也给广大彩民带来了博取大奖而迅速致富的希望，可谓对国家和个人的“双赢”之举。然而，其筹资用途的公益性依然不可否定其筹资过程的博弈性，彩票是博彩业的一种形式，从根本属性上而言也属于一些国家法律所明令禁止的商业赌博行为。尤其是当它缺乏必要的规范和规制时，很容易滑向赌博的深渊，最终成为一个“诱人的陷阱”。因此，彩票的发展必须是为全社会负责，政府必须对其加以合理规范，合理限制其博彩作用的泛滥，引导其更多走向社会公益。这就需要强调合理的规则与规范，强调其所承担的社会责任，引导其走向责任彩票。

20 世纪 90 年代以来，随着博彩行业的迅速发展及其对社会经济影响的逐渐增大，许多国家（和地区）在开放博彩行业的同时，开始重视对博彩业的监管，并要求博彩业承担更为全面、多元的社会责任。例如，澳门在推广“负责任博彩”时提出，赌博是一种具有吸引力及刺激性的娱乐。对大多数人来说，在进行赌博活动时都能应该有所节制，只能以赌博为娱乐，不将其视为一种赚钱的途径。负责任博彩还给出了一些节制赌博的提示，例如，不以日常开支的金钱用作赌本；不独自去参与赌博活动；设定参与赌博的时限及坚决依时离开；决不借钱来赌博等。世界彩票研究协会的荣誉主席里德·诺比先生在“彩票部门的社会责任”中提出，要把人们上瘾风险降到最低，把未成年博彩风险降到最低，把洗钱风险降到最低，把选择比赛风险降到最低，把彩票管理者和从业人员不道德的风险降到最低。他认为，成功彩票的适当追求应是：彩票应该力求让运动员在一个有吸引力的环境中博弈，进行国家可控的负责任的博彩活动①。

当前，借鉴负责任博彩理念而提出的“责任彩票”已经得到全球很多国家和地区彩票业从业者的广泛认可，几乎成为行业发展的共识。例如，经营法国彩票的国家游戏集团（La Francaise des Jeux）为避免问题彩民负面欲望的膨胀及问题彩民数量的增长，主动限制快速开奖游戏的布点速度和

---

① 腾讯体育：《世界彩票研究协会主席诺比：彩票部门的责任》，参见 http：//sports. qq. com/a/20121115/000748. htm。

广告的投放，该集团还对参与网络游戏的彩民做出限制，限制个人每周购买彩票上限为200欧元。南非国家彩票运营商为避免零售商贪图利益，专门安排人力、财力对销售点进行监督，一旦发现有违背社会责任彩票理念，例如向未成年人或超购买彩民能力销售彩票等，立即取消其零售商资格。

2009年，中国财政部曾提出，彩票发行机构、彩票销售机构要牢固树立起责任彩票和社会责任理念。福利彩票、体育彩票近年来也大力推动彩票的社会责任，如前文所述，2012年11月湖北省福利彩票发行管理中心在发布了《福利彩票社会责任报告》。这都是中国彩票业自觉履行社会责任的体现，表面了彩票社会责任的理念被认同和接受。彩票业发展必须为全社会负责，应该将其所带来的负面影响限制在社会和大众可接受的限度内，彩票业发展不应该造成道德滑坡，不应给社会带来过多不良的心理暗示。具体说来，彩票行业应承担的社会责任主要包括：

1. 为社会公益慈善事业发展筹集公益金

彩票发行的首要目的就是为社会福利、社会救助、灾害救助、体育事业等的发展募集公益资金。作为一项特殊的国家政策，筹资功能是彩票行业存在的合理性之所在。但是，筹资并不意味着彩票行业单纯追求筹资规模的最大化，在追求合理规模的同时，还需要对彩民奖金、公益金和管理费用等进行合理配置，降低彩票管理及发行费用，将彩票公益金用到社会最需要的地方，并做到将使用分配中的风险降到最低。

2. 培育彩民群体，奠定彩票发展基础

彩民群体是彩票消费者，也是彩票行业发展的最终依托，没有成熟而健康的彩民群体就很难谈得上彩票行业的可持续发展。理想的彩民群体结构应该是以中高收入的群体为主，较低收入群体为补充。彩票行业要采取有针对性措施，优化彩票玩法和游戏设计，推动彩民群体结构的不断优化。同时，倡导“多人少购”的健康、公益购彩理念，采取恰当的限购、限赔等手段，将彩民购彩上瘾的风险降低到最低限度内，保障彩票消费群体的健康心态，防治病态彩民、问题彩民的产生。

3. 应对彩票业所带来的社会问题

彩票业发展必然会带来与此相应的一些社会问题，中国彩票业快速发展，其所带来的问题也不可能避免。在这些问题中，一些彩民大额、非理性购彩所带来的问题及其预防矫治最为引人关注。由于中国彩票不记名，彩民的有关购彩资料数据难以掌握，但是问题彩民不断出现在大众和媒体视野中说明这一问题并非空穴来风。很明显，非理性购彩、购彩成瘾所带来的问题彩民以及体育竞猜中被人们所诟病的操纵比赛风险等都和彩票发展紧密联系，需要彩票业采取相应的防范治理措施。

4. 弘扬公益而非赌博的公益文化

彩票行业的发展要立足社会福利目的与公益慈善取向，要通过公益资助、媒体宣传等渠道，让社会公众充分知晓彩票行业存在的宗旨和意义，告诫民众购彩体现了奉献精神，彩票只是一种休闲游戏，彩票中奖概率极低，而非成功率较高的投资手段，杜绝宣扬买彩票而一夜暴富的负面诱导。公益文化是彩票行业得以长久发展的社会理念基础，彩票机构及大众媒体要更多地宣扬彩票的公益用途，宣传彩票公益金的使用，提高彩票行业的公益形象，为彩票行业的可持续发展赢得更多的社会支持。

第二节
彩票利益相关方的社会责任（上）

作为研究主题，彩票利益相关方的社会责任是指彩票利益相关各方在彩票行业发展过程中对全社会所承担的责任和义务。我们将彩票利益相关方区分为彩票规制方、彩票管理方、彩票行销方、彩票购买方、彩票受益方以及彩票协作方，这些利益相关方在彩票行业中处于不同地位，对行业发展具有不同的影响，承担不同的社会责任。就中国而言，中国的彩票行业已经成为国家经济社会发展的重要组成部分，并对中国社会、经济和文化发展产生着越来越大的影响，中国社会福利、公益慈善事业的发展在一定程度上依赖于彩票业的健康发展。在此背景下，对彩票利益相关方所承担的社会责任进行分析，无疑具有重要意义。

一、彩票规制方及其社会责任

世界各国的彩票管理基本都依法进行，大多由政府统一规制下由特定组织机构垄断经营，中国与此大体相仿。基于此，彩票的规制方主要是由立法机构及政府来充当的。彩票规制方社会责任的重心在于“规制”二字，也就是构建彩票运行及监管的法律制度，奠定彩票运营体制框架，各方相互制约、相互协作推动彩票筹资功能的发挥。

（一）彩票规制方的含义

彩票也像博彩，好像一把双刃剑，它既可以成为利国利民的利器，也可能成为社会的毒瘤，而其究竟扮演什么角色就都取决于如何对彩票进行规制。彩票规制体制机制，及其具体规制方式以及规制水平决定了彩票业在社会现实中的地位和功能。

在世界各国，彩票规制都是由立法机构及政府来承担的。政府规制首先是用立法手段制定彩票运行管理等相关法律法规，使得彩票行业运营有法可依。例如，英国在 1934 年通过了第一部彩票法案——《赌博与彩票法案（Betting and Lotteries Act 1934）》，此后明确以彩票作为法律名称的相关彩票规制及管理法案等法规，以及经过反复修订的数量达到 100 多部。1976 年英国颁布的《彩票与娱乐法案（Lotteries and Amusement Act）》将英国彩票基本划分为小型彩票（Small Lotteries）、私人彩票（Private Lotteries）、社会彩票（Society Lotteries）以及地方政府彩票（Local Authority Lotteries）四种类型。其中，小型彩票、私人彩票较少受到管制，餐馆、宴会、商店等场所可以在其经营场所内现场发行小型彩票，最多不超过 250 英镑，也不能用现金兑奖；私人彩票仅可以在社会团体的办公地点内面向社会团体会员发行，不能向同处办公地点的其他人士发行。一些慈善、体育、文化类团体可以发行社会彩票，发行计划要得到团体认可，并须到地方当局（市政厅）或者英国博彩委员会（The Gaming Board）注册。地方政府可以发行地方政府彩票，但必须在英国博彩委员会注册，并交纳一定的注册费。另外，英国发行的国家彩票（The National Lottery）有自己单独的立法，其运营监管主要由国家彩票委员会（The National Lottery Commission）负责。

其次是在立法规制的基础上，政府职能部门、彩票行销机构等不同主体构建起彩票行销、管理以及运行监督的体制框架。以世界上彩票运作规制比较完善的美国为例，美国市面上的彩票种类异常繁多，其发行以州为基本单位（目前共有 45 个州发行彩票），各州在本州范围内发行自己的彩票，大多数州发行乐透型彩票（六合彩，49 选 6、54 选 6 等）以及传统彩票、即开型彩票等。一些州，尤其是人口较少的州联合起来发行跨州彩票（Interstate Lottery）、州际彩票（Multi - State Lottery，简称 MUSL），例如乐透型的彩票游戏“超级百万（又称兆彩 Mega Millions）”、“威力球（Powerball）”等，其奖金数额高达数千万乃至数亿美元，2012 年 3 月 31 日，超级百万曾开出迄今美国最高纪录的 6.4 亿美元大奖。基于各州法律法规的差异，各州彩票游戏的类型及方式不尽相同。但是，政府规制的基本框架却是相似的。一般各州都设立州彩票委员会作为彩票管理的最高机构，该委员会由若干来自州参议院、众议院的议员和州长任命的公众代表委员等组成，委员会在任期内负责州彩票政策制定与运行监督。彩票公司是各州彩票的直接运营管理机构，彩票公司由公司经理直接监督和领导，经理由州长任命、经彩票委员会多数成员赞成通过，并对该委员会负责。彩票通过代销商发行销售，代销商必须向州立彩票公司提出申请，并取得代销牌照才可销售；彩票公司在审查申请人经济、纳税情况，所在区彩票市场以及与附近其他代销商关系等情况后决定批准与否。代销商如有欺诈等不法行为，公司有权拒绝发放或收回代销牌照。

再以英国的国家彩票管理监督为例。1993 年，英国制定了《1993 年国家彩票法案（National Lotteries Act 1993）》。1998 年 12 月国家彩票法修订议案通过，对其进行了修订成为《1998 年国家彩票法案（National Lotteries Act 1998）》①。彩票法案确立了彩票发行的许可证制度，界定了主管部门的权力和责任，明确了彩票管理委员会的任命和职责，规范了彩票发行运营管理、彩票运行监督管理、彩票公益金分配及使用管理等制度，从而建构了彩票管理的基本结构框架，为彩票发行销售、彩票资金等的监督奠定了法律基础。基于此彩票管理法案的规定，文化、传媒和体育部负责国家彩票的管理工作，由主管部长任命 5 名委员会组成国家彩票管理委员会来对彩票运营情况进行监管，包括监控彩票资金流动，监督彩票开奖活动，并监督彩票销售网络运行，以保证彩票的经营行为符合法律规范，并

---

① 《1998 年国家彩票法案》对《1993 年国家彩票法案》修订主要包括：①用国家彩票管理委员会取代 1993 法案中设置的彩票管理总监，并将其作为彩票管理主体；②增加了对彩票发行销售中违规行为的处罚，相应增加了审计部门的权力；③调整彩票公益金的分配，包括调整分配额度，新增“新机遇基金（The New Opportunities Fund）”，设立作为社团法人的“国家科技和文艺基金（The National Endowment for Science, Technology and the Arts）。

保护彩票购买者利益，促进最大限度获取彩票公益金。国家彩票的日常管理职能则由彩票委员会任命的总经理负责。除了主管部门以外，财政部和审计部门还负责对彩票资金的纳税、资金使用等的资金账户、账目等财务状况进行管理审查。

在中国，政府规制主要是基于行政法规以及政府职能部门之间的分工协作来行使的。从 1987 年中国开始发行彩票以来，关于彩票管理的法制化建设一直滞后，彩票管理法律法规处于低度发展的状态。多年来，彩票运行管理监督等一直由彩票发行管理职能部门制定的行政规章甚至具体管理机构发布的规章办法进行规范。20 世纪 90 年代初，国务院多次发布通知，加强彩票市场管理，禁止擅自发行彩票，确立了彩票发行审批权在国务院、中国人民银行为主管机构、福利彩票和体育彩票分别由民政与体育职能部门进行发行管理的体制框架。1999 年 12 月，国务院发文，将彩票市场监管职责移交财政部。2001 年 10 月，国务院颁发《关于进一步规范彩票管理的通知》，重申了国务院审批，职能部门分工管理的体制框架，并明确了职能部门之间的职责划分，规范了彩票资金的管理。

2001 年以后，伴随彩票发行规模的不断扩大，彩票管理领域法制缺失的问题日益突出，在西安“宝马案”、扬州“彩世塔案”（又称深圳“彩世塔案”）、河北邯郸“盗窃金库案”等彩票相关案件在媒体上曝光后，彩票立法滞后的现象越来越遭人诟病，要求政府出台彩票管理法规的呼声越来越高。为了提高彩票发行的公信力，增强彩票民事法律关系的确定性，保护彩票参与者的正当权益，加强并规范彩票行政管理，同时，为了打击非法“六合彩”、地下赌球、互联网非法投注等违法赌博活动，维护彩票市场秩序，制定专门的彩票管理行政法规被提上政府议事日程。经过多年的立法准备，在尊重彩票管理现状的基础上，2009 年 4 月，《彩票管理条例》颁布，并于同年 7 月 1 日实施。条例肯定了行政职能部门分工管理的体制，赋予各部门相应的职责权利，并提出对管理人员行为的规范。2012 年 1 月，《彩票管理条例实施细则》在财政部、民政部、国家体育总局部（局）务会议通过，并经国务院批准后公布实施。条例及其实施细则界定了彩票管理的部门职责，并对彩票的发行销售管理、开奖兑奖管理、彩票资金管理等进行了具体规定，成为目前中国彩票规制的主要法规依据。

（二）中国的彩票规制方及其职责

彩票管理体制问题是彩票规制的关键问题。很长时间以来，中国彩票的运营由公益金使用部门自我经营、自我管理，运营管理属于“摸石头过河”方式，管理思路及方向不够清晰。由于彩票管理相关法律缺失，缺乏权威部门对其进行统一规划设计，导致彩票业福利彩票与体育彩票同质化产品的恶性竞争，从而影响了筹资效率和市场健康发展。

2009 年出台的《彩票管理条例》将中国彩票发行以来所形成的管理体制现状予以合法化，在此基础上界定彩票主管部门和各相关部门职责，规范和强化政府部门的彩票监管职能。根据此条例，中国彩票管理采取由国务院特许批准发行，财政部、民政部及国家体育总局共同监管彩票运行的规制框架。其中，国务院财政部门负责全国的彩票监督管理工作。国务院民政部门、体育行政部门按照各自的职责分别负责全国的福利彩票、体育彩票管理工作。省、自治区、直辖市人民政府财政、民政及体育部门比照这种职责分工负责本行政区域的彩票管理的相关工作。

《彩票管理条例》赋予国务院在彩票发行审批方面的最高权力，规定彩票特许发行由国务院批准，不同彩票品种的彩票资金分配比例由国务院决定；未经国务院特许，禁止发行其他彩票，也禁止在国内发行、销售境外彩票。在此基础上，对政府职能部门对彩票的行政管理职责进行了界定。

根据《彩票管理条例》、《彩票管理条例实施细则》的规定，财政部负责全国的彩票监督管理，包括制定彩票监督管理制度，监管彩票市场及彩票发行销售，监督彩票资金的解缴和使用，审批彩票品种及彩票销毁方案等。民政、体育行政管理部门按照各自职责分别负责全国福利彩票、体育彩票管理，包括制定全国彩票事业发展规划，设立彩票发行机构；制定部门彩票公益金管理办法等。由此可见，中国的彩票规制采取政府部门分工负责、相互协作的方式。

政府除了对彩票监管进行规范，还对彩票资金的比例及使用进行规制。中国彩票资金使用分配多次进行调整。2001 年 10 月，国务院颁发《关于进一步规范彩票管理的通知》，对中国彩票资金的分配进行调整，规定返奖资金的比例不得低于 50%，公益金比例不得低于 35%，管理费用不得高于 15%。彩票公益金纳入财政专户，实行收支两条线管理。2005 年后，经国务院批准，彩票公益金的分配进行如下调整：彩票公益金在中央和地方之间按 50∶50 比例分成；中央集中的公益金，在社会保障基金、专项公益金、民政部和体育总局之间的分配比例为 60∶30∶5∶5；地方留成公益金由福彩和体彩分开核算，按照各种的彩票发行宗旨使用。另外，还调整了不同彩票游戏类别的资金分配比例：足球彩票返奖比例上调到65%，发行费下调到13%，公益金下调到22%；即开型彩票返奖比例上调到65%，发行费下调到15%，公益金下调到20%。

（三）彩票规制方的社会责任

政府立法特许彩票发行，并基于彩票行政管理法规，建构彩票运营管理体制，界定彩票行销机构行为，并对彩票公益金使用、分配等进行管理，从而构建彩票运行、管理及监督框架，推动政府职能部门、彩票行销机构等不同主体之间的运营监管。分析各国彩票运行监管的法律规范，我们可以发现作为彩票规制方的政府承担着对彩票行销监管，对公益金使用进行配置的法定职责。这些法定责任构成政府彩票规制的基础，基于此，彩票规制方的社会责任包括：

1. 设定彩票发行管理监督框架，规范彩票公益金使用

政府如何设定彩票发行管理框架对彩票行业管理的绩效和水平具有重要影响。从世界各国彩票管理体制来看，大多采取法律特许经营、政府依法管理和企业化垄断运营的管理框架。政府对彩票资金分配都有着严格的规定，返奖、公益金和管理费比例以及公益金使用都由政府明确规定。这是政府行政许可和行政管理监督的基础，也是政府规制的核心内容。中国政府根据彩票发展的历史经验，采取国务院特许发行，政府部门管理，中国福利彩票和体育彩票发行部门分别负责、财政部门监管的彩票管理体制，这奠定中国政府规制的框架和基础。

2. 规范彩票发行、销售及其管理机构的行为

彩票发行销售具有明显市场色彩，但是由于垄断经营及不完全竞争的存在，诚实、守信、服务、规范等因素不可或缺。这就需要建立彩票机构及从业人员的规范准则，规范其发行、销售、开奖、兑奖等彩票运行的各个环节，建立风险管理体系，公开彩票公益金资助使用程序，将整个彩票行业的运营管理放在阳光之下，通过彩票运行过程的公开和阳光操作，将彩票行业及从业人员不道德的风险降到最低，树立彩票行业的公益、公信品牌，奠定其运营的社会基础。

3. 规范彩票筹资功能，限制其负面效应的膨胀

国家发行彩票的目的是为了筹集社会公益资金，促进社会公益事业发

展。但是，由于彩票自身所具有的博彩副作用，因此，国家在发行彩票时应当兴利除弊，即在充分发挥彩票筹资功能，发挥其公益使命的同时，要将其不良作用限制在社会可以接受的最小限度内。为此，发行彩票要确立责任彩票的理念，提倡负责任和理性彩票的观念，推进彩票的公益使命与社会责任间的微妙平衡。

作为彩票规制方的政府在彩票特许发行，规范彩票发行销售以及彩票管理监督等方面肩负着重要使命。政府在彩票行业管理的社会责任也以此为核心构建起来。彩票发行管理体制、彩票发行销售体系、彩票资金分配使用等构成政府对彩票运营管理监督的核心，也是政府应该肩负的基本职责。而彩票管理监督的目标就是通过合理科学的制度安排，在满足彩民博彩需求、募集彩票公益金与承担社会责任之间寻求恰当的平衡，最大限度地发挥彩票筹资功能，并将其负面影响降到社会可接受的限度内。

二、彩票管理方及其社会责任

彩票管理方主要负责彩票发行、销售、抽奖、兑奖等彩票运营的管理和监督，其社会责任主要围绕彩票运营监管而展开。

（一）彩票管理方的含义

和彩票规制相仿，彩票管理也大多是基于法律法规所建构起来的，由政府职能部门或者其设立的专门机构负责。彩票管理主要是对彩票运行各个环节的监督管理，以保障其安全运行，筹集彩票资金，对彩民、公众负责，提高彩票公益金筹集的效率和效益。

大多数国家的彩票管理由专门设立的组织机构负责，以英国国家彩票的管理为例，英国国家彩票的监管主要由国家彩票委员会负责，彩票运营商的牌照也由该委员会颁发。国家彩票委员会于 1999 年 4 月根据《国家彩票法案 1998》设立，取代了此前设立的国家彩票总监（The Director General of the National Lottery）及其所负责的国家彩票办公室（Office of the National Lottery，简称 OFLOT）。委员会是一个独立于政府部门的公共机构，从属于英国文化、传媒和体育部，由该部主管部长任命的 5 名委员组成。彩票委员会的主要职责是确保国家彩票的顺利发行，保护彩民的利益，并在此基础上最大限度地为公益项目筹集资金。该委员会的具体职能包括选择国家彩票经营商，发放彩票运营牌照；组织牌照竞标活动，确定经营许可有效发挥作用；监管国家彩票经营商的依法经营，确保国家彩票经营商足额交付筹资等。同时，委员会还拥有在必要情况下对运营商进行处罚和撤销牌照的权力。但是，该委员会不负责筹资金额的分配。国家彩票委员会对国家彩票运行管理的具体方式方法主要包括：

（1）对国家彩票运营以及特定类别彩票的上市进行授权。英国 1993 年的国家彩票法案规定国家彩票的运营权只能颁发给一家公司。1994 年，卡梅洛特集团公司（Camelot Group plc）获得英国国家彩票委员会颁发的为期 7 年的经营许可权。2002 年 1 月与 2007 年 8 月该公司连续获得英国国家彩票的运营资格，其彩票经营许可一直持续到 2019 年。另外，彩票法案还规定，彩票委员会还可以决定某种彩票或某一类别彩票是否可以上市发行。例如，国家彩票委员会已经给互动型即时赢游戏和即开型彩票这两种游戏颁发了销售许可。开展此类彩票游戏的公司就无需每次为此种彩票申请上市牌照。彩票委员会会对每类彩票都设定价格、奖金额度等统一参数，如果有某种彩票不符合这些参数设置，就必须单独申请销售牌照。

（2）监管彩票运行流程，确保抽奖的公正性。国家彩票委员会监督彩票运营商的整个操作过程，确保国家彩票游戏的依法运营。委员会还可委任第三方独立机构进行相关研究和发布结果，以证实所有彩票的抽奖结果都是随机产生的。例如，该委员会委托赫特福德大学进行了针对彩票游戏的 249 道测试实验，委员会也要求运营商做此类定期检查。特别是针对即开型彩票，彩票委员会有一套专门监控流程，以促使运营商严格操作程序，确保彩票印刷、储存、配送、销售的安全。

（3）采取校验系统监控彩票资金运行。国家彩票委员会使用一套独立的计算机校验系统，监控国家彩票中央电脑系统和其网络终端的可靠性、安全性和高效率。在彩票销售行为发生时，该系统就开始处理并报告国家彩票的财务数据。委员会可以通过该系统监控彩票每天的销售额及奖金支出额，以保证获奖者人数和奖金额的准确性，同时保证用于公益的彩票资金正在筹集。

（4）监督彩票资金的转移和分配。国家彩票委员会监督彩票资金对公益事业的投入和对获奖者的奖金支付。一般来说，彩票资金在奖金、公益金、部门资金、佣金之间分配时各自占一定比例。彩票资金的一部分首先会从运营商转移给彩票分配基金会，彩票委员会将确保资金支付完整、准确、及时。接着，运营商需要将奖金投入彩民资金信托，以保证资金安全，并明确区分这笔资金和其他账户资金。委员会会检查运营商支付给信托机构的每一笔支出。在信托机构，彩民的奖金将接受受托人的独立监管，而无人认领的奖金在到期后会被转移到国家彩票分配基金会。彩票委员会要监督并确保所有资金的转移和支付完整无误。

（5）对彩票运营商和供应商的行为进行监管。委员会对彩票运营商和供应商中的某些可能影响国家彩票运行或声誉的行为、不符合所制定标准的行为等进行审查，并有权要求运营商公司董事、股东、部分部门的员工以及一些关键承包商和第三方供应商接受特别规定的审查。委员会对接受审查的公司或个人所提交的声明和公开申报表格进行审查，通过不同机构核实核查信息。另外，委员会对没有履行规定义务的运营商进行处理，涵盖违约行为的描述记录，监管者采取的措施和事件结果等。

（6）采取措施保护彩民利益。保护彩民利益是国家彩票委员会重要的法定职责之一，是其开展一切工作的核心。其保护彩民利益的措施包括：保证彩票运营商及时向彩民支付奖金或奖品；为彩民们提供清楚无误的购买、游戏、兑奖等彩票信息；预防彩票无节制地购买及出售给16岁以下未成年人；保证获奖者的匿名，防止可能发生的欺诈行为；通过实施安全验证步骤来确定获奖者的身份；处理彩民的各种投诉等。

有的国家其彩票管理直接由政府部门负责，其彩票运行管理的做法也和英国截然不同。以法国为例，法国预算部是法国彩票的主管机构，代表法国政府对国家游戏集团的彩票经营活动进行监管，以保证彩票业的安全运作及透明度。其具体管理方法包括：

（1）主导董事会决策。在国家游戏集团的董事会中，来自法国预算部的人员占有多数席位，预算部的很多官员都曾担任或正担任游戏集团的董事，以主导董事会的决策。

（2）派驻人员监督集团运作。在国家游戏集团派驻监督员，负责监督企业是否按时将公益金如数上缴国家财政，管理运营手段措施是否与政府规定一致，向国家上报的数据诸如销售额、利润等是否符合事实等；监督员随时向预算部部长提供信息，并对企业重大决策，例如新的游戏玩法、子公司经营状况等提出意见。

（3）审批彩票游戏的新玩法。国家游戏集团一般先设计游戏玩法，并制定出相应游戏规则上报预算部；预算部根据游戏玩法是否与现行法规相吻合以及对国家预算是否有好处等，而对其提出的新玩法进行审核批复。

（4）制定集团整体发展策略。预算部从整体上控制国家游戏集团的发展情况，例如资金分配会直接影响到彩票经营的好坏、国家财政收入的高低，确保游戏集团正常的发展速度和规模，在公众心目中树立良好形象，并成为国企的典范。

作为国有企业，国家游戏集团在经济、金融等方面都要接受国家监管，除预算部之外，集团还要接受审判法庭、行政法院和有关财政金融法令的监管、约束。法国内政部还设有游戏警察，专门负责检查彩票有无作弊行为，调查彩票案件等。

（二）中国的彩票管理方及其职责

中国《彩票管理条例》、《彩票管理条例实施细则》界定了全国和地方的彩票管理职能部门。具体说来，该条例规定国务院财政部门负责全国的彩票监督管理工作，省、自治区、直辖市人民政府财政部门负责本行政区域的彩票监督管理工作。民政部门、体育行政部门按照各自的职责分别负责全国的福利彩票、体育彩票管理工作，省、自治区、直辖市人民政府民政部门、体育行政部门按照各自的职责分别负责本行政区域的福利彩票、体育彩票管理工作。

《彩票管理条例实施细则》界定了不同政府职能部门的管理职责，规范了财政部门与民政部门、体育行政部门的职责分工。实施细则规定，财政部负责全国的彩票监督管理工作，其主要职责包括：制定彩票监督管理制度和政策；监督管理全国彩票市场以及彩票的发行和销售活动，监督彩票资金的解缴和使用；会同民政部、国家体育总局等有关部门提出彩票公益金分配政策建议；审批彩票品种的开设、停止和有关审批事项的变更；会同民政部、国家体育总局制定彩票设备和技术服务标准；审批彩票发行机构财务收支计划，监督彩票发行机构财务管理活动；审批彩票发行机构的彩票销毁方案。省级财政部门负责本行政区域的彩票监督管理工作，其主要职责内容与财政部的职责相仿。

民政部、国家体育总局按照各自的职责分别负责全国的福利彩票、体育彩票管理工作，主要职责包括：制定全国福利彩票、体育彩票事业的发展规划和管理制度；设立福利彩票、体育彩票发行机构；制定民政部门、体育行政部门彩票公益金使用管理办法，指导地方民政部门、体育行政部门彩票公益金的使用和管理；审核福利彩票、体育彩票品种的开设、停止和有关审批事项的变更；监督福利彩票、体育彩票发行机构的彩票销毁工作；制定福利彩票、体育彩票的代销合同示范文本。省级民政部门、体育行政部门按照各自的职责分别负责本行政区域的福利彩票、体育彩票管理工作，主要职责内容与民政部、国家体育总局的职责相仿。

《彩票管理条例》规定，国务院民政部门、体育行政部门依法设立的福利彩票发行机构、体育彩票发行机构（以下简称彩票发行机构），分别负责全国的福利彩票、体育彩票发行和组织销售工作。省、自治区、直辖市人民政府民政部门、体育行政部门依法设立的福利彩票销售机构、体育彩票销售机构（以下简称彩票销售机构），分别负责本行政区域的福利彩票、体育彩票销售工作。这实际界定了福利彩票、体育彩票的发行和销售管理机构，并分别赋予其发行与销售管理的职责。《彩票管理条例实施细则》则对彩票发行机构、彩票销售机构的职责进行了具体规范。

（三）彩票管理方的社会责任

立足于规范彩票运营及其监督的法规体系，可以发现彩票管理大多实行的是政府职能部门之间分工协作的模式。当然，有的国家中央、地方不同层级之间的管理职责有别，采取复合管理的方法。中国政府职能部门之间分工明确，财政部门负责彩票运营监管，民政、体育部门分别负责福利、体育彩票运营管理；在不用层级之间，中央机构负责整体性规划设计，地方机构负责区域范围内具体实施落实。尽管各国彩票管理方式以及彩票管理的政府职能部门存在不同，但是，我们可以发现彩票管理方的社会责任主要包括：

1. 推动部门间交流协作，确保彩票运营体系的依法运行

当彩票的运营监管由不同部门分工负责，而非由某特定机构专门负责时，不同运营监管部门机构之间的沟通、互信与协作就变得十分重要。彩票运营及其监管部门要从彩票发行的基本宗旨出发，在彩票管理法律体系内规范各自的部门行为，担负各自的法定职责；同时，针对彩票运营及管理中存在的问题，主动与相关部门进行沟通协商及时处理，确保彩票运营体系的依法运营。

2. 推进层级间良性互动，发挥中央与地方分级管理的优势

彩票发行、销售及其监督管理在中央和地方不同层级之间存在工作重

心的相对区分，中央级职能部门集中于全国彩票行销系统的管理，以及彩票发展的规划及制度建设，而地方主要负责区域内彩票销售及其监督管理。不同层级的职能部门之间相互协作，在集中统一管理和自主经营之间保留适当的管理弹性，推动相互间的良性互动，以调动不同层级部门人员的积极性，推动彩票业协调运行和统一监管。

3. 强化彩票类型间的互补性，防止彩票游戏的同质化

彩票发行销售由不同部门及机构负责，而不同部门机构之间在彩票游戏类别没有一定区别的情况下，很容易造成产品的同质化，进而导致同质化产品之间的恶性竞争。基于承担彩票社会责任的视角，各国大多强化不同部门、机构在彩票游戏类型之间的互补性，通过彩票游戏产品的差异化推进彩票类型的创新，或者针对购彩人群进行市场细分，按不同细分市场匹配相应的彩票游戏种类，从而提高彩票游戏类型间的异质性，避免彩票游戏的同质化和恶性竞争。

4. 提高资金管理水平，确保彩票资金的合理与规范使用

彩票发行的基本目标是筹集社会公益资金，弥补政府财政资金的不足。在彩票资金筹集过程中，要强化彩票资金的管理，要对彩票资金的收入、分配及其使用的各个环节进行监管，保障彩票资金在奖金、公益金和管理成本之间的科学合理配置，保障彩票公益金在不同领域和公益项目之间科学合理的分配，保证彩票资金规模合理，并规范地予以分配和使用。

三、彩票行销方及其社会责任

彩票行销方是彩票实际发行销售部门机构。彩票行销方大多采取垄断经营的方式，由国家设立的特定机构或者公司企业具体运营。彩票行销方的主要职能在彩票的实际发行和销售，其社会责任也是围绕彩票的发行销售过程而构建起来的。

（一）彩票行销方的含义

彩票行销方是指彩票的发行销售承担方，彩票的发行、销售方是国家发行销售彩票必须具备的重要组织机构。在世界大多数国家，彩票的发行销售是在国家或者州的范围内，具有垄断行销权的机构、专营公司企业等来承担的。例如，英国的《1993 年国家彩票法案》规定，彩票管理机构可以以特许方式批准一个公司具体经营国家彩票，且任何时候经营国家彩票

的公司只能是一个；特许经营的时间为7年。基于此，英国每7年都要采取招投标的方式来决定国家彩票的行销经营公司。英国的卡梅洛特集团公司在1994年、2000年的招标中获胜，获得国家彩票的行销权。该公司通过与彩票零售商，以及超市、加油站、杂货店、邮局等合作，在全国建立起72000多个彩票零售点，销售电脑彩票、即开型彩票。这些零售点依据与开米劳特公司签订的代销商业合同进行运营，并从代销中获取利润。

在美国，允许发行彩票的州由州议会批准，设立州彩票公司，大多由其独家在本州范围内拥有各种类型彩票的发行销售权，州彩票公司通过经销及代销商建立行销网络。彩票公司经理由州长任命，经州彩票委员会投票通过，并对该委员会负责。一些州联合开发发行跨州的彩票，还有少数州彩票公司将部分彩票品种的经营权授权给一些私人公司经营，由其自行组建销售网络。

在法国，由国家控股的法国国家游戏集团是全国唯一合法的彩票发行组织，独家拥有法国彩票的行销权。集团总经理由政府总理提名，以总统令形式任命。集团公司通过全国200多个批发商，控制着全国40000多个零售商来销售国家彩票，包括联网销售的六合彩以及传统彩票等。

在澳大利亚，彩票由各州的彩票管理局或者委员会发行。管理局长或委员会主席由州长任命，根据彩票法案的授权行使行销管理权。彩票管理局或者委员会既可以在本州发行彩票，也可以跨州联合发行彩票。在彩票发行中，它一般通过招募代销商的方式，由代销商进行彩票的发行销售。

在中国，根据《彩票管理条例》及其实施细则的规定，彩票发行销售由彩票发行、彩票销售两类不同层级的机构来分担的。民政部、国家体育总局负责设立福利彩票、体育彩票发行机构（以下简称彩票发行机构），分别负责全国的福利彩票、体育彩票发行和组织销售工作。省级民政部门、体育行政部门按照各自的职责分别负责在本行政区域设立本行政区域的福利彩票、体育彩票销售机构（以下简称彩票销售机构），批准建立本行政区域彩票的销售网络，负责本行政区域的福利彩票、体育彩票销售工作。基于这一规定，可见中国彩票发行与销售机构两者之间的关系。

彩票发行方集中于中央政府。中国法定的彩票发行机构有两家，即中国福利彩票发行管理中心（福利彩票发行机构）、体育彩票管理中心（体育彩票发行机构）。这两个中心都是由中央编制部门批准、分别隶属于民政、体育行政部门的事业单位，其基本职责就是行使由中央政府授权的相应彩票发行管理权。

彩票销售方由地方政府部门依法设立。福利彩票、体育彩票的销售方分别由省、自治区、直辖市人民政府的民政部门、体育行政部门依法设立的事业单位承担，这类机构的基本职责是负责本行政区域内的福利彩票、体育彩票的具体销售工作。彩票销售方没有彩票的发行职能，也不得跨地区、跨领域销售彩票，而是接受彩票发行方的委托而在本区域范围内专门负责彩票销售。这就意味着，彩票发行方为彩票行销关系承担最终义务和责任，尽管这种义务和责任可由彩票销售机构、彩票代销者代为履行或者承担，但却不能免除。

（二）中国的彩票行销方及其职责

民政部所属的中国福利彩票发行管理中心（以下简称福彩中心）是中国负责福利彩票发行的机构；国家体育总局所属的体育彩票管理中心（以下简称体彩中心）则是中国体育彩票发行的机构。中国彩票的经营特许和发行销售是基于历史原因根据彩票资金使用目的而设置的，而不是根据彩票的玩法和种类来划分的。福彩中心、体彩中心（以下简称两中心）发行的彩票虽然名称不同，但是彩票游戏的玩法、规则以及销售的方式、对象等，除了体育彩票发行的足球、篮球等竞彩外，都属于基本相同或者相似的彩票品种。

根据《彩票管理条例》及其实施细则的规定，作为彩票发行机构的福彩中心、体彩中心分别负责全国的福利彩票、体育彩票发行和组织销售，其主要职责有：制定全国福利彩票、体育彩票发行销售的发展规划、管理制度、工作规范和技术标准等；建立全国福利彩票、体育彩票的发行销售系统、市场调控机制、激励约束机制和监督管理机制；组织彩票品种的研发，申请开设、停止彩票品种或者变更彩票品种审批事项，经批准后组织实施；负责组织管理全国福利彩票、体育彩票的销售系统数据、资金归集结算、设备和技术服务、销售渠道和场所规划、印制和物流、开奖兑奖、彩票销毁；负责组织管理全国福利彩票、体育彩票的形象建设、彩票代销、营销宣传、业务培训、人才队伍建设等工作。

彩票销售机构是指省、自治区、直辖市人民政府的民政部门、体育行政部门依法设立的福利、体育彩票销售机构，销售机构受发行机构的委托负责本行政区域的相应彩票的具体销售工作，其主要职责是：制定本行政区域福利彩票、体育彩票销售管理办法和工作规范；向彩票发行机构提出停止彩票品种或者变更彩票品种审批事项的建议；向同级财政部门提出本行政区域彩票销售实施方案，经审核后组织实施；负责本行政区域福利彩票、体育彩票销售系统的建设、运营和维护；负责实施本行政区域福利彩票、体育彩票的销售系统数据管理、资金归集结算、销售渠道和场所规划、物流管理、开奖兑奖；负责组织实施本行政区域福利彩票、体育彩票的形象建设、彩票代销、营销宣传、业务培训、人才队伍建设等工作。

为了防范彩票发行销售过程中的各种风险，条例还规定：彩票发行机构、彩票销售机构应依照政府采购法律法规的规定，采购符合标准的彩票设备和技术服务；应当建立风险管理体系和可疑资金报告制度；负责彩票销售系统的数据管理、开奖兑奖管理以及彩票资金的归集管理；应当确保彩票销售数据的完整、准确和安全；应当按照批准的彩票品种的规则和开奖、兑奖操作规程开奖、兑奖。加强对开奖设备的管理，确保开奖设备正常运行，并配置备用开奖设备；应当在每期彩票销售结束后，及时向社会公布当期彩票的销售情况和开奖结果；应当对彩票中奖者个人信息予以保密；应当按照国务院财政部门的规定开设彩票资金账户，及时上缴彩票公益金和彩票发行费中的业务费，不得截留或者挪作他用。

从以上规定可见，彩票行销方实际承担着彩票的发行、销售及运营管理的法定职责，其运营管理贯穿于彩票发行、销售、开奖、兑奖以及彩票资金管理的各个环节，而其中的每一个环节都隐藏着各种风险。因此，彩票行销方必须遵照彩票机构行为等的规范化要求，按照经过批准的彩票游戏规则进行操作，才能够确保彩票的风险控制，保障彩票参与各方的合法权益。保障彩票行销环节、开兑奖环节以及彩票资金管理的安全是彩票行销方的基本职责，这些决定了其所承担的基本社会责任。

（三）彩票行销方的社会责任

彩票行销方是彩票发行销售的实际操作者，其管理绩效对彩票业的健康发展，对维护彩票市场稳定乃至其持续稳定发展具有十分重要的意义。彩票行销方的社会责任包括：

1. 加大彩票游戏研发，丰富彩票游戏品种

创造性地满足民众对彩票游戏娱乐的需求，并由此筹资实现社会公

益，是彩票本身及其市场特点所决定的。依托彩票游戏品种开发，传递彩票价值，满足彩民需求是彩票行销机构的使命之一。当彩票发展不能满足市场需求时，就会产生非法的、替代性的产品或服务，例如私彩、黑彩、境外彩票等。这些非法彩票会扰乱彩票市场发展，妨害正常社会秩序。因此，彩票发行、销售机构必须加强彩票游戏的研发，不断丰富彩票游戏的种类和玩法，满足彩票市场的需求，满足彩民的需求，并借助此手段来推进社会公益。

2. 强化彩票发行销售各环节管理，防范彩票风险

彩票行销方的社会责任贯穿于彩票发行、销售、开奖、兑奖以及彩票资金管理的各个环节，而每个环节都隐藏着运行及管理的风险。随着彩票发行规模的不断扩大，彩票发行销售的网络越来越大，这对彩票终端零售运营、信息及资金管理提出了更高的要求，彩票发行销售管理的难度由此也不断上升。彩票行销方除了遵照彩票机构、行为规范的要求操作外，必须对不断上升的彩票运营风险保持清醒的认识，采取多种防范措施，制定防范风险预案，以保障彩票参与者各方的合法权益，减低彩票运行风险，将其控制在可接受的范畴之内。

3. 加强彩票技术体系规划、构建稳固的彩票技术平台

目前，各国彩票游戏越来越向电子化、网络化方向发展，各种彩票游戏的跨州、跨省甚至跨国的联网销售、网络化运营等对彩票技术支撑提出了更高要求。彩票游戏品种开发、风险防范、发行销售管理、开奖兑奖管理等各个环节以及彩票销售系统的数据管理、开兑奖数据库管理等都离不开相应彩票技术体系的支持。彩票行销方要对不断提升的彩票技术保持敏感，要加强彩票技术平台的规划建设，保障彩票技术体系的软硬件管理水平，构建安全稳固的彩票技术平台，使其能够保障彩票游戏的有序运行，保障彩票数据的安全与准确。

4. 确保彩票游戏依法运营，保护彩票购买者的利益

彩票市场是由彩票发行销售方所主导的。在彩票市场上，彩票游戏的品种、玩法、中奖规则、兑奖规范等等都是由彩票行销方所设定的。而作为彩票消费者的彩民只能遵从这些彩票游戏规则，但其对游戏规则的公平性、诚信性及娱乐性的认可和接受必不可少。彩票行销方只有确保各种彩票游戏能够依据事先订立的规则运行，才能营造一个规范的彩票市场，从

而给彩票消费者以购买的信心和乐趣。也只有在这样规范的彩票市场上，彩票购买者的利益才有保障，才有可能吸引彩民参与彩票游戏，推动彩票发行销售规模的稳定提升。

第三节
彩票利益相关方的社会责任（下）

在前文中，我们对彩票利益相关方中的彩票规制方、彩票管理方和彩票行销方的社会责任进行了分析。在本节中我们将对彩票购买方、彩票受益方和彩票协作方的社会责任进行研究分析。

一、彩票购买方及其社会责任

彩票购买者是彩票发行销售对象，也是彩票运营不可或缺的深厚基础。各国彩票的亿万元销量都是一个个普普通通的彩票购买人集腋成裘的。彩票购买方主要是指作为彩票购买者的彩民。作为彩票的购买者，彩民基本社会责任围绕理性购彩展开。

（一）彩票购买方的含义

彩票购买方，也就是彩票的购买对象，包括各种组织、公民个人等。在中国，人们将其统称为“彩民”。当然，公民个人是彩票最普通、最海量的购买者。除了公民个人，社会团体、社会组织等也可以作为彩票购买方。彩票购买方是彩票的消费者，只有当彩票消费者存在，并且实际购买行为发生时，彩票的发行销售才能成为现实。彩票购买方是彩票行业和市场发展的依托，也是推动彩票行业与彩票市场健康、可持续发展的源头与动力。推动彩票行业进步，推进彩票市场的平稳运行，都离不开彩票购买方的持续支持。

一般说来，基于各种保护儿童及未成年人、控制内部交易、防止洗钱等因素，世界各国都对彩票的购买方以及购买行为进行规范，在彩票市场的销售、购买方面等采取限制措施，包括限制彩票经营管理机构工作人员购买彩票，限制未成年人购买彩票等。例如，在澳大利亚的《南澳大利亚彩票法》规定，任何人不得将委员会发行的彩票出售给16岁以下的未成年人；任何人不得为谋取私利而参与或者帮助犯罪集团购买彩票。澳门相关法律也规定，18岁以下的未成年人（2011年后提高到21岁）、政府公务员和赌场职员不准进入娱乐场。

为了更好地掌握彩民的基本状况，了解彩民需求，各国都采取了一些措施。例如，德国彩票协会不定期地进行彩民调查，了解其关注重点。2007年，德国彩票协会通过抽样调查发现了德国彩民的一些特征：例如彩民的收入对于博彩活动的积极影响最大；头等奖数额对于博彩活动的参与性具有明显的正相关性，而教育程度则与博彩活动的参与性具有负相关性。协会还发现：一般说来，中年男性、教育程度较低、有职业、收入中等、已婚的白领阶层是购买彩票的主体，他们参与博彩活动的总体概率为78%。协会认为了解彩民群体，才能更好地设计彩票游戏规则，吸引更多的彩民参与。

中国对彩票购买者的限制是伴随彩票管理规范的建立而逐步建构起来的。最初对购买彩票者的身份并没有明确的限制性规定，例如对未成年人购买彩票没有进行限制。1994年民政部发布的《中国福利彩票管理办法》甚至规定，"未成年人取得一千元以上奖金，由其法定监护人兑取。"这实际上默认了未成年人购买彩票的行为的合法性。鉴于有的彩票销售点距离学校过近，社会舆论对未成年人购买彩票持强烈批评意见，1999年4月，中国福利彩票发行中心发出《关于禁止向未成年人出售福利彩票的通知》，明确指出：未成年人不具备完全民事行为能力，为了保护青少年身心健康成长，今后福利彩票禁止向未成年人出售，以更好地体现福利彩票利国利民、造福社会的宗旨。财政部发布的《彩票发行与销售管理暂行规定》中载明，禁止向未满18周岁者出售彩票和支付中奖奖金。2009年4月，国务院发布的《彩票管理条例》规定，彩票发行机构、彩票销售机构、彩票代销者不得向未成年人销售彩票。2012年1月，财政部等发布的《彩票管理条例实施细则》明确规定，彩票发行机构、彩票销售机构、彩票代销者在难以判断彩票购买者或者兑奖者是否为未成年人的情况下，可以要求彩票购买者或者兑奖者出示能够证明其年龄的有效身份证件。从而将禁止向未成年人销售彩票的规定落到了实处。

（二）中国的彩民及其权利

目前，中国彩票管理的法律规范都侧重于彩票发行、销售及其管理监督，大多规范彩票发行机构、销售与代销机构、政府管理部门之间的职责以及其相互之间的协作关系。对作为彩票购买者的彩民则很少涉及，对彩民权利及其利益保护更是较少提及。但是，彩民作为彩票行业、彩票市场中的重要一方，是不可或缺的。

当然，彩民进入彩票市场的动机十分复杂，不同动机的彩民在彩票市场的需求也不尽相同。从彩民购买彩票的动机分析，其可以区分为三类：

1. 抱着中奖动机的彩民

彩票发行以极小的概率给极少数彩民提供了通过购买彩票而得中大奖、一夜暴富的机会。抱着中奖动机购买彩票的彩民非常关注彩票号码，并通过多种方式和手段，例如号码走势图、单双号、号码总和等来研究中奖号码的出现规律，努力猜测下期的中奖号码，抱着拿大奖的心态利用倍投、复式投注等方式来购买彩票，增加中奖概率和中奖数量。在购买彩票后，这类彩民会十分关注中奖号码的产生，会关注摇号直播及时查看中奖号码，以确定自己是否中奖，并为下次再购买来选号。

2. 抱有公益动机的彩民

彩票发行给广大民众以回报社会的机会和可能，部分彩民购买彩票并不是为了中奖，而是将其视为扶助弱势群体、为社会福利、社会公益奉献力量的途径。抱着公益动机购买彩票的彩民对彩票号码基本不关注，也不研究号码，大多通过自主随意选号、机器随机选号的方式来购买彩票，购买后也不太关心是否中奖，甚至也不去查看自己购买的彩票是否中奖。

3. 抱着娱乐动机的彩民

彩票是一种娱乐休闲游戏，其发行给人们提供了新的娱乐休闲活动方式，部分彩民将购买彩票视为娱乐休闲活动，并以娱乐、游戏的心态购买彩票。抱着娱乐动机的彩民在购买彩票时也会关注彩票号码，但不会过多的投入时间精力来研究，也会注意中奖号码，但是不会急于关注，对中奖号码的关注度并非很高，对中奖也抱着可有可无的玩乐心态。

如果彩民购买彩票时将中奖作为一种追求和目的，投入过多时间、精力和金钱，而对个人、家庭或职业发展等带来不良甚至破坏性影响时，就会成为问题彩民，甚至病态彩民。由于彩民在购买彩票时不记名，彩民购买彩票的实际支出、购买频次以及彩民总量等很难掌握。根据国际上对购彩成瘾的研究，一般说来，彩民总体的4%—6%左右会成为问题彩民，需要进行干预；而总体的大约1%—3%会成为病态彩民，需要进行矫治。目前，对中国彩民的数量规模尚缺乏科学统计，对彩民数量、问题彩民数量的估计也存在很大差异。河南财经政法大学彩票研究所所长冯白鸣提出，2006—2007年，中国福利彩票发行管理中心与中国科学院心理研究所曾经通过投注站作过关于福利彩票的彩民调查，也涉及"问题彩民"。统计数据显示，问题彩民大概占统计总数的4%左右。学界估计，中国彩民总数在1亿人到1.5亿人之间。如果据此推算，问题彩民大概在400万人到600万人之间①。2010年12月，中国社会工作协会彩票工作委员会总干事苗富瑞在接受《公益时报》记者采访时说："'十一五'期间，我国彩民的增长数量一直保持在每年5000万人左右。据统计，2006年彩民数量已近亿人，今年这一数字可以超过3亿人。按照目前我国彩市规模的扩展速度，在'十二五'期间将现有数字翻一番应该不成问题。6亿彩民，如此盛世着实令人期待。"② 如果按照彩民3亿人来推算，问题彩民则达到1200万人之多。即便以400万人的规模统计，中国的问题彩民、病态彩民也不是一个小数字。而这就需要彩票相关利益方，尤其是彩票发行方、管理方等来进行干预。

作为彩票的购买者，彩民性质也存在着准确定位的难题，有人提出彩民到底是捐献者、消费者，抑或是投资者的问题。合理的答案可能是三者兼而有之。基于此三元定位，彩民权利应该包括：

1. 购彩选择权

购彩选择权是指彩民具有自主决定是否购买彩票、购买何种彩票、购买数量多少的权利。任何单位和个人都不得强迫彩民购买或不购买彩票，不能向组织机构进行推销，更不能向"低保"、"五保户"等福利待遇挂钩来进行摊派。

2. 购彩中奖权

购彩中奖权是指中奖彩民享有的要求彩票发行机构或代理机构按照事先确定的规则予以开奖、给中奖彩民兑奖的权利。彩票中奖的奖品或者奖

① 参见冯白鸣：《中国彩票业面临穷人购彩与问题彩民两大困境　贫困地区消费了更多的彩票》，《中国经济周刊》2010年第8期。

② 倪佳、常鹏：《业内期待6亿彩民带动全民慈善购彩大众化公益全民化》，《公益时报》，2010年12月13日；也可参见 http：//sports. sohu. com/20101213/n278262589. shtml。

金应该以事先约定的形式和数量予以支付，约定以货币支付的不得以实物形式兑付，除非事先约定也不得分期兑付。彩票发行销售机构及其工作人员不得违背彩票中奖者本人意愿，以任何理由和方式要求彩票中奖者捐赠中奖奖金。

3. 购彩知情权

购彩知情权指彩民在购买彩票过程中所享有的、了解其所购买的彩票相应资金分配及风险相关情况的权利，包括彩票发行与销售信息，彩票中奖、兑奖信息和社会公益金使用等情况。彩民有权向彩票发行销售机构等要求查阅、复制有关彩票游戏规则、发行方式、销售方式以及具体实施方案，有权了解有关彩票开奖、彩票兑奖等相关信息情况，有权知晓有关彩票资金的分配、使用及其使用结果等。

4. 彩票监督权

彩票监督权是彩民有对于彩票发行和销售的全过程予以监督的权利。彩民行使监督权的行为以知情权为前提，因此有关彩票行销管理机构要及时进行信息公开，便于彩民获取相关彩票运营信息。彩民行使监督权的手段多种多样，既包括撰写批评文章，对彩票市场主体行使质询权，也包括现场参与摇奖、兑奖等彩票活动，还包括了解彩票资金的使用分配及其后果等。

5. 彩民隐私权

大多数国家彩票的发行销售一般不记名、不挂失，彩票销售方对彩民身份难以把握，这无形中增加了彩民的隐私保护。基于此，彩民隐私权是彩民享有的禁止他人未经本人同意擅自公开或窥探自己的私人信息、私人活动和私人空间的权利。隐私权的核心内容是对自己的隐私依照自己的意志进行支配。彩民有权允许或禁止他人知晓其是否中奖、中奖金额、身份等个人隐私。

（三）彩票购买方的社会责任

相对于政府、彩票发行销售机构来说，彩民处于弱势地位。我国国家的彩票相关规范中相对缺少保护彩民权利的条款，只能从民法、消费者权益保护法等法律中寻求依据。很多国家的彩民远没有有效组织起来，没有建立彩民协会、彩民权益保护协会等类似组织，如果彩民与彩票行销方发生纠纷只能依靠消费者协会调解，或者通过诉讼解决。但是，彩票的专业性以及特殊性使得消费者协会常常对于彩民纠纷无从下手。在诉讼中，面对彩票行销方的主导地位以及对相关法规的解释，彩民所要承担的举证责任、能力都存在诸多欠缺，对彩民权益的保护很难到位。但是，在促进彩票权益保护的同时，彩民在彩票行业与彩票市场发展中依然存在其应尽的社会责任。这主要包括：

1. 理性购买彩票，有意识地防止购彩成瘾

有调查显示一些国家的经常购彩群体中，中低收入的群体占据主导地位，例如有调查称中国中低层收入群体占整个购彩群体的绝大多数，达到70%以上，而这类彩民购买彩票的目的是中大奖①。彩票消费群体的低端化以及购彩的投机、暴富心理势必影响彩票行业的长远发展。彩票行销及管理部门有责任引导彩民理性购买彩票，而彩民也要正确看待彩票，要认识到购买彩票，与其说为中奖，不如说是奉献或者娱乐，购买彩票要量力而行，要充分认识到彩票市场的风险。彩票赌博性质以及中奖低概率特点决定了彩民过度购买造成问题的可能性。倡导用零花钱购买彩票，要有购彩预算，购彩不影响正常的生产生活，不影响家庭与社会和谐，这样才能在奉献爱心的同时收获一种希望，充分享受到购彩的乐趣。

2. 购买合法彩票，对非法彩票及赌博进行抵制

在不少国家和地区，一些处于“地下”状态的彩票游戏，或者非法彩票，甚至非法赌博活动或多或少地存在着。例如，在中国自 1998 年地下“六合彩”在广东揭阳被创建以来，快速向外传播，现在已经基本遍及全国所有的省市区；更为可怕的是在有些地区非法彩票在玩法出现了“私彩公开化”与“公彩私下玩”② 的交织局面。网络赌球、网络博彩等也通过

---

① 参见许明：《过度买彩票不亚于病态赌博》，《大连日报》，2012 年 3 月 13 日 A12 版；也参见 http：//szb. dlxww. com/dlrb/html/2012 - 03/13/content_627873. htm？ div = - 1。另《公益时报》的调查数据也显示类似结论，参见《七成彩民为低收入群体　退休和自由职业占 1/3》，《公益时报》，2011 年 10 月 19 日；也参见 http：//finance. ifeng. com/money/lottery/20111019/4868576. shtml。

② 前一种现象是指在有些地方的彩票销售点不仅销售合法发行的彩票，也代销非法的私人发行的地下彩票。非法彩票由合法彩票销售点代销，使得私彩披上了合法外衣，私彩公开、半公开化。后一种现象是指在现有彩票玩法的基础上，有些地区的彩票玩家创造出与合法彩票不同的玩法和中奖方法，例如，在双色球、七星彩等游戏中，根据每期出现的中奖号码，来买单号或双号，如果所出现的 7 个中奖号中，单数号码多，则买单数的中奖；双数号码多，则买双数的中奖。还有将 7 个中奖号相加，看结果为单数、双数的玩法等等。这些玩法基于合法彩票，但是玩法却改变了。

网络等途径在多个禁止博彩的国家都普遍存在。这些博彩活动宣称有比较高的中奖率、回报率，吸引民众参与，对各国合法的彩票市场有着较大的负面影响。作为彩民，对这些非法彩票、非法博彩要有清醒的认识，要自觉予以抵制，从合法途径购买合法彩票。

3. 对彩票行业及市场运行发展进行外部监督

作为彩票行业的支撑者和彩票市场的消费者，彩票行业的顺利发展、彩票市场的有序运行等都需要彩民参与，需要彩民对彩票行业、彩票市场的运行进行有效的外部监督。彩票市场上游戏的品种、玩法、中奖规则、兑奖规范等等大多都是由彩票行销方所设定的，彩民在遵从这些彩票游戏规则的同时，对游戏规则的公平性、诚信性的外部监督不可或缺。大量彩民采取转换游戏玩法的方式也决定了某种彩票游戏的兴衰。实际上，只有在彩民的有效监督下，彩票市场才能不断提高其运行的规范化与标准化，彩票发行销售的透明度才能不断提高，最终才能保证彩民的利益及彩票市场的稳定发展。

二、彩票受益方及其社会责任

彩票发行的基本动机是社会福利、公益慈善事业的需要。这意味着在社会上存在一些特定群体需要彩票公益金来保障，或改善其生产生活境遇。彩票受益方主要是指从彩票公益金受益的群体或对象，包括社会的弱势群体、特定群体以及普通民众等。作为彩票行业的受惠者，其也存在着道义上要承担的社会责任。

（一）彩票受益方的含义

彩票受益方是指通过接受使用彩票公益金而从彩票行业发展中得到利益的特定群体或者普通民众。彩票与“私彩”的边界在哪里？除了是否由政府特许发行之外，两者区分的关键在于私彩（还包括其他形式的非法赌博）均以少数人的盈利为目标，而国家发行的彩票则以筹集社会福利公益资金为目标。各国的彩票行业多产生于社会福利、公益事业等的建设发展对资金的需求，也只有坚持福利与公益性质，才能使其与私彩等非法赌博严格区别开来。彩票虽然是垄断性的高“利润”行业，但是，政府特许彩票发行所筹集的资金主要用于政府财政能力限制、无法或者很难完成的社会福利公益事业。彩票筹集资金的使用原则是取之于民、用之于民，彩票行业的“盈利”最终都投向社会救助、社会福利以及公益慈善事业等而由社会弱势群体、特定群体以及广大民众所共享，从而构成彩票受益方的基本范畴。

世界各国发行彩票所得公益金的用途不同，彩票受益方也就存在一定差别。例如，2007 年 8 月，英国国家彩票运营商卡梅洛特集团公司在招标获得国家彩票行销权时，与国家彩票委员会约定将彩票收入的 28% 作为公益金，用来支持英国的艺术、体育、慈善、国家遗产、新健康、教育、环境等公益慈善事业①。公益金由彩票基金分配委员会将其分配给负责分配国家彩票公益金的公益事业机构，例如英格兰、苏格兰、威尔士、北爱尔兰的体育运动理事会和艺术理事会，国家彩票慈善会，遗产彩票基金等，再由这些机构选择公益项目，分配彩票公益金。同时强调彩票公益金作为一种特别基金，不能用于补充政府正常的财政预算开支，而应集中于政府预算未资助项目。公益金既可以用于支付从事公益事业项目的人员工资，也可以用于支付基本建设项目资金。和英国彩票公益金用来资助非政府预算项目形成鲜明对比的是，法国目前的彩票公益金则全部纳入政府财政。1933 年 5 月，法国允许退伍军人协会设立彩票公司发行彩票，为退伍军人及农业受灾人员提供资助，例如受伤士兵的治疗以及阵亡、受伤士兵家属的抚恤等。1978 年，组成国家彩票与六合彩公司后，退伍军人协会不再经营六合彩，仅经营部分传统彩票。而在彩票销售收入中，包含在经营成本内的 3% 作为经纪人及退伍军人协会的收入，而 27% 则作为政府收入纳入财政预算。德国的彩票销售收入分配则兼具英法两国特征，其收入的 16.6% 作为税收上交给国家财政，而 17.1% 则拨给文化、社会福利、体育和文物保护等公益事业。

中国彩票起源于社会福利、体育事业发展的需求。总体上，中国彩票公益金的比例在 35% 左右，而足球彩票公益金为 22%，即开型彩票公益金为 20%。2005 年后，彩票公益金在中央和地方之间按 50∶50 比例分成；中央集中的公益金，在社会保障基金、专项公益金、民政部和体育总局之

---

① 2007 年 8 月，卡梅洛特集团公司第三次取得英国国家彩票的运营资格。其彩票资金的分配约定如下：50% 用于返奖，28% 用于慈善事业，12% 上交政府，5% 用于零售商佣金，4.5% 作为卡梅洛特公司的运营费用，0.5% 作为卡梅洛特公司股东的分成。参见《英国国家彩票运营商敲定　卡梅洛特公司运营 10 年》，《公益时报》，2007 年 8 月 15 日。

间的分配比例为60∶30∶5∶5；地方留成公益金则由福彩和体彩分系统核算，按照其彩票发行宗旨分别使用。

（二）中国的彩票受益方

中国彩票发行始于孤儿、“五保户”、老年人、残疾人等弱势群体的社会救助需要，也发端于大型体育赛事场馆建设、比赛经费筹集的需要以及民众对体育健身设施的需求。新中国成立以后，中国逐步建立起了以孤儿、“三无”老人、残疾人及精神病患者等为对象的补救型社会福利制度，长期以来国家财政拨款对其进行救助。20世纪70年代以来，伴随弱势群体社会福利需求的扩展，国家社会福利资金捉襟见肘。1986年，民政部提出发行彩票筹措资金的建议，开始发行社会福利有奖募捐券，筹集社会福利资金，发展以“安老、扶幼、助残、济困”为主要内容的社会福利事业。和此相仿，中国在20世纪80年代，多个省市发布体育奖券，筹集体育设施建设、体育赛会、大众体育发展等资金。1993年，国家体育运动委员会建立全国统一体育彩票发行的请示得到国务院批准，体育彩票开始发行。

基于满足弱势群体以及民众需求的初衷，中国彩票公益金的使用也集中在这些方面。1998年10月，财政部与民政部发布的《社会福利基金使用管理暂行办法》，规定社会福利基金的使用范围主要包括，（1）用于资助为老年人、残疾人、孤儿、革命伤残军人等特殊群体的社会福利事业，帮助有特殊困难的人，支持社区服务、社会福利企业和其他社会公益、慈善事业的发展；（2）对老化、陈旧社会福利实施和社会福利事业单位的维修和更新改造予以适当资助；（3）对公众关注、有利于弘扬社会主义精神文明、能体现扶弱济困宗旨的其他社会公益事业给予适当资助，全年资助总量应控制在本级留成社会福利基金的10%以内；（4）同等条件下，社会福利基金要优先资助革命老区、少数民族地区、边疆地区、贫困地区和受灾地区等的社会福利事业。

1998年9月，国家体育总局、财政部等共同发布的《体育彩票公益金管理暂行办法》规定，公益金主要用于落实《全民健身计划纲要》和《奥运争光计划纲要》以下范围的开支：（1）资助开展全民健身活动；（2）弥补大型体育运动会比赛经费不足；（3）修整和增建体育设施；（4）体育扶贫工程专项支出。其中，资助开展全民健身活动是指用于群众性体育活动、进行全民体质监测、培训社会体育指导等项开支。弥补大型体育运动会比赛经费不足是指用于国际、国家、地方最高级别的大型综合性运动会及重大国际单项体育比赛。修整和增建体育设施是指用于弥补维修和新建大众体育设施及专业体育比赛、训练场馆的经费不足。体育扶贫工程专项支出是指专项用于支持贫困地区体育事业发展的支出。

2012 年 3 月，财政部发布《彩票公益金管理办法》，强调上缴中央财政的彩票公益金，用于社会福利事业、体育事业、补充全国社会保障基金和国务院批准的其他专项公益事业。从福利彩票、体育彩票等彩票行政主管部门以及财政部门公布的彩票公益金的使用情况，我们可以发现，为社会福利、社会救济筹资的福利彩票资助了大批社会福利、社会公益类项目，例如，“社区老年福利服务星光计划”、“农村五保供养服务设施建设霞光计划”、“爱心护理工程”、“残疾孤儿手术康复明天计划”等，通过这些项目，残疾人、城乡低保对象、城乡老年人、农村“五保”对象、精神病人、儿童、孤儿、贫困家庭唇腭裂儿童、艾滋孤儿、流浪未成年人、伤残退役军人等弱势群体成为受益的对象。从 1987—2010 年间，福利彩票公益金资助近 6000 万人，间接受益 1.6 亿多人。以资助全民健身运动、增修体育设施等为筹集目标的体育彩票资助了全民健身场所、健身路径配建器材、社区及青少年体育俱乐部、体育场馆及训练基地等的建设改造，支持图书馆、文化馆、美术馆建设及免费开放，使得广大青少年、运动员、体育教练及指导员以及广大民众成为受益的对象。体育彩票发行以来，全国绝大多数社区都可以看到全民健身设施，惠及全国民众。而中央集中的公益金使用在社会保障基金、专项公益金、红十字会人道救助、救灾及灾后重建、扶贫等方面，使得灾民、贫民以及享受社会保障的普通民众从中广泛受益。

（三）彩票受益方的社会责任

筹资是彩票存在合理性之所在。彩票公益金大多用来支持社会福利、公益服务等发展，彩票的最终受益方都是广大普通民众，尤其是作为社会福利、公益服务对象的弱势群体、特定群体等。例如中国福利彩票以“扶老、助残、救孤、济困、赈灾”为发行宗旨，其受益的主要对象是社会上的弱势群体、生活困难的民众。法国彩票发行的最初是为退伍军人及其家属照顾筹集资金。近年来，各国彩票公益金覆盖的社会公益范畴越来越广，涉及受益对象越来越向弱势群体乃至普通民众扩展。作为彩票受益方，他们在彩票行业发展中所承担的道义性社会责任主要包括：

1. 了解彩票行业，支持彩票行业的持续发展

作为彩票行业和市场发展的直接受益者，弱势群体以及一般民众可以增加对彩票、彩票发行销售、彩票公益金使用等相关知识的了解，可以了解彩票行业的发展目标宗旨，可以了解彩票发行销售及监督管理，可以了解彩票公益金的筹集和使用。在了解彩票行业的基础上，要向周围民众宣传彩票的公益属性，纠正对彩票的错误认知，以实际行动支持彩票行业的发展，为筹集彩票公益金奠定基础。

2. 促进公益设备设施的正确使用，发挥其最大效益

各国利用彩票公益金建立起来大量社会福利、社会服务的场所以及设备设施，例如，福利院、康复医院、社区服务中心、老年人社区照顾中心、健身场馆、健身路径、健身器材等。这些院所、场所及其配置器材等消耗的都是彩票公益金，是专门为弱势群体、特定群体及民众生活服务的。作为受益方，在享用这些设备设施时要正确使用，爱护公共设施设备，防止设备设施的损害，以发挥其最大化效益，方便众多服务对象的使用。

3. 以感恩之心回馈社会，承担相应社会义务

很多弱势群体需要社会的支持和援助，各国所筹集的彩票公益金大多用于扶助弱势群体，保障其基本生活，提高其教育就业能力。但是，这并不能排除弱势群体自身所拥有的资源和能力。弱势群体在力所能及的范围内，要抱有感恩之心，要以适当的方式回报社会。广大民众在享受彩票所带来便利的同时，更需要回馈社会，承担相应的道义责任和义务，推动社会互助氛围的形成，进一步推进彩票行业的发展。

三、彩票协作方及其社会责任

除了彩票的规制方、管理方、行销方、购买方和受益方等彩票的直接利益相关方之外，彩票行业运营发展也离不开彩票协作方的积极推动。彩票协作方主要是指和彩票行业运营发展有关的教育科研机构、行业社会组织、大众媒体等。它们是彩票利益直接相关方交流沟通的媒介和平台，在彩票行业发展中为利益相关各方深化对彩票行业的认识，沟通交流彩票运

行管理信息，宣传教育彩民及社会大众等方面发挥着积极作用，承担着彩票知识及行业发展的宣传、教育、科研等多方面的职能。

（一）彩票协作方的含义

在彩票领域，除了有彩票的直接利益相关方之外，还存在着相对独立于彩票行业、非营利性的第三方机构，在此我们将其统称为彩票协作方。协作方主要包括彩票教研机构、彩票行业社会组织与大众媒体等。和任何其他行业相仿，大众媒体的宣传报道对行业发展具有重要影响，在此不再赘述。彩票教研机构是指彩票相关的教育、科研、培训等相关机构，它可以由政府、协会等多方建立。在博彩业发达的欧美国家，商业管理学院大多设有博彩专业，一些亚洲教育机构也建立博彩、彩票管理专业或学院，培养管理及技术人才，例如，日本大阪商学院、澳门理工学院等都设立了相关彩票管理或博彩管理专业。美国哈佛大学医学院则设立了病态赌博研究中心，研究病态赌博的预防和矫治。英国赛尔福德大学设立游戏和商业博彩研究所，从事博彩业研究教学。1989 年，世界彩票协会建立管理培训学院，以工商管理学院为摹本，对彩票管理人员进行教育培训，提高其处理实际问题的能力。1971 年，北美彩票协会建立彩票学院，对从事彩票管理的中层人员进行培训，以开阔其眼界，更新其知识，提高其管理技巧。中国在民政、体育等的教育系统中，也存在与彩票运营、管理相关的教育科研机构。

社会组织，也称为非营利组织、非政府组织，是指根据国家有关法律建立起来，不被视为政府部门的社会团体、民办非企业、基金会等非营利性的组织或者其他法人。社会组织并非政府部门，不拥有行政管理权，不靠权力驱使运作；也不是经济实体，不靠追求利益的动机驱动；其发展的源动力是公民的结社权利和志愿精神。社会组织介于政府、市场和民众之间，发挥着政府与市场、政府与社会、社会与市场之间信息沟通和冲突调和的作用。根据不同的活动领域，彩票社会组织可以大致分为三类：

1. 彩票行业协会

彩票行业大多由彩票发行销售方推动建立起来，基本职能是行业内部相关主体之间的协调沟通，以推动行业自律，建构行业自我监管规则。以最早建立彩票协会的德国为例，1959 年，德国彩票协会成立，其成员包括各个州的彩票公司。彩票公司在彩票协会的组织下，共同商定彩票游戏的规则和程序，设立彩票奖金额度的多少，吸引彩民购彩的方式等。德国彩票协会成员之间，经常进行信息交流，商讨彩票公司的服务内容、销售策略、市场计划、奖金数目等，从而来实现多方共赢的目标。

2. 彩票基金会

彩票基金会多由彩票相关企业提供资金赞助，致力于在多个领域支持开展社会公益事业的基金会。例如，英国的大彩票基金（Big Lottery Fund）由国家彩票慈善机构董事会（又称社区基金）和新机会基金组织合并建立，是英国国家彩票支持运作的最大公益性机构，国家彩票公益金的40%都被分配给了大彩票基金。大彩票基金通过为公益项目提供资金帮助，由社区团体组织与志愿者组织来运作，满足社区和个人的需求，改善他们的生活。同时大彩票基金也捐款支持法定机构、地方政府和社会企业，但不会为英国政府的法定职责事务提供资金支持。自2004年6月成立以来，大彩票基金组织已经在英国赞助了超过13万个项目，包括健康、教育、环境等多种领域，捐赠共计44亿英镑的公益金。善款捐助范围覆盖整个英国，遍布英国英格兰、苏格兰、威尔士、北爱尔兰等①。

3. 问题彩民矫治组织

针对博彩或购彩带来的问题赌博、问题彩民，一些社会组织会专门为此类群体服务，提供预防及专业矫治性服务。例如中国香港的明爱展晴中心，从2003年起，针对问题赌博提供戒赌辅导服务。到2011年，明爱展晴中心已经辅导了近4000名问题赌博人士，中心还对青年人赌博成瘾进行了预防性介入服务，防止最容易在短时间内成瘾的青年人士参与赌博，或者成为问题或者病态赌博者。在中国澳门，病态赌徒防治中心、圣公会澳门社会服务处、工业福音团契等社会组织也专门针对问题赌民、问题彩民的病态赌博、购彩等行为进行矫正和治疗。

（二）中国的彩票协作方及其现状

彩票相关的教育、科研机构在中国处于初步发展阶段。2002年7月，北京大学建立中国公益彩票事业研究所，以推动博彩业的健康发展为宗旨，致力于彩票业的理论和政策研究，促进健康理性的博彩理念和知识传

① 参见《大彩票基金打造慈善项目　捐助范围覆盖英国》，《公益时报》，2012年12月18日；也参见 http://www.zhcw.com/xinwen/quanqiucaifeng/2452408.shtml。

播，培养专业管理人才，促进国际交流等方面的工作。2005 年，该研究所与政府管理学院联合推出了彩票与公益事业管理专业，首次开始招收培养硕士研究生。彩票专业课程主要有博彩业与公益事业管理导论、博彩业与公益事业管理政策比较研究、博彩营销管理、概率统计学与博彩游戏、博彩的社会负效应和问题赌博研究、博彩法律比较研究等。稍后，上海体育大学、浙江大学、上海师范大学、广东商学院、北京师范大学、江汉大学等相继建立彩票研究机构，有的还培养彩票管理方向的研究生。2012 年 6 月，北京师范大学建立国家彩票发展研究院，它致力于彩票相关领域的研究、人才培养和政策咨询等，以增进社会对彩票公益事业理念的理解，强调社会应有的价值观和社会责任，推动彩票公益事业的健康发展。2010 年，北京社会管理职业学院设立彩票营销与管理专业方向，培养从事彩票管理、彩票营销、彩票票面和品种设计、彩票设备维护的技术型人才。

在彩票类社会组织方面，受到彩票行业的敏感性影响，以及社会组织双重登记管理等管理政策的制约，尽管中国彩票行业、彩票市场蓬勃发展了 20 多年，彩票相关的社会组织，尤其是真正民间性社会组织依然处于低度发展状态。2009 年 8 月，由民间发起的第一家全国性彩票行业组织——中国彩票行业沙龙在北京成立，旨在为各层面的彩票行业参与者提供一个交流、研讨、联谊的综合性互动平台，反映业界呼声，增进与海内外同行的交流合作，推动中国彩票行业健康有序的发展。而具备官方背景的社会组织则逐渐发展起来。例如，中国彩票发展从福利彩票开始，福利彩票协会较早地建立起来。1998 年 1 月，江苏省福利彩票发行管理中心成立了江苏省社会福利彩票协会，该协会进行福利彩票相关的调查研究和培训，组织福利彩票咨询服务活动，参与福利彩票的促销发行活动，还培训了大批彩票管理人才。2003 年，浙江省福利彩票协会成立。次年，广东省福利彩票协会建立。安徽、河北、辽宁、福建、河南等省也成立了彩票协会。2004 年 2 月，中国社会工作协会彩票工作委员会成立。这是目前中国大陆惟一一个具有彩票行业协会性质的全国性社团组织，是世界彩票协会的正式会员。彩票协会为彩票行销机构、从业机构及人员服务，为彩民服务，推动彩票规范化管理和行业标准化建设，为梳理彩票良好的社会形象、净化市场环境做出了不懈努力。

中国彩票行业基金会也很少，目前仅有中国留学人才发展基金会益彩基金管理委员会（简称益彩基金）等在行业内开展活动。作为目前中国惟一一家支持公益彩票及责任博彩事业的全国公益性基金，益彩基金支持彩票领域公益性创新科技研究和理论学术研究，支持政府倡导的公益彩票项目，支持打击非法博彩、救助问题赌博、倡导责任博彩理念的公益慈善活动，支持中国周边国家及国际社会构建责任博彩环境，以宣传彩票公益理念，推行彩票博彩的公益慈善责任，传播健康的公益彩票博彩文化。

就目前存在的彩票社会组织而言，大多尚存在一些欠缺和不尽如人意之处。例如，中国彩票行业协会类组织，基本隶属于福利彩票与体育彩票这两大彩票系统，多处于相对封闭运行状态，缺乏跨系统的行业组织。在世界大多数国家普遍存在的针对问题彩民的购彩成瘾进行矫治的社会组织尚未产生等。但是，随着彩票销量的持续增长，行业发展过程中滋生的问题日益凸显，彩票行业社会组织面临新的发展机遇。

（三）彩票协作方的社会责任

在各国彩票行业发展中，作为彩票协作方的社会组织在其中应有的地位和作风不断显现出来。彩票协作方的社会责任以沟通、协调为核心，它可以围绕彩票利益各方的关切建构起沟通和交流平台，从而协调各方的立场与利益，促进彩票利益相关方之间的合作与共赢。彩票协作方的社会责任包括：

1. 沟通行业各方信息，协作推动行业发展

彩票行业和市场的发展涉及政府部门、发行销售部门和机构、彩民和社会各界的切身利益，彩票协作方要做政府、机构和民众之间的沟通交流平台，为行业长远发展作贡献。例如，对国内外彩票理论实践进行深入分析，为彩票监管运行提供理论指导和权威数据；协助监管部门的管理规范，建立行业良性运行和有效监管的机制框架；提高彩票认知度，激发公众参与的同时提升彩票游戏的趣味性和知识性。通过多方协作，共同交流信息，调和政府与市场、政府与社会之间的矛盾，协调彩票利益相关多方的利益，推进彩票行业的合理规划与健康发展。

2. 开展理论研究与实地调研，倡导彩票相关社会政策

彩票协作方更贴近彩票行业和市场发展的理论和实际，对彩票所涉及的领域及内容有着独立的理解和把握。例如，彩票教学与研究机构更多关注彩票发展理论，行业协会则更多贴近彩票行销方和彩民，问题博彩矫治

组织更多地了解病态彩民。他们通过发挥其各自优势，开展理论研究和实地调研，可以为政府规划彩票行业发展，政府规范彩票行销管理，彩票发行、销售规划，彩民不当行为矫治等提供必要的理论与数据支撑，从而为国家制定彩票相关大政方针提供合理化建议，规范彩票市场，强化彩票运行监管，拓展行业发展前景。

3. 倡导彩票公益，推动彩票公益金的有效使用

彩票行业存在的合理性就是其资金使用的公益性。目前中国彩票公益金的使用领域和范围基本由政府指定，为社会组织提供资金、资助其开展公益活动还处于起步阶段。另外，各国都存在着一定规模的彩民群体，对于问题彩民、病态彩民的预防和矫治需要社会组织的参与协助。彩票协作方要推动社会组织在彩票行业发展中发挥其独特作用，基于彩票行业的长远发展和彩民需求开展工作，推动彩票公益金在公益领域拓展使用范围，至少使其可用于问题彩民的矫治，推动彩票公益金更有效合理的使用。

第四节 中国彩票业社会责任建设

世界上绝大多数国家都在发行彩票。彩票之所以在世界各国有如此旺盛的生命力，主要源于借助彩票筹资来发展各种社会公益事业，造福全体民众，同时还可以减少政府的财政压力。在彩票发展较早的西方国家，各国无不建立起规范的彩票管理体制，构建起制度完善、管理科学的彩票发行销售制度，以保障彩票的筹资的效果，限制彩票的不良影响。自从责任博彩、责任彩票的理念提出后，各国都强调彩票社会责任建设，推动相关利益方承担各自的社会责任，共同推动彩票业的持续发展。本节聚焦中国的彩票及彩票业，阐述中国彩票管理的现状和问题，分析问题产生的原因，并提出强化中国彩票社会责任建设的意见建议。

一、中国彩票业运行的现状与问题

经过 20 多年的发展，中国彩票业得到了长足的发展。从 1987 年 10 个

试点省市1740万元销售额发展到2013年3000多亿元的总销售额；从传统彩票的单一种类到传统型、即开型和电脑型三大类几十个品种。分别由中国福利彩票发行中心和国家体育总局体育彩票管理中心统一管理、发行和印制的中国福利彩票和中国体育彩票构成了中国的两大彩票系列，它们既相互竞争，又相互合作，共同推动中国彩票业的迅速成长。伴随彩票业的发展，作为彩票消费群体的彩民队伍持续壮大，在彩票行业从事管理和销售的人员不断增多，促进了劳动就业，同时也带动了造纸业、印刷业、广告业等相关产业的发展。但是，在彩票行业欣欣向荣的表象下，很多彩票管理、行销等问题也逐渐暴露出来，制约着彩票社会责任的承担。

（一）中国彩票业的发行销售

根据《彩票管理条例》规定，民政部、国家体育总局依法设立彩票发行机构，分别负责全国福利彩票、体育彩票发行和组织销售工作。省市区的民政、体育部门依法设立的彩票销售机构，分别负责本行政区域的福利彩票、体育彩票销售工作。彩票发行机构、彩票销售机构可以委托单位、个人代理销售彩票。这规范了中国彩票业的发行销售体制机制。

1. 中国彩票的发行销售体制

中国彩票的发行销售由彩票发行机构、销售机构和彩票零售商组成。其中分别隶属于民政部、体育总局的中国福利彩票发行管理中心、体育彩票管理中心是其直属事业单位，属于中央级的具有唯一性的彩票发行机构。中心经主管部门授权分别负责全国福利彩票、体育彩票的发行和销售业务，对省市各级彩票销售机构实施业务领导和运营监控，并按省级行政区域组织实施，具体承担制定彩票运营管理制度、拟定彩票技术规范以及彩票的统一发行、印刷、物流等工作。

省级福利彩票、体育彩票的发行管理中心是彩票组织销售的单位，受当地民政部门的行政领导，同时受中央级福利、体育彩票发行管理中心的业务领导和运营监管，在省级行政区域内专门从事组织彩票销售，保障彩票活动运行等具体工作。地、市级销售机构是福利、体育彩票的基层销售单位，受当地民政部门的行政领导，同时受上级福利彩票、体育彩票发行中心的业务领导和监督检查，其工作以直接组织销售彩票为主。

经过20多年的经营发展，福利彩票、体育彩票的发行销售系统已经在全国各省、自治区、直辖市和地、市行政区域建立起来，销售网点已经超过20万个，从业人员超过50万人，形成了十分庞大的发行销售网。在彩票发行销售实践中，福利彩票、体育彩票已经分别形成了以统一发行为基础、以三级管理为依托、以营销网络为主体、以网络技术系统为支撑的彩票发行销售体系，从而形成了保障中国彩票业持续发展的发行销售网络。

在现行的发行销售系统下，福利彩票和体育彩票的发行销售分别由民政系统和体育系统两个行政管理部门完成。民政部和国家体育总局及各地市的民政厅、体育局是政府管理部门，中国福利彩票发行管理中心、体育彩票管理中心和省、地级发行中心则是同级民政部门和体育部门负责管理的下属事业单位，而各级发行管理中心在运行中采用企业化管理以提高发行销售效率。这就形成了独具特色的机关、事业、企业“三位一体”的发行销售管理体制。这种体制决定了民政部、国家体育总局既是负责制定本部门的彩票管理体制、机制以及相关发行管理制度、财务管理制度的政府机构，又是彩票的发行销售经营主体，两个部门同时兼有行政管理和经营管理的双重职能。这种机关、事业、企业“三位一体”、行政管理和经营管理职能兼具形成了中国彩票发行销售管理的特征。

2. 中国彩票发行销售的问题

源于社会福利资金的短缺，民政部创设了社会福利彩票。稍后体育彩票创立。但是，彩票发行管理依然是建立在原有行政管理体制基础之上的，也就是通过建立事业单位以行政化的方式来发行销售彩票，并逐渐演变成当前行政化发行销售模式。这种依托于政府部门的发行销售模式可以给民众以安全感和信任感，提高了彩票发行的社会公信力。同时，这种行政化的发行销售模式在彩票业发展初期也节约了机构建设的资金投入，强化了发行管理的力度和效率，有助于完成彩票发行额度，为中国彩票早期的顺利发展奠定了基础。

但是，这种模式在运行管理过程中所表现出高度行政化的特征对中国彩票业的长期发展却发挥着制约作用。中国各级福利彩票和体育彩票发行管理中心都隶属于同级政府的民政和体育部门，彩票发行销售及运营管理直接受各级民政和体育部门的指导。这种发行销售模式更多的是采取行政化的方式来管理本应企业化运营的彩票事业单位，这使得彩票发行销售机构更多地将完成上级政府下达的销售任务作为主要职责，而不是将彩票发行销售的运营效率放在首位。行政化管理使得彩票发行销售机构更多地应对上级管理部门的要求，而不是广大彩民的需求；更多地以发行销售达标的“政绩”为追求目标，而不是筹集彩票公益金的规模的合理化。随着彩票业的不断发展壮大，彩票业的运营对市场化运作、规范化管理、法制化监管等方面的要求越来越高，现行的管理体制、发行销售模式已经远远不能适应现实需要，从而成为制约彩票业健康、快速发展的“瓶颈”。

中国彩票发行销售模式的行政化在体制上表现为“政企不分”。彩票发行销售及其运营管理权力集中到民政部、体育总局手中，两个部门通过构建事业单位以行政化的方式来发行销售彩票，其结果必然是行政权力代替、主导进而遮蔽彩票行销市场。这造成中国彩票业的行政行为与市场行为几乎浑然一体，彩票市场被行政权力主导而政企不分。政企不分不仅严重制约了市场规则的建立和健全，也成为彩票业法制化管理的最大掣肘，经历了多重挫折最后出台的《彩票管理条例》以认可现状而告终就是一个明显的例证。很明显，彩票市场的经营者本身就是建立市场规则的主导性力量，市场怎么可能有公平、公正、公开可言呢？在这样的市场中，经营者因为绑定了行政权力而居于高位，消费者处于弱势服从的地位，两者无论是法律地位、规范制定、管理参与，还是信息获取等方面几乎都是不对称的。更为重要的是，经营者本身就是规制者、监管者，拥有制定规范、解释规则、监督管理的权力，这不仅使得市场中的争议缺乏独立的第三方仲裁，也使得任何争议的解决缺乏制度化渠道和令人信服的结局。

彩票发行管理体制上的“政企不分”也直接导致了彩票发行管理费用居高不下。中国彩票资金的分配包括三项：返奖资金、公益金和发行（管理）费。彩票资金三者所占比例经历多次调整，1987 年 6 月，民政部在《发行社会福利有奖募捐券试行办法》中规定：总额的 35% 为奖金返还给中奖者，总额的 15% 为发行成本费用，除去奖金和实际发行费用的净收入作为社会福利资金。1990 年，中募委在调整即开型社会福利奖券资金分配比例的有关通知中，将面值 1 元的奖券的发行成本提高为 20%。1994 年 12 月，民政部颁发的《中国福利彩票管理办法》，将彩票资金划分为奖金、管理资金和社会福利资金，并规定奖金不得低于彩票资金的 50%，管理资金不得高于彩票资金的 20%，社会福利资金不得低于彩票资金的 30%。1994 年 7 月，国家体育运动委员会颁发的《1994—1995 年度体育彩票发行管理办法》中规定，体育彩票的销售总额为体育彩票资金，由奖金、发行成本费和收益金三部分组成。具体分配比例为：奖金占体育彩票资金的比例不低于45%，发行成本费占体育彩票资金的比例不得高于25%，收益金占体育彩票资金的比例不得低于30%。1996年，国家体育运动委员会对彩票资金进行调整，收益金比例仍占30%，奖金占50%，发行费用占20%。2001年，国务院发布《关于进一步规范彩票管理的通知》，调整彩票资金构成，规定返奖比例为不得低于50%，发行费用比例不得高于15%，公益金比例不得低于35%。此后，尽管不同游戏种类的彩票资金分配比例有所差异，但是发行费用比例为15%的规定大多维持不变。按照15%的比例，中国彩票发行管理费用近年来每年高达数百亿元，例如，2013年的发行额3093亿，发行费达到474亿，销售机构的管理费用达到200多亿①。数字非常惊人，这笔经费如何支出不能不引人关注。

在现行管理规范中，国务院、中国人民银行、财政部都先后出台一些政策规定对返奖奖金、彩票公益金等进行规范和监管，但是对于发行管理费用则是由民政部、国家体育总局自行出台规则进行管理。从彩票发行的初衷来看，最大限度地控制发行成本，将销售所得尽可能地用于社会公益事业是中国彩票业发展的基本目标。在英、美等彩票业管制体制相对完善的国家，彩票发行管理费仅占到销售总额的5%—10%，例如，英国5%、美国5.8%、加拿大6.4%、澳大利亚6.4%。而中国彩票发行市场缺乏有效监管，发行管理成本高昂，高达15%的发行管理费用一直为人们所诟病。2005年6月，国家审计署2004年度审计工作报告指出，国家体育总局下属体育彩票管理中心向下属两家公司（中体彩科技发展有限公司、中体彩印务技术公司）支付的体育彩票发行费大大超过实际需要，在扣除全部成本费用后，两公司获利高达5.58亿元。两公司支出1.3亿元购买综合楼，拟部分用于出租；按投资额125%的比例向股东分红3750万元；另提取个人奖酬金1.31亿元②。每年高达几十亿元的巨额的彩票发行费用在彩票发行机构及其投资公司中几经辗转，最终成为系统内部利益均沾的部门私利。更严重的是按照行政层级设立的彩票发行机构将发行经费逐层削

① 戴志勇：《堵变疏：改良制度，化博彩为公益——两岸四地的经验与教训》，《南方周末》，2014年6月13日第8版；也可参见 http：//www. infzm. com/content/101466。

② 叶逗逗：《自肥模式：养肥了彩票发行者》，《新华每日电讯》，2005年7月24日 第5版；也可参见 http：//news. xinhuanet. com/mrdx/2005 -07/24/content_ 3259444. htm。

减，越到基层发行经费越少。为弥补经费不足的困境，转嫁销售亏本的风险，彩票销售中的承销、包销、转销等违规事件便屡见于报端。承销商谋利动机，加之监管部门的内部管理懈怠使得一些恶性彩票造假事件时有发生，进而对彩票业发展造成了诸多不良影响。这也从一个侧面说明，行政化的政府机构已经不能有效利用资源来很好地承担彩票发行销售事宜。事业单位毕竟不同于独立的市场主体，其管理运行的行政化与彩票发行、销售所具有的强烈市场属性形成鲜明对比，行政化的彩票行销机构难以根据彩票市场变化在全国范围内迅速有效地配置资源开展营销活动。这也就在一定程度上为“六合彩”等私彩的产生及地下博彩的泛滥提供了可能。

（二）中国彩票业的监督管理

当前中国的彩票业没有像国外彩票管理中彩票规制监管和具体管理的严格区分。例如，美国彩票发行及管理以州为单位进行，州议会对彩票管理进行立法。由若干名来自州参议院、众议院的议员和州长任命的公众代表委员组成的州彩票委员会制定彩票发行、经营的相关政策和规则，对州立彩票公司以及经彩票公司许可销售彩票的销售商进行监管，并监督彩票基金的使用。州立彩票公司是各州彩票的直接发行管理机构，对彩票代销商进行筛选，发给销售牌照，当然代销商如果有违规行为，公司可以予以处罚，甚至收回代销牌照。

1. 中国彩票业的监管体制

中国彩票业管理的最高机构是国务院。国务院拥有彩票发行的审批权，对彩票发行种类、发行主体进行特许审批。2009 年 4 月通过的《彩票管理条例规定》，“国务院特许发行福利彩票、体育彩票。未经国务院特许，禁止发行其他彩票。禁止在中华人民共和国境内发行、销售境外彩票。”

中国彩票业的具体管理机构由财政部和民政部、国家体育总局构成，它们共同负责彩票业的监管保证中国彩票业的健康运行。其中财政部是国务院授权的彩票监管机构，负责起草、制定国家有关彩票管理的政策法规，对彩票品种的开设、变更或者终止等进行审批，监管彩票的发行销售活动及彩票市场，与民政部和国家体育总局商定彩票资金使用，监督彩票资金的解缴、分配和使用。财政部是彩票宏观管理部门，其职责主要是制定政策、审批彩票品种，监管彩票市场发行和公益金使用等。地方各级财政部门是本地区彩票市场管理的主要行政管理部门，依法对彩票市场实施监管，以维护彩票市场的正常秩序，保障彩票资金的依法使用。

民政部和国家体育总局分别是福利彩票和体育彩票的管理部门，按照法律法规和国务院、财政部的有关规定，分别负责全国的福利彩票、体育彩票发行和组织销售工作。民政部和国家体育总局的主要职责是研究制定福利彩票和体育彩票的发行销售规划、管理制度、工作规范和技术标准并组织实施及落实；建立全国福利彩票和体育彩票的发行销售系统，以及市场调控、监督管理机制；组织彩票品种的研发以及有关申请、申报、审批事项，经批准后组织实施；组织管理全国福利彩票和体育彩票的销售系统数据、资金归集结算、印制和物流、开奖兑奖等彩票运行事宜。各级民政和体育部门是本行政区域内福彩和体彩的管理机构，负责本地区福利彩票和体育的发行、组织销售等工作。

中国彩票监督管理由国务院及其职能部门财政部、民政部和国家体育总局组成，其中国务院行使彩票发行的审批权，财政部在国务院的授权下负责彩票统一监督管理工作，而民政部和国家体育总局分别对福利彩票和体育彩票的发行、组织销售等进行管理。这种国务院主导，多个职能部门联合监管的体制带来中国彩票监督管理的多向度、层次的特征。

2. 中国彩票业监督管理的问题

中国所采取的多部门联合监管体制可以协调各方面的利益关系，容易发现和处理彩票发行销售等运行过程中出现问题。但是，多部门联合监管的实质却是内部自我监督。这是由中国行政管理的部门性特点所决定的，国务院对彩票发行的审批权具有极强的刚性，因为《彩票管理条例》已经确定了福利彩票和体育彩票的垄断发行现状，国务院除宣告对此垄断经营的认可外，在现实中缺乏彩票主体扩充或缩小的可能性。尽管财政部负责全国的彩票监督管理工作，但实际上民政部门和体育部门更多地拥有彩票监管的实际权力。

国家各部委之间是平级的，各级机构只接受自己上级部门的领导，不可能接受其他部门的管理。因为财政部和民政部、国家体育总局是平行的监管机构，不是上下级关系，财政部没有办法也没有能力监管民政部和国家体育总局的彩票管理，更不可能直接对彩票发行管理机构的福利彩票和体育彩票发行中心进行管理。实际上，财政部的彩票监管职能如果没有作为民政部和国家体育总局的跨部门积极配合是没有办法进行的，财政部实际的监管的能力、范围、程度都受到很大制约。即便财政部拥有监管权力，也因为缺乏必要职能机构和人员配置等监管机制保障来落到实处。财政部管理着庞大的政府财政，其彩票监管职能落实到部门内部则由综合司的彩票处来具体负责，很难想象一个处级机构对民政部、体育总局两个部委单位、福利彩票和体育彩票管理中心两个司局级单位的监管职能的顺利实施。受到政府行政管理体制的制约，财政部难以对彩票运营进行监管的事实，也就使得彩票市场的实际监管只能由民政部和国家体育总局来从系统内部实施，从而使得彩票监管沦落为一种自我监督的境地。

民政和体育部门的内部自我监督使得彩票监管存在诸多问题。从民政、体育行政管理部门与其福利、体育彩票发行（管理）中心的关系来看，福利、体育彩票发行（管理）中心是隶属于民政、体育行政管理部门的事业单位组织，两者之间是行政性的领导与被领导的关系。由民政、体育行政管理部门来监督其下属组织，就成为一种内部的自我监督，而由于部门利益的存在，监督管理的效果可想而知。在中国现行体制下，监管者与被监管者之间的关系实际上变成了两个国家机关甚至是一个国家机关内部关系，既当运动员又当裁判员的监管模式使其运营的公正性、公益性等很难令彩民及公众信服。

在内部监管错位的同时，中国彩票业的外部监管更是严重缺位。彩票发行的基本目的是筹集彩票公益金，但是，彩票资金的筹集、分配和使用的具体情况很难为彩民及公众所获得。因为现有彩票管理的政策法规对彩票发行、资金分配使用、财务管理信息公开、中奖规则、从业人员资格等具体问题的规范很不明确，作为外部监管重要组成部分的广大民众特别是彩民很难获得彩票业发行、资金分配和使用等方面的真实有效信息，这就在很大程度上切断了外部监督的可能性，使得来自机构外的监督缺乏必要信息，失去了可操作性。各种大众传媒关注彩票以吸引民众眼球，但是，很多新闻媒体与彩票发行部门有良好的合作关系，它们更多地刊登彩票中奖信息、中奖奇闻轶事、彩票公益事业发展情况等信息，而不愿多涉及大众比较关注的彩票发行过程的公正性、资金使用的有效性问题。即便少数媒体希望发挥舆论监督、服务民众的作用，对彩票领域存在的问题进行追踪调查和报道也会遇到诸多难题，在外部监督方面受到诸多限制。扬州

"彩世塔"案（深圳"彩世塔"案）从案发到最终被披露的时间竟有两年之久，有"无冕之王"称号的新闻媒体获取真实信息的难度由此可见一斑，更不要说普通的广大民众和一般彩民了。

（三）彩票公益金分配使用

彩票发行的基本目标是筹集彩票公益金。在彩票资金中，减去返奖奖金、发行费用后就是彩票公益金。在彩票发行初期，公益金所占比例较高，达到50%。1989年后开始逐渐下调，有的游戏品种调整到30%，甚至20%左右。目前，虽然不同游戏种类的公益金提取比例存在一定区别，但总体以降低到30%的比例为主。

1. 彩票公益金使用分配的演变

中国现行彩票公益金的分配使用及其管理方式，是在特殊的历史环境中逐步形成的。从整体发展趋势上来看，彩票公益金逐步从民政、体育两部门内部使用发展到更为宽泛的领域，也使得部门彩票开始向国家彩票过渡。1987年，国家批准民政部在河北等十个省市试点发行社会福利有奖募捐券时，各地社会福利有奖募捐部门负责奖券发行和公益金的归集管理，并由民政部门自身使用。从1987年至1993年间，福彩公益金的分配比例是：中央与地方3∶7分成，省级和地市级、地市级与县区都按2∶8分成。1994年至1999年公益金分配体制仍然实行分级留成使用管理，其中中央级留成比例为彩票销售总额的5%；省、地两级的留成比例不得超过彩票销售总额的5%；县级留成比例不得低于彩票销售总额的20%。1998年后，财政部开始规范公益金管理，规定公益金收入按月缴存财政专户，支出由同级财政部门从财政专户中拨付，实行收支两条线管理①。公益金的安排使用由民政部门自行决定，使用范围须遵循福利彩票"扶老、助残、救孤、济困"的发行宗旨，主要用于资助为老年人、残疾人、孤儿和弃婴等特殊困难群体服务的社会福利事业，兼顾公众关注、有利于弘扬社会主义精神文明的其他社会公益事业和慈善事业。

与福利彩票公益金的使用相仿，体育彩票公益金的分配主要用于发展体育事业，在承办大型体育运动会的省、自治区、直辖市及计划单列市，

① 1998年，中国发生了历史罕见的洪涝灾害，长江、嫩江、松花江等流域出现严重的洪灾。经国务院批准，民政部发行50亿元赈灾福利彩票，所筹集的彩票公益金全部转交中央财政用于救灾。在此期间，其他彩票品种为其让道，这是中国从"部门彩票"迈向"国家彩票"的开端。

在本地区销售体育彩票所得的收益金，由该地区全额留成，全部用作补充大型体育运动会的举办经费；其他代理销售体育彩票的地区所得的收益金，其多数（70%左右）须交给大型体育运动会的承办省（区、市），用作补充大型体育运动会的举办经费。1997 年，国家体育运动委员会规定，收益金用于补充大型运动会举办经费不足和实施全民健身计划。1998 年 9 月，《体育彩票公益金管理暂行办法》出台，该办法规定体彩公益金主要用于“全民健身计划纲要”和“奥运争光计划纲要”的如下开支：①全民健身计划；②奥运争光计划；③国家社会保障基金；④城镇和农村医疗救助资金；⑤青少年校外活动场所建设和维护；⑥红十字人道主义救助事业；⑦残疾人事业等。

1999 年年底，经国务院批准，彩票监督管理职能从中国人民银行移交至财政部。财政部门成为中国彩票市场的监管机构后，开始根据国务院指示完善公益金分配政策，调整彩票部门管理体制，推动建立公益金与彩票市场的互动机制。2001 年 10 月，国务院下发《关于进一步规范彩票管理的通知》，确立了“降低发行费用，增加彩票公益金”的原则，规定从 2002 年 1 月 1 日起，发行费用比例不得高于 15%，公益金不得低于 35%。彩票公益金提取比例的提高，稳步扩大了彩票公益金规模，彩票公益金使用领域逐步拓宽。2001 年起，原本仅用于本部门的公益金分配出现变化。基于彩票发行的额度管理，在彩票发行额度内的彩票公益金全部归民政、体育部门使用，超过额度以上部分，20% 公益金归民政、体育部门使用，80% 上缴中央财政，主要用于补充社会保障基金。从 2002 年，中央财政每年将拨入的彩票公益金部分纳入全国社会保障基金，还设立了北京奥运会专项公益金和救助红十字会人道主义救助事业的资金项目，彩票公益金使用范围大大拓展。

2006 年 3 月，财政部下发了《关于调整彩票公益金分配政策的通知》，规定从 2005 年起，对彩票公益金分配政策作如下调整：①彩票公益金在中央与地方之间，按 50∶50 的比例分配；②中央集中的彩票公益金，在社会保障基金、专项公益金、民政部和国家体育总局之间，按 60%、30%、5% 和 5% 的比例分配；③地方留成的彩票公益金，将福利彩票和体育彩票分开核算，坚持按彩票发行宗旨使用，由省级人民政府财政部门及民政、体育部门研究确定分配原则。彩票公益金使用分配的调整，使得彩票逐步跨越了过去意义上的部门彩票，是逐步转型走向国家批准、部门发行、社会受益的国家彩票，成为国家为支持各项社会事业发展筹措资金的渠道，从而有力地促进了中国社会福利公益事业的协调发展。

伴随公益金使用范围扩展，公益金使用管理也逐步加强。多年来，由于彩票公益金在民政、体育等部门内部运作，政府部门直接向受资助项目拨款是公益金主要的使用方式。1998 年，财政部、民政部发布《社会福利基金使用管理暂行办法》，将社会福利基金纳入预算外资金财政专户管理，实行收支两条线管理。但是，这种体制存在重征收轻支出监管的问题，管理体制并不完善。2007 年 11 月，财政部下发《关于印发〈彩票公益金管理办法〉的通知》，规定将公益金按政府性基金管理办法纳入预算，实行"收支两条线"管理，专款专用，结余结转下年继续使用，不得用于平衡一般预算。公益金被纳入财政预算内管理后，收入全额上缴国库，先收后支，统一管理。同时，财政部还健全了与审计部门联合监管制度，通过审计部门的监督，督促彩票公益金预算内财政管理体制的建立。而 2009 年 7 月实施的《彩票管理条例》规定建立彩票公益金分配使用情况的信息公告制度，要求财政等相关政府部门及公益金使用单位在每年都要发布上一年公益金使用情况，接受社会监督[①]。这大大增强了资金使用的透明度，有利于彩票发行管理"公信、公开、公平、公正"原则的实现。

2. 彩票公益金使用分配中的问题

中国当前的彩票公益金使用分配及其管理方式，是在彩票业长期发展过程中逐渐探索建立起来的，其形成有着特殊的历史背景。尽管彩票公益金分配使用及其管理的规范程度在逐步加强，并在一定程度上走出了部门彩票的制约，但是，就当前公益金分配使用及管理现状而言，其与彩票业健康发展的要求，与民众及政府期待相比较，依然存在一些缺陷和问题。

从彩票公益金的使用范畴而言，彩票依然难以摆脱部门化的制约。进入 2000 年后，彩票公益金的使用范围大幅拓展，尤其是所筹集的中央级公益金的使用远超出民政、体育两个部门主管的业务范畴，开始用于社会救助、社会保障、扶贫、教育等多个领域。从公益金使用范畴来看，从局限于部门内部使用到跨越部门，跨领域使用，使得由部门彩票开始走向国家彩票。但是，目前彩票公益金的使用分配依然由民政、体育部门为主，特

① 邵祥东：《我国福彩公益金财政管理的历史演变和政策选择》，《地方财政研究》，2010 年 12 期。

别是留归地方的公益金部分还是归民政、体育部门使用，在使用范围上相对狭窄，呈现出较强的部门化特征。这种以“条条”为主、行政部门主导的公益金分配使用及其管理方式，使得公益金难以在整体社会公益事业内得到合理配置，难以体现其服务于全社会公益事业的基本属性。彩票公益金分配使用及管理的部门主导，不仅带来了公益金在部门间、社会公益事业间配置的不合理，也导致公益金使用效益的低下以及变相浪费。例如，2006 年 9 月，国家审计署发布了 2006 年第 5 号审计公告提到，国家体育总局 2005 年集中使用体育彩票公益金预算中，安排“全民健身”项目 2.25 亿元。截至 2005 年年底，国家体育总局实际拨付 1.97 亿元，尚有 2814 万元预算未批复下拨。又如，2005 年 9 月，山东省青岛市福利彩票发行管理中心购买游艇，并以“福彩号”命名事件一度引起彩民及民众的围观，引发对福利彩票资金使用管理的质疑①。

在彩票公益金分配使用及管理由部门主导，并主要在内部使用的前提下，公益金使用管理的监督体制机制难以真正建立起来，社会监督难以实际进行。监管的不规范和不透明使得公益金分配使用的监督约束不到位，财务制度不规范，进而出现一些资金违规使用和挪用现象。现行彩票公益金管理制度对资金管理提出了向社会公告的原则性要求，但是由于缺乏具体的操作制度，加之监督管理难以做到位，在执行中难免出现泛化、粗线条勾勒的现象。更重要的是，彩票公益金按政府性基金管理办法被纳入预算，这使得公益金使用的公开、透明以及使用公告变得难以操作。因为纳入部门预算管理的公益金需要遵从一般财政预算管理制度，在使用中就很难分清一般预算资金与公益金的具体用途。公益金被分散在不同部门的不同项目中，财政部门无法对使用情况进行统一管理和监督，相关信息也无法集中。这也就造成使用公告只能对公益金筹集、分配的大致情况进行描述，而一旦到具体项目中就难以区分资金属性，具体使用和监管情况就更难以说清楚了②。例如，彩票公益金为支持某市儿童福利中心建设拨款 50

① 李攻：《青岛福彩中心购买豪华游艇经营引发争议》，《第一财经日报》，2005 年 9 月 19 日。有关报道可参见 http：//news. sina. com. cn/c/2005 - 09 - 19/02177801030. shtml 以及 http：//news. sina. com. cn/c/2005 - 09 - 20/06537812311. shtml。

② 对彩票公益金使用的质疑一直不断，其中有代表性的可参见吴杰：《百亿彩票公益金，哪里去了?》，《南方周末》，2012 年 6 月 16 日第 1 版；也可参见 http：//www. infzm. com/content/77043。

万元，而儿童福利中心建设中还有来自本省、本市的财政拨款500万元，社会捐助资金等100多万元。这些650多万元资金建起来儿童福利中心，那么，50万元福彩公益金在其中的具体用途到底是什么呢？如果不是人为要求分割，到最后可能难以说清楚。彩票公益金的使用、分配及管理的部门主导，监督管理不规范造成资金使用管理的违规、违纪问题多发，国家审计署对有关部门审计所发布的审计报告（公告）中不止一次指出此类问题。例如，2006年9月，国家审计署发布了2006年第5号审计公告，其中指出，2000年2月，国家体育总局用2787.4万元彩票公益金在该中心建立奥运争光和全民健身专项基金，基金的使用权属于国家体育总局。当年，该中心未经批准，将上述资金用于股票投资，截至2005年年底尚未收回。民政部所属的中国福利彩票发行管理中心5500万元资产面临风险。中国福利彩票发行管理中心于1996年5月存入某财务公司一年期定期存款5000万元。因该公司未如期兑付存款本息，且已进入破产清算，上述存款本息面临损失风险；1993年5月，中国福利彩票发行管理中心向海南省某公司投资500万元。目前，因中国福利彩票发行管理中心与该公司的联系已中断，不掌握该公司经营情况，500万元投资面临损失风险[①]。

中国彩票公益金在中央和地方间的分配也影响到地方积极性的发挥。中央级的福利彩票、体育彩票发行管理中心主要行使彩票发行的组织管理职能，省级和地市级的彩票发行管理中心更多地承担实际的彩票发行销售工作，承担彩票销售点的规划布局、网络建构、发行销售等实务性工作。因此，地方彩票发行管理中心的积极性往往直接决定了彩票发行销售的情况。但是，现行彩票公益金的分配方式不利于调动地方实际销售的积极性。在对彩票发行进行额度管理的前提下，超出基数地方和中央采取20∶80分成的体制下，如果地方彩票发行销售努力的成果绝大多数被中央管理部分拿走，这就难以成为有效的激励机制。彩票公益金调整到中央与地方50∶50分成，和此前相比有利于调动地方彩票发行销售的积极性。但是，在各地彩票发行销售发展不均衡，地方彩票发行增量不等的情况下，那些发行量增幅较小甚至出现负增长的地方则会因为“水涨船高”的效应而被迫承受与其本身销售情况不相适应的公益金上缴比例而成为负向激

---

① 国家审计署：《2006年第5号审计公告》，国家审计署2006年9月12日公布。

励，从而影响到地方发行销售彩票的积极性。另外，中国东部和中西部之间存在较大的经济社会发展不平衡，如果仅强调地方和中央之间分成，地方留成地方自用，而不强调资金使用的中央统筹与重点支持，则难免造成越贫困的地区越依赖彩票发行销售来推动社会福利事业发展，进而带来贫困地区销售更多彩票的困境①。

中国彩票业运行中所存在的彩票发行销售、监督管理及公益金使用等问题与彩票在中国产生发展的历史背景有关。西方发达国家的彩票业发展已经有百余年的历史，彩票业运营、监管等历经多年的试错，基本形成了较为科学合理的运营及监管体制机制。中国彩票发展仅有20多年的发展历史，在彩票发展中所形成的福利彩票、体育彩票并存的双寡头垄断发行管理模式也存在较大弊端②。福利彩票、体育彩票的区分基本不是彩票游戏类型的区分，而是彩票发行管理、公益金使用范畴的区分，两者还各建一套销售网络，除了足球彩票、篮球彩票由体育彩票管理中心发行，中福在线视频游戏由中国福利彩票发行管理中心发行外，两者彩票游戏的类型、玩法等大致相同，例如福利彩票的双色球与体育彩票的超级大乐透、福利彩票的3D与体育彩票的排列三等，这就不可避免地带来两者之间同质化的恶性竞争。结果不仅影响彩票市场稳定与发展，还要付出额外同质竞争的代价。

更重要的是中国的彩票及彩票业形成于改革开放初期的20世纪80年代，受当时大环境的制约未免带有较强的计划经济和行政管理的色彩，而这种色彩伴随中国彩票业的日益发展壮大以及彩票发展环境的市场化转型变得更为突出，其缺陷和问题更多地显现出来。例如2003年扬州发生了“彩世塔”案（又称深圳“彩世塔”案）。“彩世塔案”的办案检察官认为：“彩世塔”之所以能够屡屡得逞，主要是彩票发行部门对彩票销售疏于监管，甚至放任自流，为承销商操纵开奖、欺诈彩民提供了很大的空间。另外，彩票销售现场虽有公证机关临场监督，但并没有起到应有的监督作用③。2004年的西安“宝马案”、2009年的深圳彩票系统黑客入侵事

① 这种现象在我国已经出现。参见冯白鸣：《中国彩票业面临穷人购彩与问题彩民两大困境 贫困地区消费了更多的彩票》，《中国经济周刊》，2010年第8期。

② 马昌博、苏永通：《体彩丑闻显中国彩票运行积弊》，《南方周末》，2007年4月19日第1版。

③ 孙欣：《“彩世塔案”雪藏之谜》，《法制与生活》2007年12月下半月刊。

件等也都暴露了彩票运营、监管体制的弊端，以及独立第三方监管的缺位所导致的合理、理性游戏规则的空白。

彩票是利用人们的侥幸心理，筹集社会闲散资金并用于社会公益事业的一种特定博弈行为，大奖的诱惑是彩票游戏得以进行的关键，而彩票游戏的基本规则就是游戏面前人人平等。但是，这种平等如果要变为现实，为广大彩民所认可却需要必要的规范来保证，需要建构对错分明的刚性游戏规则，防止彩票游戏蜕变为陷阱，沦落成为个人或集团谋利的赌博活动。基于此，彩票运营、监管以及公益金分配使用都需要法治化，用法治来促进其完成为公益事业筹资使命，同时限制其负面影响到社会可接受的限度。

世界上绝大多数国家对彩票业管理基本都是采取法治化方式，通过立法规范彩票规制方、管理方和行销方之间的关系，来保障彩票业的顺利发展。而中国自 1987 年彩票发行时就开始“摸石头过河”，至今依然缺少规范彩票运行、监管及公益金分配使用的法律。在现行彩票规范体系中，最具法律效力的法律文件是国务院颁发的行政法规，即《彩票管理条例》，而在彩票运营监管中起主要作用的是财政部、民政部、国家体育总局等几个相关部门所制定的行政规章，例如《彩票管理条例实施细则》、《彩票公益金管理办法》等。这种仅靠政府部门以文件、规定进行的管理方式已远远不能适应彩票业运营及发展管理的现实需要。从现行彩票规范体系来看，彩票规范大多是一些原则性规定，缺乏必要可操作性的处罚条款，使得一些规定形同虚设。彩票规范对彩票发行销售、资金分配使用、财务管理、信息公开、中奖规则、从业资格等具体问题的规定不甚明确，使得行政部门及事业单位在管理中拥有过多的自由裁量权，也使得司法部门对彩票运营、管理过程中出现的各种不正当行为无法进行法律认定，也难以进行有效的责任追究和惩处。当前，彩票业运营管理中所存在的诸多问题，例如私彩蔓延、行销及管理违法违纪等与彩票立法、彩票规范的缺失与滞后直接相关联，使得彩票业的迅速发展与不断提高的风险并存。正是看到彩票业发展中所存在的立法、监管等问题，多年来建议制定“彩票法”，成立“国家彩票监管委员会”，组建“国家彩票公司”等政策建议在全国人民代表大会、全国政治协商会议期间多有出现。

二、彩票业社会责任建设的政策建议

彩票业管理的法律法规建设的滞后带来了中国彩票业运营、监管及公益金分配使用中的诸多问题，也制约着彩票业相关利益各方的社会责任建设。因为社会责任的基础是法定责任，对彩票业而言，彩票业相关利益各方的基本关系应该是法定的。彩票法律法规规范彩票利益相关各方的责任义务，规范各方之间的管理与被管理、监督与被监督、销售与购买、抽奖与中奖等主要关系，以法定规范来推动各方相互协作，进而推动彩票业的合理运营、科学监管，进而保障彩票业的顺利发展。

（一）彩票业社会责任建设的原则

彩票业的社会责任可以划分为多种不同的层次，其基本社会责任是其法定责任，即根据彩票法律法规等规范其要承担的责任和义务。彩票法定责任应该集中在发挥其筹资功能，以推动社会福利公益事业发展，并限制其所带来的社会治安和问题彩民消极影响等。但是，伴随彩票行业的蓬勃发展，彩票所承担的社会责任也在扩展。彩票业社会责任建设应该从更高、更宏观的层面来考虑，彩票行业的发展应该对国家经济社会发展，以民生为本的社会建设、社会事业进步等承担其基本的筹资责任，发挥补充政府财政资金不足的作用。结合中国彩票业相关利益各方社会责任的现状，考虑中国彩票业运营监管体制机制及其存在问题，可以确定社会责任建设的基本原则。

1. 基本社会责任法定

彩票利益相关各方在彩票行业中处于不同地位，对社会承担着不同的责任和义务，这应该有相应法律法规予以规范。从当前中国彩票行业发展的现状来看，彩票各利益相关方在承担社会责任方面都或多或少地存在一些欠缺和不足。例如，中国的问题彩民是一个庞大的群体，但是无论是彩票公益金的使用，还是彩票行业社会组织都尚未重视这一问题，除了大众媒体一定程度的关注和呼吁之外，对问题彩民的心理和行为矫治远未开展。而这些不足大多和责任界定的缺乏相关。基于上文对彩票运营监管体制以及彩票利益相关方的社会责任分析，我们认为，彩票利益相关方在承担社会责任方面应该将各方的权利、利益界定放在核心。而各方权利、利益的界定必须由相应的法律法规来予以规范，责任法定也是彩票社会责任建设的基本原则。因为相关各方所承担的社会责任、义务与其权利、利益紧密联系在一起，也就是责任、权利和利益的统一。当国家法律法规更清晰、明确地规范彩票行业发展中的各方的权利、利益的同时，也就相应地提出了明确的责任、义务要求。这就需要国家提升当前中国彩票立法的层级，通过立法提升彩票相关法规的层级和权威性，界定中国彩票发行销售、管理和监督的框架体系，从而为利益相关各方承担社会责任和义务创设必要的规范，奠定依法管理的基础。

2. 责任承担协作推动

界定彩票利益相关各方的权利、利益可以为其承担社会责任提供基本规范。但是，在承担其社会责任过程中，彩票利益相关各方的合作、协调与共享依然必不可少。因为彩票利益相关各方都是构成整个彩票行业的基本要素，缺少其中任何一方，彩票行业或者彩票市场就不能构成一个完整、健康的行业或者市场。各方通过彩票这一媒介紧密连结在一起，形成一个相互协作、相互矛盾的统一整体。为了彩票行业的持续发展，各方尽管存在冲突和矛盾，合作、协调、共享却是主基调。在相互冲突与紧密合作中，彩票利益相关各方的沟通与磨合就显得尤为重要。如果各方之间的信息沟通有效便捷，相互之间的磨合就会更有成效。这也从一个侧面提示我们彩票相关科研机构、社会组织等的重要性，此类机构的缺失或者发展不足也会制约彩票业的发展，因为它们可以站在比较中立的立场上，对各方的切身利益和关切有着更好、更深入的把握，从而可以克服各方关注自身利益的局限性，并为相关各方的沟通创造平台和机会，促进各方的理性协作与共同发展。

3. 责任建设循序渐进

彩票社会责任、彩票利益相关各方的社会责任是近年来才被彩票主管部门、公众以及彩民所注意到的主题。可以说彩票社会责任建设的提出，并逐渐被相关利益各方所重视本身就是彩票业长期发展的产物。在彩票业发展过程中，从重视彩票筹资功能的发挥，到重视彩票运营管理的体制，再到重视彩票社会责任的承担，其重点转换本身是彩票业发展中理性反思和提升的结果，也是彩票业发展越来越理性化、合理化发展趋势的写照。责任建设循序渐进强调彩票社会责任建设要从彩票业运行发展的实际出发，有所侧重地予以推进。要重点抓住影响彩票业社会责任、彩票利益各方社会责任的承担的关键环节，从解决彩票发行销售、运营监管以及公益金分配使用管理中的实际问题入手，以推动彩票业运营管理的法治化为基础，按照先易后难、先解决关键问题后解决普遍问题等的顺序以点带面地逐步推行，明确彩票利益各方的社会责任要求、健全推进责任承担的工作机制，从基本责任建设着手，从其宏观规划层面着眼，逐步推进彩票利益相关各方在彩票行业发展过程中承担社会责任，推动整合行业减少社会风险，取得持续发展。

（二）彩票利益相关方社会责任建设的政策建议

任何国家彩票业的持续发展都和其重视应有的社会责任建设分不开。彩票之所以能够得到广泛的认同，并非是其满足了人们的博彩心理，而是其满足了国家的筹资需求，是其所带来的公益资金远远超过其所带来的社会问题。因此，发展彩票行业必须重视其社会责任建设，必须要有利于国家经济发展、社会建设。这就要求彩票利益相关各方更好地承担自己应担负的社会责任，尽最大努力承担自己的义务。鉴于目前中国彩票利益相关方承担社会责任的现状，为更好地促进各方承担社会责任，提出加强彩票利益相关方的社会责任建设的政策建议如下：

1. 推进彩票相关法律规范建设，强化政府依法规制

中国彩票行业规范起源于政府部门的行政规章，民政和体育行政部门分别对其部门主管的彩票进行规范。对彩票进行统一规范管理的彩票管理条例多次列入国务院年度立法规划。但是，由于有关方面在彩票管理体制问题上存在较大分歧，立法进程一直比较缓慢。直到 2007 年，国务院法制办公室、财政部、民政部、公安部等政府部门多方协调才对争议问题基本达成一致，才促成了《彩票管理条例》的通过。但是，该条例依然没有改善彩票分部门管理的体制，一些强化政府彩票监管职能的条款因没有惩罚而流于形式。另外，管理条例的法规层次依然过低。针对这种状况，中国彩票法律规范建设依然需要推进，需要超越政府部门和团体既得利益，建立起彩票管理政府化、彩票发行销售公司化、彩票公益金使用透明化、彩票监督社会化的法律体系框架，为政府依法规制和管理奠定法律基础。

2. 彩票发行销售机构依规运作，推进良性合作竞争

彩票发行销售机构是彩票运营的必备组织依托，明确这些机构的设立、职责，规范其运作对于彩票市场的发展是十分重要的。中国彩票发行

机构集中于中央政府的民政部门、体育行政部门，而彩票销售机构由省、自治区、直辖市的人民政府的民政部门、体育行政部门依法设立，省级人民政府部门的彩票机构只承担彩票销售职责，不具有彩票发行职责。彩票发行机构与彩票销售机构之间是委托关系，彩票销售机构接受彩票发行机构委托，负责本行政区域内的彩票销售。彩票发行销售机构至少要依据《彩票管理条例》及其实施细则的规范性要求进行运作，完善机构的内部控制和外部监管，推进福利彩票和体育彩票间的良性合作竞争，提高彩票发行销售的透明度，确保彩票市场安全、稳定、健康运行。

3. 彩民倡导理性购彩消费，强化自我约束和管控

彩票发行的目的是筹集社会公益资金，推动社会公益事业发展。但是，由于彩票天然地具有博彩性质以及中奖低概率的特点，因此，彩票发行要兴利除弊，在实现彩票的公益筹资使命的同时，将其不良作用限制在最小限度。中国彩票不记名，对单个彩民的资金投入很难把握，要求彩票销售机构对彩民大数额购买行为进行限制也难以落实。因此，要引导和教育彩民理性地消费购买彩票，要提示彩民的过度购彩的风险，强化彩民的自我约束和管控，防止彩民过多投入资金，陷入财政困难的境地，甚至沦落为问题彩民。同时，要建立病态彩民的救助与矫治机制，防止病态彩民的继续沦落乃至违法犯罪行为。

4. 彩票社会组织加强信息沟通，协同推进行业发展

彩票行业和市场的发展涉及政府部门、发行销售机构、彩民、弱势群体以及社会公众的切身利益，而彩票社会组织居于中立位置，理应成为利益各方沟通和协调的中介，从而协调各方的立场与利益，促进彩票利益相关方之间的合作与共赢。但是，目前中国彩票社会组织尚处于低度发展状态，在彩票行业活动，或者以促进彩票行业发展为宗旨的社会组织比较少。因此，彩票利益相关各方要采取措施促进彩票社会组织的发展，推动政府、两彩中心以及教育、科研机构建立彩票教研机构，推进社会公益组织拓展彩票研究、彩民服务等领域，以发挥多方优势，共同推进彩票行业的发展。

附录一

彩票利益相关方社会责任研究访谈提纲

专家访谈提纲

一、基本情况

1. 您从什么时候开始关注彩票？

2. 您最为关注的是彩票哪些方面？

3. 您认为我国彩票的主要功能有哪些？

4. 您认为彩票发展需要肩负哪些社会责任？

二、重点主题

1. 利益相关方分析的主要内容是什么？

2. 基于利益相关方的理论分析，您认为彩票利益相关方包括哪些方面？

3. 按照您的划分，您认为彩票利益相关方在彩票事业发展过程中应该担负哪些职责，如何对其进行功能定位。

4. 您认为彩票利益相关方的社会责任分别是什么？请您逐一表述您的看法。

5. 您认为我国在彩票利益相关方的社会责任管理方面存在哪些欠缺？

6. 您认为应该如何提升彩票利益相关方的社会责任？

三、相关主题

1. 您认为我国彩票业未来发展状况如何？
2. 您认为目前我国彩票管理存在哪些问题？如何予以解决呢？
3. 您认为应该如何改进我国的彩票管理？
4. 关于彩票利益相关方的社会责任，您还有什么建议？

彩民座谈会访谈提纲

一、基本情况

1. 您从什么时候开始购买彩票？经常购买彩票吗？
2. 您每个月用于购买彩票的资金大概有多少？
3. 您每个月购买彩票的资金大概占您收入多大比例？
4. 您在购买彩票时，一般怎样选择彩票号码？
5. 您在购买彩票时，您特别期望中奖吗？目的是什么？
6. 您怎么看待您购买彩票的行为，消费还是投资？
7. 您认为销售彩票筹集的资金，主要用来做哪些事情？

二、重点主题

1. 您了解社会责任吗？社会责任指什么？
2. 您认为彩票发展过程中，政府应承担什么社会责任？
3. 您认为彩票发展过程中，彩票管理中心应承担什么社会责任？
4. 您认为彩票发展过程中，彩票销售机构及工作人员应承担什么社会责任？
5. 您是彩票的消费者，您认为作为彩民应承担什么社会责任？
6. 您认为彩票公益金的受益对象，应该承担什么社会责任？
7. 您认为和彩票相关的社会组织、媒体应该承担什么社会责任？

三、相关主题

1. 您认为我国彩票未来发展状况如何?
2. 您认为我国彩票管理中存在哪些问题?
3. 您认为应该如何改进我国的彩票管理呢?
4. 关于彩票，您还有什么意见建议吗，请告诉我们。

附录二

彩票管理条例

（2009 年 4 月 22 日国务院第 58 次常务会议通过，国务院令第 554 号公布）

第一章　总　　则

第一条　为了加强彩票管理，规范彩票市场发展，维护彩票市场秩序，保护彩票参与者的合法权益，促进社会公益事业发展，制定本条例。

第二条　本条例所称彩票，是指国家为筹集社会公益资金，促进社会公益事业发展而特许发行、依法销售，自然人自愿购买，并按照特定规则获得中奖机会的凭证。

彩票不返还本金、不计付利息。

第三条　国务院特许发行福利彩票、体育彩票。未经国务院特许，禁止发行其他彩票。禁止在中华人民共和国境内发行、销售境外彩票。

第四条　彩票的发行、销售和开奖，应当遵循公开、公平、公正和诚实信用的原则。

第五条　国务院财政部门负责全国的彩票监督管理工作。国务院民政部门、体育行政部门按照各自的职责分别负责全国的福利彩票、体育彩票管理工作。

省、自治区、直辖市人民政府财政部门负责本行政区域的彩票监督管理工作。省、自治区、直辖市人民政府民政部门、体育行政部门按照各自的职责分别负责本行政区域的福利彩票、体育彩票管理工作。

县级以上各级人民政府公安机关和县级以上工商行政管理机关，在各自的职责范围内，依法查处非法彩票，维护彩票市场秩序。

第二章　彩票发行和销售管理

第六条　国务院民政部门、体育行政部门依法设立的福利彩票发行机构、体育彩票发行机构（以下简称彩票发行机构），分别负责全国的福利彩票、体育彩票发行和组织销售工作。

省、自治区、直辖市人民政府民政部门、体育行政部门依法设立的福利彩票销售机构、体育彩票销售机构（以下简称彩票销售机构），分别负责本行政区域的福利彩票、体育彩票销售工作。

第七条　彩票发行机构申请开设、停止福利彩票、体育彩票的具体品种（以下简称彩票品种）或者申请变更彩票品种审批事项的，应当依照本条例规定的程序报国务院财政部门批准。

国务院财政部门应当根据彩票市场健康发展的需要，按照合理规划彩票市场和彩票品种结构、严格控制彩票风险的原则，对彩票发行机构的申请进行审查。

第八条　彩票发行机构申请开设彩票品种，应当经国务院民政部门或者国务院体育行政部门审核同意，向国务院财政部门提交下列申请材料：

（一）申请书；

（二）彩票品种的规则；

（三）发行方式、发行范围；

（四）市场分析报告及技术可行性分析报告；

（五）开奖、兑奖操作规程；

（六）风险控制方案。

国务院财政部门应当自受理申请之日起90个工作日内，通过专家评审、听证会等方式对开设彩票品种听取社会意见，对申请进行审查并作出书面决定。

第九条　彩票发行机构申请变更彩票品种的规则、发行方式、发行范围等审批事项的，应当经国务院民政部门或者国务院体育行政部门审核同意，向国务院财政部门提出申请并提交与变更事项有关的材料。国务院财政部门应当自受理申请之日起45个工作日内，对申请进行审查并作出书面决定。

第十条　彩票发行机构申请停止彩票品种的，应当经国务院民政部门或者国务院体育行政部门审核同意，向国务院财政部门提出书面申请并提交与停止彩票品种有关的材料。国务院财政部门应当自受理申请之日起10个工作日内，对申请进行审查并作出书面决定。

第十一条 经批准开设、停止彩票品种或者变更彩票品种审批事项的，彩票发行机构应当在开设、变更、停止的10个自然日前，将有关信息向社会公告。

第十二条 因维护社会公共利益的需要，在紧急情况下，国务院财政部门可以采取必要措施，决定变更彩票品种审批事项或者停止彩票品种。

第十三条 彩票发行机构、彩票销售机构应当依照政府采购法律、行政法规的规定，采购符合标准的彩票设备和技术服务。

彩票设备和技术服务的标准，由国务院财政部门会同国务院民政部门、体育行政部门依照国家有关标准化法律、行政法规的规定制定。

第十四条 彩票发行机构、彩票销售机构应当建立风险管理体系和可疑资金报告制度，保障彩票发行、销售的安全。

彩票发行机构、彩票销售机构负责彩票销售系统的数据管理、开奖兑奖管理以及彩票资金的归集管理，不得委托他人管理。

第十五条 彩票发行机构、彩票销售机构可以委托单位、个人代理销售彩票。彩票发行机构、彩票销售机构应当与接受委托的彩票代销者签订彩票代销合同。福利彩票、体育彩票的代销合同示范文本分别由国务院民政部门、体育行政部门制定。

彩票代销者不得委托他人代销彩票。

第十六条 彩票销售机构应当为彩票代销者配置彩票投注专用设备。彩票投注专用设备属于彩票销售机构所有，彩票代销者不得转借、出租、出售。

第十七条 彩票销售机构应当在彩票发行机构的指导下，统筹规划彩票销售场所的布局。彩票销售场所应当按照彩票发行机构的统一要求，设置彩票销售标识，张贴警示标语。

第十八条 彩票发行机构、彩票销售机构、彩票代销者不得有下列行为：

（一）进行虚假性、误导性宣传；

（二）以诋毁同业者等手段进行不正当竞争；

（三）向未成年人销售彩票；

（四）以赊销或者信用方式销售彩票。

第十九条 需要销毁彩票的，由彩票发行机构报国务院财政部门批准后，在国务院民政部门或者国务院体育行政部门的监督下销毁。

第二十条 彩票发行机构、彩票销售机构应当及时将彩票发行、销售情况向社会全面公布，接受社会公众的监督。

第三章 彩票开奖和兑奖管理

第二十一条 彩票发行机构、彩票销售机构应当按照批准的彩票品种的规则和开奖操作规程开奖。

国务院民政部门、体育行政部门和省、自治区、直辖市人民政府民政部门、体育行政部门应当加强对彩票开奖活动的监督，确保彩票开奖的公开、公正。

第二十二条 彩票发行机构、彩票销售机构应当确保彩票销售数据的完整、准确和安全。当期彩票销售数据封存后至开奖活动结束前，不得查阅、变更或者删除销售数据。

第二十三条 彩票发行机构、彩票销售机构应当加强对开奖设备的管理，确保开奖设备正常运行，并配置备用开奖设备。

第二十四条 彩票发行机构、彩票销售机构应当在每期彩票销售结束后，及时向社会公布当期彩票的销售情况和开奖结果。

第二十五条 彩票中奖者应当自开奖之日起60个自然日内，持中奖彩票到指定的地点兑奖，彩票品种的规则规定需要出示身份证件的，还应当出示本人身份证件。逾期不兑奖的视为弃奖。

禁止使用伪造、变造的彩票兑奖。

第二十六条 彩票发行机构、彩票销售机构、彩票代销者应当按照彩票品种的规则和兑奖操作规程兑奖。

彩票中奖奖金应当以人民币现金或者现金支票形式一次性兑付。

不得向未成年人兑奖。

第二十七条 彩票发行机构、彩票销售机构、彩票代销者以及其他因职务或者业务便利知悉彩票中奖者个人信息的人员，应当对彩票中奖者个人信息予以保密。

第四章　彩票资金管理

第二十八条　彩票资金包括彩票奖金、彩票发行费和彩票公益金。彩票资金构成比例由国务院决定。

彩票品种中彩票资金的具体构成比例，由国务院财政部门按照国务院的决定确定。

随着彩票发行规模的扩大和彩票品种的增加，可以降低彩票发行费比例。

第二十九条　彩票发行机构、彩票销售机构应当按照国务院财政部门的规定开设彩票资金账户，用于核算彩票资金。

第三十条　国务院财政部门和省、自治区、直辖市人民政府财政部门应当建立彩票发行、销售和资金管理信息系统，及时掌握彩票销售和资金流动情况。

第三十一条　彩票奖金用于支付彩票中奖者。彩票单注奖金的最高限额，由国务院财政部门根据彩票市场发展情况决定。

逾期未兑奖的奖金，纳入彩票公益金。

第三十二条　彩票发行费专项用于彩票发行机构、彩票销售机构的业务费用支出以及彩票代销者的销售费用支出。

彩票发行机构、彩票销售机构的业务费实行收支两条线管理，其支出应当符合彩票发行机构、彩票销售机构财务管理制度。

第三十三条　彩票公益金专项用于社会福利、体育等社会公益事业，不用于平衡财政一般预算。

彩票公益金按照政府性基金管理办法纳入预算，实行收支两条线管理。

第三十四条　彩票发行机构、彩票销售机构应当按照国务院财政部门的规定，及时上缴彩票公益金和彩票发行费中的业务费，不得截留或者挪作他用。财政部门应当及时核拨彩票发行机构、彩票销售机构的业务费。

第三十五条　彩票公益金的分配政策，由国务院财政部门会同国务院民政、体育行政等有关部门提出方案，报国务院批准后执行。

第三十六条　彩票发行费、彩票公益金的管理、使用单位，应当依法接受财政部门、审计机关和社会公众的监督。

彩票公益金的管理、使用单位，应当每年向社会公告公益金的使用情况。

第三十七条 国务院财政部门和省、自治区、直辖市人民政府财政部门应当每年向本级人民政府报告上年度彩票公益金的筹集、分配和使用情况，并向社会公告。

第五章 法律责任

第三十八条 违反本条例规定，擅自发行、销售彩票，或者在中华人民共和国境内发行、销售境外彩票构成犯罪的，依法追究刑事责任；尚不构成犯罪的，由公安机关依法给予治安管理处罚；有违法所得的，没收违法所得。

第三十九条 彩票发行机构、彩票销售机构有下列行为之一的，由财政部门责令停业整顿；有违法所得的，没收违法所得，并处违法所得 3 倍的罚款；对直接负责的主管人员和其他直接责任人员，依法给予处分；构成犯罪的，依法追究刑事责任：

（一）未经批准开设、停止彩票品种或者未经批准变更彩票品种审批事项的；

（二）未按批准的彩票品种的规则、发行方式、发行范围、开奖兑奖操作规程发行、销售彩票或者开奖兑奖的；

（三）将彩票销售系统的数据管理、开奖兑奖管理或者彩票资金的归集管理委托他人管理的；

（四）违反规定查阅、变更、删除彩票销售数据的；

（五）以赊销或者信用方式销售彩票的；

（六）未经批准销毁彩票的；

（七）截留、挪用彩票资金的。

第四十条 彩票发行机构、彩票销售机构有下列行为之一的，由财政部门责令改正；有违法所得的，没收违法所得；对直接负责的主管人员和其他直接责任人员，依法给予处分：

（一）采购不符合标准的彩票设备或者技术服务的；

（二）进行虚假性、误导性宣传的；

（三）以诋毁同业者等手段进行不正当竞争的；

（四）向未成年人销售彩票的；

（五）泄露彩票中奖者个人信息的；

（六）未将逾期未兑奖的奖金纳入彩票公益金的；

（七）未按规定上缴彩票公益金、彩票发行费中的业务费的。

第四十一条 彩票代销者有下列行为之一的，由民政部门、体育行政部门责令改正，处2000元以上1万元以下罚款；有违法所得的，没收违法所得：

（一）委托他人代销彩票或者转借、出租、出售彩票投注专用设备的；

（二）进行虚假性、误导性宣传的；

（三）以诋毁同业者等手段进行不正当竞争的；

（四）向未成年人销售彩票的；

（五）以赊销或者信用方式销售彩票的。

彩票代销者有前款行为受到处罚的，彩票发行机构、彩票销售机构有权解除彩票代销合同。

第四十二条 伪造、变造彩票或使用伪造、变造的彩票兑奖的，依法给予治安管理处罚；构成犯罪的，依法追究刑事责任。

第四十三条 彩票公益金管理、使用单位违反彩票公益金管理、使用规定的，由财政部门责令限期改正；有违法所得的，没收违法所得；在规定期限内不改正的，没收已使用彩票公益金形成的资产，取消其彩票公益金使用资格。

第四十四条 依照本条例的规定履行彩票管理职责的财政部门、民政部门、体育行政部门的工作人员，在彩票监督管理活动中滥用职权、玩忽职守、徇私舞弊，构成犯罪的，依法追究刑事责任；尚不构成犯罪的，依法给予处分。

第六章 附 则

第四十五条 本条例自2009年7月1日起施行。

附录三

1987—2012 年中国彩票销售统计数据[①]

单位：万元

年份	福利彩票	体育彩票	合计	增长率（%）
1987	1739.50		1739.50	
1988	37627.76		37627.76	2063.14
1989	38315.65		38315.65	1.83
1990	64731.22		64731.22	68.94
1991	77388.04		77388.04	19.55
1992	137550.03		137550.03	77.74
1993	184288.52		184288.52	33.98
1994	179823.77		179823.77	-2.42
1995	573023.46	100000.00	673023.46	274.27
1996	647521.50	120000.00	767521.50	14.04
1997	363751.40	150000.00	513751.40	-33.06
1998	631990.40	250000.00	881990.40	71.68
1999	1044448.50	403551.00	1447999.50	64.17

① 根据财政部公告数据，2013 年中国福利彩票的销量为 17652846 万元，体育彩票的销售量为 13279658 万元，合计为 30932504 万元。2014 年中国福利彩票的销量为 2059.68 亿元，体育彩票的销售量为 1764.10 亿元，彩票销售量为 3823.78 亿元。

续表

年份	福利彩票	体育彩票	合计	增长率（%）
2000	898847.26	911400.40	1810247.66	25.02
2001	1395735.16	1492928.39	2888663.55	59.57
2002	1679925.25	2177313.99	3857239.24	33.53
2003	2000569.58	2013453.28	4014022.86	4.06
2004	2263753.30	1541963.48	3805716.78	-5.19
2005	4112077.07	3026557.94	7138635.01	87.58
2006	4956759.24	3236292.90	8193052.14	14.77
2007	6315902.51	3851370.97	10167373.49	24.10
2008	6039795.23	4561530.35	10601325.58	4.27
2009	7560580.05	5687306.97	13247887.02	24.96
2010	9680238.56	6944604.20	16624842.76	25.49
2011	12779719.93	9378464.56	22158184.49	0.33
2012	15103223.19	11049195.92	26152419.11	0.18

参考文献

1. 澳门科技大学国际旅游学院、澳门理工学院博彩研究暨教学中心："澳门会展业与博彩业互动发展创新策略初步研究——发展机制研究"研究报告，2012 年 12 月。

2. 保罗·贝灵格（Paul Bellringer）著、广梅芳译：《欲望之心——了解赌徒心理》，张老师文化事业股份有限公司 2002 年版。

3. 鲍学全主编：《福利彩票发行与管理》，中国社会出版社 2009 年版。

4. 陈宏辉、贾生华：企业利益相关者三维分类的实证分析，《经济研究》2004 年第 4 期。

5. 崔镇南：我国彩票管理与博彩探索研究，天津大学博士论文，2003 年。

6. 崔新建：《企业社会责任概念的辨析》，《社会科学》2007 年第 12 期。

7. 谭深、刘开明：《跨国公司的社会责任与中国社会》，社会科学文献出版社 2003 年版。

8. 窦玉沛：《充分履行社会责任　再创福利彩票新辉煌》，《社会福利》2012 年第 2 期。

9. 范琦著：《福利彩票收入的经济分析：财政学视角》，中国财政经济出版社 2009 年版。

10. 冯白鸣：《中国彩票业面临穷人购彩与问题彩民两大困境　贫困地区消费了更多的彩票》，《中国经济周刊》2010 年第 8 期。

11. 冯家超：《澳门居民参与博彩活动调查研究报告》，澳门大学博彩研究所，2003 年 10 月。

12. 付俊文、赵红：《利益相关者理论综述》，《首都经济贸易学院学报》2006 年第 2 期。

13. 郭均鹏、李婷等：《我国建立区域博彩中心的探讨》，《天津大学学报（社科版）》2008 年第 11 期。

14. 韩世远：《彩票的法律分析》，《法学》2005 年第 2 期。

15. 胡正明著：《中国福利彩票市场营销管理》，经济科学出版社 2007 年版。

16. 姬升峰：《彩票经济的产业定位》，《山东省农业管理干部学院学报》2003 年第 1 期。

17. 蒋俊锋著：《中国彩票市场发展研究》，中国财政经济出版社 2009 年版。

18. 江若玫、靳云汇著：《企业利益相关者理论与应用研究》，北京大学出版社 2009 年版。

19. 贾生华、陈宏辉：《利益相关者的界定方法述评》，《外国经济与管理》2002 年第 5 期。

20. 兰茹：《我国体育彩票市场的现状与未来趋势》，《统计与信息论坛》2002 年第 3 期。

21. 李刚：《欧美各国彩票业的发展历程及其对中国的启示》，《武汉体育学院学报》2007 年第 3 期。

22. 李海、穆瑞玲：《我国体育彩票社会责任内涵分析》，《河北师范大学学报（哲学社会科学版）》2013 年第 2 期。

23. 李君：《中国体育彩票的社会责任研究》，北京体育大学硕士学位论文，2009 年。

24. 李立清、李燕凌：《企业社会责任研究》，人民出版社 2005 年版。

25. 李园辉：《我国彩票业可持续发展的监管机制构建研究》，《中国证券期货》2013 年第 4 期。

26. 刘春香：《我国彩票业的政府监管制度研究》，苏州大学硕士学位论文，2012 年。

27. 林双凤：《澳门博彩业发展的社会问题分析》，《广东社会科学》2012 年第 2 期。

28. 刘瑞：《我国彩票立法基本问题研究》，中国政法大学硕士学位论文，2006 年。

29. 罗新本、许蓉生著：《中国古代赌博习俗》，陕西人民出版社 2002 年版。

30. 卢代富：《企业社会责任的经济学与法学分析》，法律出版社 2002 年版。

31. 玛格丽特·M. 布莱尔（Margaret M. Blair）著、张荣刚译：《所有权与控制：面向 21 世纪的公司治理探索》，中国社会科学出版社 1996 年版。

32. 马昌博、苏永通：《体彩丑闻显露中国彩票运行积弊》，《南方周末》，2007 年 4 月 19 日第 1 版。

33. 马力、齐善鸿：《西方企业社会责任实践》，《企业管理》2005 年第 2 期。

34. 彭华岗：《企业社会责任标准研究》，《标准科学》2009 年第 2 期。

35. 蒲俊利：《我国彩票公益金使用法律制度研究》，《西南农业大学学报（社会科学版）》2013 年第 11 期。

36. 沈艺峰、林志扬：《利益相关者理论评析》，《经济管理》2001 年第 8 期。

37. 申卫平：《责任彩票：中国彩票的科学发展观》，《理论前沿》2009 年第 7 期。

38. 舒玉：《“黑彩”的法律规制研究——兼论中国彩票法律制度的完善》，《全国商情（理论研究）》2012 年第 10 期。

39. 孙强、郑重：《赌博与博彩的概念界定》，《吉林公安高等专科学校学报》2011 年第 4 期。

40. 田虹：《从利益相关者视角看企业社会责任》，《企业天地》2006 年第 1 期。

41. 田祖海：《美国现代企业社会责任理论的形成与发展》，《武汉理工大学学报（社会科学版）》2005 年第 3 期。

42. 涂文学著：《赌博的历史》，中国文史出版社 2007 年版。

43. 王斌、史文文、刘炼：《体育彩民的界定及购彩心理与行为特征》，华中师范大学学报（人文社会科学版）2013 年第 2 期。

44. 王慧媛：《媒体在彩票传播中的社会责任》，《社会福利》2012年第6期。

45. 王小兵、汤晓萌：《澳门博彩企业的现状及社会责任研究》，《科技创业月刊》2012年第9期。

46. 王晓玫主编：《中国彩票工作》，北京大学出版社2008年版。

47. 王薛红著：《博彩业发展与中国政府政策选择》，中国财政经济出版社2008年版。

48. 王薛红：《我国彩票业发展趋势及对策研究》，《中国财政》2014年第1期。

49. 王五一著：《世界赌博爆炸与中国经济利益》，经济科学出版社2005年版。

50. 王五一著：《博彩经济学》，人民出版社2011年版。

51. 吴殷、李海：《我国体育彩票社会责任评价指标体系的构建》，《上海体育学院学报》2012年第1期。

52. 杨玲丽：《企业社会责任理论述评》，《兰州学刊》2007年第2期。

53. 殷格非、于志宏、崔生祥主编：《企业社会责任行动指南》，企业管理出版社2006年版。

54. 杨秀琼：《利益相关者的分类研究综述》，《阜阳师范学院学报(社科版)》2009年第4期。

55. 袁华、皮菊云：《美国企业社会责任实践研究》，《经济师》2007年第2期。

56. 徐海燕：《论彩民权利的法律保护》，《法学杂志》2007年第1期。

57. 徐娜、李海、宗志伟：《互联网体育博彩公司社会责任研究》，《沈阳体育学院学报》2011年第4期。

58. 徐尚昆、杨汝岱：《企业社会责任概念范畴的归纳性分析》，《中国工业经济》2007年第5期。

59. 徐艳：《论彩票发行者的民事责任》，西南政法大学硕士学位论文，2006年。

60. 杨瑞鹏：《彩民权益保护问题案例分析》，兰州大学硕士学位论文，2009年。

61. 赵平：《基于"金字塔"模型视角的澳门博彩企业的社会责任研

究》，《中国战略观察》2010 年第 11 期。

62. 杨瑞龙、周业安著：《利益相关者理论及应用》，经济科学出版社 2000 年版。

63. 郑若娟：《西方企业社会责任理论研究进展——基于概念演进的视角》，《国外社会科学》2006 年第 2 期。

64. 郑之灏：《“邻近地区博彩业迅速扩张下，香港人参与赌博活动最新形貌与防治问题赌博服务发展”评估研究报告》，香港理工大学应用社会科学系，2008 年 12 月。

65. 周旋旋：《我国彩票监管法律制度研究》，安徽大学硕士学位论文，2011 年。

66. 张建明著：《我国彩票市场分析与管理研究》，北京理工大学出版社 2012 年版。

67. 章新蓉、孙回回、陈煦江：《彩票行业的市场竞争及其经济后果》，《江西财经大学学报》2012 年第 4 期。

68. 张亚维著：《博彩行为：一个理论框架及中国实证分析》，经济科学出版社 2006 年版。

69. 张占斌著：《博彩业与政府选择》，中国商业出版社 2001 年版。

70. 曾忠禄：《澳门博彩业的利益相关者：分析与建议》，《亚太经济》2008 年第 6 期。

71. 邹小山：《国际博彩业发展的新趋势》，《当代经济》2004 年第 4 期。

72. 朱静：《关于我国彩票业实施社会责任会计的思考》，《中国乡镇企业会计》2014 年第 3 期。

73. 朱新力著：《彩票业的政府管制与立法研究》，浙江大学出版社 2007 年版。

74. 中国彩票年鉴编辑委员会：《中国彩票年鉴 2011》，中国财政经济出版社 2011 年版。

75. 赵瑾：《我国彩票业管理体制的研究》，北京交通大学硕士学位论文，2009 年。

76. 赵康康：《中国福利彩票筹资机制研究——以江苏省南京市为例》，南京师范大学硕士学位论文，2012 年。

益彩基金
YICAI FOUNDATION

益彩基金是在中国留学人才发展基金会设立的专项公益基金，业务主管部门为中共中央统战部。益彩基金属于全国公募型基金，是对国内外政府机构、企事业单位、社会团体、其他组织及个人，为社会公益项目及彩票博彩领域公益性发展自愿捐赠的资金和物资，进行筹集和管理的全国非营利性社会组织。

益彩基金奉行“源于社会奉献社会”的公益理念，秉承服务大众、服务行业、服务社会、服务科学的公益原则，致力于推动社会公益项目的全面发展，致力于推动公益彩票、责任博彩领域及关联行业的公益、科学、健康、可持续性发展，致力于推动世界科学发展和社会进步。目前益彩基金是中国唯一一家支持公益彩票及责任博彩领域的全国公募型专项基金。

The Yicai Foundation is a public welfare fund established by the China Overseas - Educated Scholars Development Foundation and directed by the United Front Work Department of CPC Central Committee. It is in charge of managing and raising a public welfare fund supporting domestic and overseas governmental organizations, corporations, social groups and individuals. As a nationwide non - governmental organization, the Foundation manages, raises funds for and makes voluntary donations to public welfare development projects connected to the lottery and gaming industries.

At the core of Yicai Foundation is the fundamental principle that a society should benefit from what it puts forward. It thus operates in the service of individuals, businesses and scientific welfare principles. By striving to nurture comprehensive public projects promoting the healthy, scientific and sustainable development of gaming, lottery, gambling and other related industries, the Foundation works in pursuit of general scientific advancement and societal progress. Presently, Yicai Foundation is the only existing nation - wide initiative devoted to upholding responsibility in the domains of gaming.